한국어로 내려온
New Bible

새로운 성 경

제41권

3부 | 총10부

하얀마음

하나님 말씀 중에서

1. 사랑의 하나님

- 세상을 창조하신 하나님은 모두를 사랑하신다. 인간만 특별히 더 사랑하지 않고, 우주 만물을 다 똑같이 사랑하신다. 그러니 하나님이 창조하신 천지 만물과 화친하고, 미물까지도 소중히 대하라.

- 하나님은 특정 종파나 민족만을 더 사랑하지 않으신다. 자기 자신만 구원받겠다는 욕심을 버리고, 자기 종파만 구원받는다는 편협한 교리에서 벗어나야 한다. 종파를 초월해서, 모두를 사랑하라.

- 원수까지 사랑하라 했으니, 이 세상에 사랑하지 못할 자가 누가 있겠는가? 종파가 다르다고 해서 부모 형제와 원수처럼 지내는 자는 인간의 근본을 모르는 자다. 가장 가까운 가족부터 사랑할 때 남도 진심으로 사랑할 수 있다.

- 한 사람을 원수같이 생각하던 마음에서 사랑하는 마음으로 돌리면, 자기 자신의 마음이 가장 기쁘고 행복하다. 하나님께서는 인간의 마음속에 무거움이 없이 기쁘고 행복한 삶을 살기를 바라신다.

- 이웃을 "내 몸처럼" 사랑하라 했으니, 마지막 한 장 남은 천국의 티켓도 이웃에게 양보하라. 자기 중심적인 신앙에서 벗어나서 남을 위해 살아야 한다.

- 독초도, 약초도, 이단도 사탄도 천사도 다 필요하기에 존재한다. 독초일지라도 극소량을 사용해서 생명을 살릴 수 있고, 약초라 하더라도 남용하면 생명을 잃을 수 있다.

- 세상 모든 것을 명약으로 활용하는 것은 인간의 지혜에 달렸다. 어떤 것이든 어떤 사람이든 적재적소에 꼭 필요한 명약으로 승화시키라.

- 사탄도 이단도 천사도 모두 하나님의 주관하에 존재한다. 진정한 하나님의 백성은 사탄과 마귀까지도 감화시켜서 천사로 거듭나게 한다.

2. 기도

- 하나님은 인간의 생각까지 모두를 다 알고 계신다. 우리의 소원도 이미 알고 계시기에, 소원의 기도를 할 필요가 없다. 우리가 받을 자격이 되면 내려 주신다.

- 죄를 짓고 아무리 회개를 해도 용서받지 못한다. 도둑질한 자는 용서해 달라고 기도하고, 도둑맞은 자는 도둑을 잡게 해 달라고 기도하면, 공의의 하나님은 누구의 편에 서시겠는가?

- 자기가 잘못한 것은 그 사람에게 직접 갚고 용서를 구하라. 그가 용서하면 하나님도 용서하신다. 땅에서 매면 하늘에서도 매이고, 땅에서 풀리면 하늘에서도 풀리는 이치다.

- "회당에서 기도하지 말고 골방에서 기도하라" 했다. 눈에 보이는 골방이 아니라, 골방과 같이 고요한 마음이다. 잡념을 버리고 하나님을 향해 마음을 집중하며, 사랑하고 용서하는 아름다운 생각만 나오도록 하라.

- "두드리면 열릴 것이다." 하는 것은 육의 소원을 위해 두드리라는 것이 아니라, 진리의 깨달음을 얻기 위해 두드리라는 것이다.

- 기도하는 방법: 생활 속에서 수시로 기도하는 삶을 살아야 한다.

- "저의 죄를 용서하여 주옵소서." 하는 회개의 기도를 하라.
- 범사에 "하나님! 감사합니다." 하라. 현재 가진 것에 감사하며, 과욕하지 말라. 자기 노력 이상의 것을 더 갖고자 기도하는 것은 도둑놈심보다. 공의의 하나님은 각자 노력한 만큼 주신다.
- "하나님 뜻대로 살아가겠나이다." 하며 마음의 각오를 다지라.

- 기도는 하나님의 말씀을 받아서 "행하는 것"이다. 하나님이 계심을 굳건히 믿고, 하늘을 향하여 한 점 부끄럼 없이 사는 삶 자체가 가장 위대한 기도이며, 삶이 곧 예배다.

3. 지도자

- 똑같이 사랑한다는 말을 해도, 순수하게 하는 말은 천사의 말이지만, 사기 쳐서 재산을 가로채려고 하는 말은 사탄의 말이다.

- 종교 지도자가 아무리 훌륭한 설교를 해도, 신도의 재물을 거둬서 더 큰 교회를 짓고 자기의 부귀영화를 바라며 설교하면 사탄의 가르침이 된다.

- "저희 교회는 만원사례요, 믿음은 다 같으니 이웃의 개척 교회에 가서 예배를 드리시오." 하며, 이웃 교회의 부흥을 먼저 생각하여 제 신도를 보내는 종교 지도자가 있다면 그를 따르라. 그가 하나님의 사랑을 실천하는 자다.

- "부자가 천국에 들어가는 것은 낙타가 바늘구멍을 통과하는 것보다 더 힘들다" 하였거늘, 지금의 교회에서는 부자가 되기만을 기도하고 소원하니, 이는 곧 천국을 포기하고 지옥 행 열차의 티켓을 사는 것과 같다.

- 예수는 빈손이었다. 종교 지도자가 예수보다 더 호화롭고 편안하게 살아간다면 잘못된 것이다. 부귀영화와 명예를 바라는 자는 절대로 갈 수 없는 좁고 협착한 길이 종교 지도자의 길이다.

- 종교 지도자는 유리로 비춰 봐 한 점의 부끄러움이 없이 살아야 한다. 의식주도 직접 일해서 해결하고, 예수의 가르침과 행함을 그대로 따라야 한다.

- 종말은 없다. 지금의 잘못 가는 종교 집단에게만 종말이 있다. 보이지 않는 하나님은 보이는 육의 종말은 관여하지 않으신다. 환경 파괴로 인간이 스스로 멸망을 자초하는 것이다. 종파끼리 싸우기 전에, 무너진 인성을 바로잡고 지구의 몸살을 해결하는 데 뜻을 모으는 게 급선무다.

4. 성전이란

- 이 세상 자체가 하나님께서 만드신 성전이다. 자연보다 더 아름다운 성전이 있는가? 보이는 건물이 성전이 아니라, 성스러운 마음가짐이 성전이다.

- 반석 위에 교회를 지으라 했다. 지상의 단단한 돌은 인간이 쪼갤 수 있으나, 마음속의 굳은 결의는 세상 무엇으로도 쪼갤 수 없다. 바르고 굳건한 믿음으로 성경의 가르침을 실천하는 것이 마음의 반석 위에 교회를 짓는 것이다.

- 손으로 지은 건물의 교회에 모여서 복음을 전하는 것이 아니라, 교회를 개인과 가정에 심어 주어야 한다. 무너지고 부서지는 건물을 짓지 말고, 마음속에 영원히 불변하는 참진리의 교회를 지으라.

5. 십계명

▪ 십계명은 인간이 죽어서 반드시 통과해야만 하는 열 개의 관문이다.

- 부모를 공경하지 아니한 자는 "네 부모를 공경하라." 하는 제5계명의 관문이 열리지 않으니 구원받을 수 없다.
- 살인, 간음, 거짓, 우상 등의 나머지 계명도 마찬가지다.

▪ 십계명은 하나님의 친필이다. 모기소리만 한 하나님의 음성이라도 들어 보겠다고 여기저기 찾아 헤매지 말고, 십계명부터 암송하고 지키라.

▪ 십계명은 영혼을 구원하는 양식이며, 십계명을 지키는 것이 구원을 받는 길이다. 인간이기에 지키고자 노력하고 또 노력한다면 지킬 수 있다.

▪ 십계명을 지키고 천사처럼 아름답게 살아가는 그 마음 하나면 세상에 이루어지지 않는 것이 없다.

6. 보물

▪ 하나님은 재물이 아니라 우리의 마음을 받으신다. 사랑을 실천하며 천사처럼 변하는 마음이 하나님께 바치는 보물이다.

▪ 보이지 않는 하나님께 재물을 바치려 하지 말고, 너희를 길러 준 부모에게 용돈 드리고, 찾아뵙고, 효성을 다하라. 그것이 하나님께 효도하는 것이다.

▪ 하늘에는 선과 악의 창고가 있다. 자기 창고에 선이 많으면 천국으로 구원을 받고, 악이 많으면 심판받아 지옥으로 간다. 그것이 바로 "선한 일을 행한 자는 생명의 부활로, 악한 일을 행한 자는 심판의 부활로" 나오는 것이다.

▪ "선악과를 따먹지 말라"는 것은 양심을 지키라는 것이다. 선과 악을 구분할 수 있는 양심을 최초에 인간에게 주셨다. 선한 열매는 취하고, 악한 열매는 버리며, 양심에 비추어 부끄럼 없는 삶을 살아가라.

▪ 가장 작은 거짓말을 하지 않고, 가장 작은 죄를 짓지 않으며, 가장 작은 선행을 하고, 가장 작은 악행을 멀리하는 것이 율법의 일점 일획도 빠뜨리지 말고 다 지키는 삶을 사는 것이다.

7. 우상

- 박물관에 있는 불상은 하나의 예술품이다. 그 조각품에 대고 제 소원을 빌 때 우상숭배가 된다. 십자가라 하여도 그 앞에서 소원을 빈다면 우상숭배하는 것이며, 하나님께 소원을 빈다면 하나님을 우상으로 전락시키는 것이다.

- 지금 기복신앙에 젖어 있는 모든 사람이 우상 앞에 절을 하고 있다. 조각품을 우상이라며 파괴하지 말고, 네 마음속에 있는 욕심의 우상을 무너트리라.

- 생수를 약초가 먹으면 약을 만들고 독사가 먹으면 독을 만든다. 같은 성경을 봐도 선한 지도자는 신도를 천사로 만드는 데 활용한다. 그러나 욕심이 가득한 지도자는 재물을 거두어들여 제가 부귀영화를 누리는 데 악용한다. 그가 바로 성경을 우상숭배의 도구로 전락시키는 거짓 선지자다.

- 성경을 한 획도 빼거나 더하지 말라는 것은, 그 가르침을 빠트리지 말고 온전히 지키라는 것이다. 성경 속에서 자기에게 유리한 구절만 보는 것은, 자기에게 불리한 구절들을 빼 버리는 것이다. 믿음이 제일이요, 행함은 구원과는 관계없다는 것은 자신에게 유리한 쪽으로 성경을 악용하는 것이다.

- 진정한 종교 지도자는 종파에 관계없이 어떤 종파든 어떤 책이든 접하고 보고 깨우쳐 견문을 넓히도록 인도한다. 참진리를 모르고 자신이 없는 자가 남을 이단이라며 배척하고, 신도들의 눈과 귀를 가린다.

8. 예수

- 예수의 재림은 없다. 예수가 다시 온다 해도, 과연 누가 그를 예수라고 믿겠는가? 예수와 같은 삶의 행함이 곧 예수의 재림이다. 각자 모두가 "재림 예수"가 되는, 차원 높은 믿음으로 가야 한다.

- 예수는 "주여 주여 하지 말고, 아버지의 뜻대로 행하라"고 했다. 예수가 전한 하나님의 뜻이 곧 "길이요, 진리요, 생명"이며, 그 가르침이 예수의 보혈처럼 소중한 것이다. 예수를 믿는 것은, 예수의 가르침을 믿고 따르는 것이다.

- 예수는 낮은 자로서 만백성을 섬기고자 했다. 만나는 모든 사람을 다 하나님이라 생각하라. 돈을 벌수록 겸손하고, 높은 지위를 얻을수록 낮아지라.

- 예수는 종파를 만들지 않았다. 인간이 만든 종교와 인간의 교리를 따르지 말고, 예수를 통해 전한 하나님의 참진리를 연구하고 따르라.

- 예수가 2천 년 전에 만백성을 위해 죽었으니, 지금 이 땅에는 예수의 가르침대로 사는 천사만 존재해야 한다. 예수가 죽어 가면서 바란 것은 만백성이 천사가 되어 예수의 자리를 채워 주는 것이지, 지금과 같이 재물을 바치면서 중언부언 제 소원만을 비는 백성들을 바란 것이 아니다.

9. 구원

- 천사가 사는 천국에는 천사만 갈 수 있으니, 천사 같은 마음을 길러야 한다.

- "천국 열쇠를 네게 주리니 땅에서 무엇이든지 매면 하늘에서도 매일 것이라" 했다. 땅에서 천사같이 사는 자가 하늘에서도 천사가 되어 천국에 들어간다. 모든 사람에게 천사같다는 말을 듣는 삶을 살아야 한다.

- 천사의 곱고 아름다운 마음은 부모를 공경하고 어른을 어른으로 대접하는 데에서 출발한다. 효도하는 자는 형제와 화목하게 지내기에 가정이 화목해지고, 이웃과 화목해지고, 국가가 화목해지고, 온 인류가 화목해진다.

- 그러므로 지상의 아름다운 소왕국은 가정에서부터 이루어야 한다.

- 선택된 14만 명만 구원받는 것이 아니라, 천사처럼 변하고자 하는 14만 명을 기초로 온 인류가 천사처럼 거듭나는 영적인 개혁이 시작되는 것이다.

- 천 년에 걸쳐서 하늘에서 이루어진 것같이 이 세상을 낙원으로 만들어, 만백성이 지상의 천국에서 살다가 죽어서 그대로 하늘의 천국으로 들어가는, 영원한 지상 낙원을 건설하는 것이 하나님의 계획이다.

- **이것이 구약과 신약에 이어 "새로운 성경"으로 역사하시는 하나님의 창조의 완성이다.**

- 지금의 믿음으로 구원받을 수 있다면 그 길을 가라. 그러나 자신이 없다면 하나님께서 직접 내리신 160권의 "새로운 성경"을 읽고 구원의 길을 보라!

하나님 머리말씀

이 새로운 성경을 읽는 너희 모두는
이 율법에 따라 행하면 영원히 구원받을 것이니라.

너희 인간이 수년, 수십 년, 평생
성서를 공부하고 기도하는 것은
하늘나라 나의 곁으로 오고 싶은 소망일진대,

몇천 년 전의 너희 인성과 생각이
지금의 너희와는 판이하게 다르니,

꺾여 가고 병들어 가는 너희를 고칠 수 있는 길은,
오늘 내가 선지자에게 내리는 새로운 성경과 같이
너희가 변화되는 것뿐이니라.

나의 예수가 태어난 것처럼
내가 아들 선지자를 선택하여
나의 새로운 성경을 온 세계에 전하고자 하니,

묵은 것은 버리고 새로운 것은 취하여,
너희 모두는
'여호와 하나님! 저의 죄를 용서하여 주옵소서.'
하는 기도문으로 기도하고, 죄를 뉘우치라.

이 새로운 성경은
수천 년간 내려온 성서를 요약한 것이니,
너희는 이 책을 정독하여 쉽게 깨달음을 얻고,
이대로 실천하여 하늘에 오르라.

대역자 머리말

■ 하나님의 율법을 지키는 선지자로 선택을 받도다.

저는 남들처럼 그저 열심히 살아온 평범한 사람이었습니다. 그러나 50대 중반에 사업에 실패하여 많은 부채에 시달렸으며, 건강도 악화되어 눈이 잘 안 보이고, 걷기도 어렵고, 두통이 심해서 잠을 이룰 수 없는 고통의 나날을 보냈습니다. 그때 제가 선택할 수 있는 것은 육의 삶을 끝내는 길뿐이었습니다.

죽기 직전에 그동안에 죄를 지은 이들에게 용서를 빌고 인생을 끝내기로 작정하였습니다. 어려서부터 지은 죄를 빌고 빌다 보니 끝이 없었고, 죽음으로도 그 많은 죄를 용서받을 길이 없다는 생각에 하염없이 눈물이 흘렀습니다. 그 순간 '재래식 화장실의 구더기는 죄를 짓지 않는데, 나는 인간으로서 구더기만도 못한 삶을 살았구나.' 하는 생각이 들면서 괴로움에 몸부림칠 때, 갑자기 하나님의 음성이 들렸습니다.

"나는 여호와 하나님이니라. 너는 십계명을 암송하고 내가 내려 주는 메시지를 받아 책으로 만들어 만백성을 구하라." 하시며, 제 눈을 손으로 문지르게 하시고, 아픈 머리와 다리를 손으로 두드리게 하셨습니다. 그러고 나니 눈도 잘 보이고 걸을 수 있었으며 머리의 통증도 말끔히 낫게 되었습니다. 그때부터 십계명을 암송하고 나면 들려주시는 말씀을 기록하였고, 1999년 8월부터 2004년 7월까지 권당 288쪽, 총 160권을 받아서 "새로운 성경"이라는 책으로 펴내게 되었습니다.

그러한 저에게 죽기보다도 힘든 길이 시작되었습니다. 모든 교인들이 저에게 사탄이요, 이단이요, 악마요, 마지막 시대에 온 거짓 선지자라 하면서 공격하였고, 저를 짐승을 보듯이 대하는가 하면, 편협한 종교 지도자들의 선동으로 신도들이 이 책을 직접 읽어보고 평가할 기회마저 막아 버렸습니다. 그래서 하나님의 말씀을 세상에 내는 데 많은 어려움을 겪으며, 피를 토하는 심정으로 책을 전하고 있습니다.

그러나 아무리 인간의 힘으로 막으려 해도, 하나님의 뜻이 세상에 전해지는 위대한 역사는 계속될 것입니다. 책으로 전해지는 "하나님의 말씀"은 세상 끝날까지 항상 우리와 함께하실 것입니다. 사람은 죽어도, 책에 기록된 말씀은 영원히 남으니까요.

■ 따뜻한 실천

하나님께서는 어려운 사람들에게 삶의 터전을 마련해 주고, 미래를 열어 주는 것을 기뻐하십니다. 어려운 이웃이 스스로 자립할 수 있도록 이끌어 주는 것이 진정으로 이웃을 돕는 것이라고 말씀하셨습니다. 그래서 일자리가 없는 제자들에게 작은 사업장을 만들어 주는 "달란트 사업"을 하고 있습니다. 식당, 반찬 가게 등을 차려 주고, 기존의 어려운 사업장이 자립할 수 있도록 돕고 있습니다(커피숍, 미용실, 의상실 등).

하나님께서는 교회에 나와서 모든 시간과 재물을 쏟기를 원하지 않으시고, 그 시간과 재물을 교육에 투자하여 스스로 미래를 열어 가기를 원하십니다. 그래서 제때 공부하지 못한 제자들에게 학업을 이어 가도록 하였습니다. 중화요리 주방장을 하며 초등학교 검정고시부터 공부하여 2012년에 방통대를 졸업한 36세 남성, 만학도들의 2년제 중학교에 입학해서 2007년에 명지대학을 졸업한 38세 여성, 중학교 검정고시를 시작으로 숭의여자대학을 졸업한 47세 여성 등이 있습니다. 그밖에도 많은 제자들에게 나이를 초월하여 배우고 깨우쳐서 사회 속의 당당한 일원이 되도록 인도하고 있습니다.

학자금 대출로 힘겨워하는 젊은이들을 위해 "따뜻한 바람 장학회"를 발족하여(2016년 12월) 대출받은 학자금 전액을 매월 갚아 주고 있습니다. 또한, 다문화 가정을 위해 "다문화 가족 랜드"를 조성하여, 각종 시설을 무료로 활용하도록 하고 있습니다.

이러한 따뜻한 실천이 아직은 미약합니다. 그러나 책의 수입이 늘고, 저와 뜻을 같이하는 분들이 늘어나면 계속 확대할 것입니다. 지도자로서 신도의 재물을 헌금으로 거둬들여 착복하는 것이 아니라, 하나님께서 기뻐하시는 일에 사용하도록 중매 역할만 하며 살아가고자 합니다. 이런 제가 과연 사탄이고 이단인가요? 하나님께서 기뻐하시는 일이라면, 저에게 사탄이라 하든 거짓 선지자라 하든 굽히지 않고 실천해 나갈 것입니다.

끝으로, 일상의 삶 속에서 "지금 내가 하는 행동이 과연 하나님께서 기뻐하실까, 슬퍼하실까?" 생각하고, 매사에 하나님께서 기뻐하시는 길을 택하기 바랍니다. 교회에 모여서 집단적으로 예배 드리는 것이 아니라, 개인이나 가정 단위로 새로운 성경을 읽어 스스로 깨우치고 그대로 행하면 충분합니다. 그것이 마음속에 성전을 짓고, 신령과 진정으로 예배 드리는 길입니다. 그러면 천국의 문에 들어서게 됩니다.

2017. 2. 1.

하나님 말씀 대역자 김용철

차 례

십 계 명

이 책은 십계명을 암송하고 나면 내려 주시는 "하나님의 음성"을 듣고 그대로 받아쓴 기록입니다. 하나님께서 십계명을 모세에게 내려 주셨지만, 그것은 만백성에게 내려 주신 것입니다. 마찬가지로 이 책의 모든 말씀도 저에게 내려 주셨지만, 만백성 각자에게 들려주시는 말씀입니다. 여러분도 이 책을 접할 때마다 십계명을 암송하고 나서 정독해 주시기 바랍니다.

제일은, 너는 나 외에는 다른 신들을 네게 있게 말지니라.
제이는, 너를 위하여 새긴 우상을 만들지 말고, 또 위로 하늘에 있는 것이나, 아래로 땅에 있는 것이나, 땅 아래 물 속에 있는 것의 아무 형상이든지 만들지 말며, 그것들에게 절하지 말며, 그것들을 섬기지 말라.
제삼은, 너는 너의 하나님 여호와의 이름을 망령되이 일컫지 말라.
제사는, 안식일을 기억하여 거룩히 지키라.
제오는, 네 부모를 공경하라.
제육은, 살인하지 말지니라.
제칠은, 간음하지 말지니라.
제팔은, 도적질하지 말지니라.
제구는, 네 이웃에 대하여 거짓 증거하지 말지니라.
제십은, 네 이웃의 집을 탐내지 말지니라.

나 여호와가 존재함을 믿는 그 자체가 구원의 길에 들어서는 기본이요, 근본이며, 나의 새로운 성경을 가슴에 안고 정독하는 자, 반석 위에 서서 하늘에 오르는 찬란한 빛을 보게 되는 영광을 얻게 됨이니라. 진정 나를 따르고 믿는 자는 감히 사탄이나 마귀도 근접하지 못하느니라.

〈하나님 말씀〉

2002년 8월

2,987 번째 하나님 말씀

2002년 8월 16일 16시 43분

1 사랑하는 나의 아들아!
2 "네, 아버님! 말씀하옵소서."
3 너희들의 인간사에 살아가는 그 세속
을 들여다보자.
4 너희들이 부모로서 자식을 처음에 낳
으니, 그 아이가 성장하는 어린 과정
엔 더러 실수하며 더러 잘못해도 너희
들이 웃으며 애교로써 또한 박수로써
그를 즐기며 같이 너희들이 살아가는
뜻을 알며 인간이 살아가는 기쁨을 그
곳에서 얻는 것이니라.
5 어린아이가 실수했을 때, 그 아이가
재롱을 피울 때, 너희들은 그 속에서
사람이 사는 기쁨을 얻으며 또한 그리
더불어 가느니라.
6 그러나 그 아이가 서서히 자라서 청년
이 되고 성년이 되며, 그와 같이 가며
그가 그 가정을 이끌어 가야 되며 자
기 이름에 대한 책임을 져야 되며 자
기에게 주어진 모든 것을 스스로 해결
하며 자기가 책임을 지고 살아가는 그
나이가 되었을 때, 그가 실수하는 것
을 어렸을 때처럼 아름답고 예쁘게 볼
수 없음이니라.
7 그는 잘못했을 때 남에게 그 대가를
지불해야 되며, 그리고 남에게 그가
실수했을 때 그만큼 사과를 해야 되
며, 그리고 더 이상 남들이 그를 어린
아이처럼 그리 용서하며 예쁘고 귀엽
게 보지 아니함이니라.
8 세상은 그를 가차없이 단죄하며, 그가
잘못한 것에 대한 대가를 치르는 것이
너희들 세상 속에 살아가는 그 삶이
아니더냐?
9 이제 너의 제자들에게 일깨워 주어야
될 것이니라.
10 너의 제자들이 나의 법전이요, 나의
성령을 듣고 배우며 너희들이 한 권
한 권을 짚어 넘어가는 것은 어린아이
가 성장하는 그와 같은 삶을 가는 것
과 마찬가지니,
11 너희들이 나의 1부를 놓고 공부하며
그 1부에서 너희들이 매달리고 시달
릴 때, 그때는 나 여호와가 너희들의
실수를 더러는 아기의 실수로써 그대
로 덮어 주고 더러는 그저 넘어갈 수
있다 하자.
12 그러나 너희들이 2부요, 3부의 나의
성령을 들으며 나의 아들로부터 깨우
침의 길을 배우고 가는 너희들이 항상
어린아이가 될 수 없음이니라.
13 이젠 너희들은 어린아이가 아니며, 너
희 일에 대한 책임을 질 만큼 그와 같
이 성장한 자들이며, 그와 같은 삶을
지금은 살아야 되는 것이니라.
14 그러하니 너희들이 잘못하고 나의 뜻
대로 행하지 않을 때, 내가 너희들에
게 체벌을 하며 너희들에게 상을 내리
지 아니할 것이니라.
15 이제는 오로지 너희들에게 체벌만 남
아 있음을 알라.

16 나의 아들을 따르며 만백성을 구하는
곳에 나로부터 선택된 너희들이 나의
법전을 읽고 깨우치며 나의 아들로부
터 성령을 직접 듣고 깨우침이 청년이
되었음이니,
17 그 청년은 자기 스스로 자기 가정을
꾸려 나가며 사회의 모든 움직이는 것
을 책임을 지듯이, 지금 이와 같이 깨
달음에 올라온 너희들은 모든 행동에
대하여 책임을 져야 될 것이니라.
18 너희들이 구원의 길에 오는 것도, 너
희들이 지옥으로 가는 것도 너희들의
생각이요, 마음잡기에 달렸음이니, 그
를 너희들이 스스로 해결하여 스스로
선택하여 갈 것이니라.
19 그리하여 내가 너희들을 쓰고자 선택
한 나의 백성이요, 나의 아들과 딸이
니, 너희들이 잘못되었을 때 내가 너
희들을 버릴 수 없어 너희들을 엄히
다스림을 잊지 말아야 될 것이니라.
20 이제 너희들이 나의 아들을 통하여 들
은 바처럼 너희들은 천사의 심성이요,
또 나 여호와의 심성과 같이 변하는
길밖에 없음이니, 여기서 너희들의 머
리로써 계산하지 말며 생각하지 말라.
21 오로지 그와 같은 길을 가는 것만이
너희들이 가야 할 길이며, 너희들이
축복과 영광을 얻고 구원의 길에 오를
수 있는 것임을 알라.
22 너희가 여기서 뒤돌아 갈 수도 없으며
포기할 수도 없으며, 그리고 너희들이
나의 법전을 던지고 갈 때 너희들 몸
이 스스로 쓰러져 감이니, 그를 너희
들은 감당할 수 없음이니라.
23 이제 너희들은 오로지 내가 명한 나의
심성으로 살아가는 그 길밖에는 없음
이니,
24 너희들이 하루속히 변화되며 너희 마
음속에 있는 사악한 뿌리요, 인간 세
속에 살아왔던 너희들의 잘못된 생각
이요, 욕심이요, 시기요, 그리고 너희
들이 하늘에 오르고자 하여 너희들의
성전에 가서 배웠던 그 모든 배움을
다 버리고 나의 법전만을 깊이 심는
것이 너희들의 모든 뿌리를 마음속에
서 제거하는 길이니, 그 길을 위하여
살아가라.
25 그 이하도 그 이상도 다른 것을 가지
고 너희들이 생각하며 너희들 머리로
써 계산을 두고 살아간다면, 너희들에
겐 고통과 시련만이 더할 뿐이니 그리
알라.

2,988 번째 하나님 말씀

2002년 8월 16일 16시 51분

1 사랑하는 나의 아들아!
2 "네, 아버님! 말씀하옵소서."
3 내가 나의 아들을 통하여 너희들에게
일깨워 주었느니라.
4 너희들이 음식을 놓고 그곳에 기도할
때 누가 무엇 때문에 너희에게 대접하
며, 그 장소에 앉아서 너희들이 그 음
식을 대접받을 자격이 있는가, 너희들
이 앉을 자리인가, 그리고 어찌하여
너희들이 그 음식을 먹어야 될 것인
가, 그와 같은 것을 깨우쳐 깨달음을
얻고 행하라 하였음이니라.
5 그저 너희들은 어떠한 음식이든, 어떤
의도에서 너희들에게 전해지는 것인

지도 모르면서 그저 '감사합니다, 감
사합니다.' 하며 그리 음식을 먹지 말
라 했음이니라.
6 너희들이 과연 그 음식을 먹어도 되겠
는가 나에게 기도하여 내가 너희들에
게 응답을 주었을 때, 너희들이 그 음
식을 먹어도 되면 먹을 것이며, 그렇
지 아니하고 너희들이 취하지 말아야
되면 취하지 않는 그와 같은 깨달음의
기도를 하라 하였음이니라.
7 무조건 감사하며, 나 여호와에게 그
음식을 준 것을 감사하는 그와 같은
맹목적인 기도를 드리지 말라 하였음
이니라.
8 너희들을 파멸하는 것이요, 너희들을
이끌어 주는 것이요, 사악한 사탄이
너희들을 넘어트리기 위하여, 그리고
너희들을 잠식하기 위하여 마련한 장
소인지, 너희들에게 그리 주는 식사인
지, 그 음식을 대접하는 이유 자체도
모르면서 그저 '감사하다.' 그리 기도
하는 것이 잘못되었다 깨우쳐 주었으
니,
9 이와 같은 이치를 깨달아 너희들은 오
늘 하나를 더 나의 아들로부터 받고
가야 할 것이 있음이니라.
10 너희들은 살아가면서 모두 범사에 감
사하며, 모든 것에 그저 감사한다, 그
리고 기도하고 산다 하였음이니라.
11 너희들은 이 범사에 감사하는 기도를
드릴 자와 드리지 못할 자가 엄연히
구분되어 있음을 알아야 될 것이니라.
12 나의 뜻이요, 나의 명대로 순종하지
아니하며 그리 살지 않은 자, 사악하
고 사악한 사탄에게 잠식되어 있는 자
가 그저 무조건 나에게 감사하다 그리
기도하는 것은 내가 그를 받아들이지
않으며, 그는 나에게 감사 기도를 드
릴 수 없음이니라.
13 너희들이 추한 생각이요, 더러운 생각
이요, 잘못된 생각으로 살아가는 그
속에서 서서히 사탄으로 무너져 가며
사악한 것으로 변해져 가는 그와 같은
행위를 하며, 남으로부터 저주를 받으
며 남을 시기하며 남을 넘어트리는 그
와 같은 마음의 행동을 하면서 모두
를 감사한다 그리하지 말라.
14 그와 같이 범사에 감사할 수 있는 자
격이 있는 자와 없는 자가 있음이니라.
15 사악하게 살아가는 자는 범사에 감사
한다는 기도를 할 자격이 없으며, 그
기도는 내가 듣지도 아니하며 나와는
관계도 없음이니라.
16 나에게 매사에 감사하며 너희들이 말
하는 범사에 감사를 드린다는 것은,
17 나의 뜻을 순종하며 내가 명하는 것을
따라 지키며 내가 내리는 계명이요,
내 율법이요, 나의 법전을 지키고 살
아가는 자, 그리고 하늘의 이치를 따
라서 살아가는 자, 스스로 변해 감을
아는 자, 그리고 내 명에 의하여 거역
함이 없이 살아가는 자, 내 품에서 살
아가는 자, 나를 향하여 달려오는 그
와 같은 자만이 범사에 감사한다는 것
을 알 것이니라.
18 그리 살아가는 자, 어떠한 것이 감사
하며 무엇이 나로부터 은혜를 받은 것
인지 너희들이 살아가면서 수천수만
가지를 스스로 느낌이니라.
19 너희들이 깨달은 느낌이요, 내가 너희

들에게 예시해 줌을 받아서 느낌을 아
는 것이며, 그리하여 천사와 같은 마
음을 갖고 나의 심성을 닮고자 하며
살아가는 그와 같이 변화되는 백성만
이 모든 이루어지는 그 아름다움과 추
한 것을 볼 수 있음이니,
20 너희들이 아름답고 나의 뜻을 향하는
일을 행했을 때, 너희들이 그를 받았
을 때 너희들이 항상 감사하다고 나에
게 진정한 기도를 드리는 것이니라.
21 사악하고 추악한 자, 나의 뜻을 거역
하며 내가 가라 하는 길이 아니요, 반
대의 길로 달려가면서 '감사하다, 감
사하다, 범사에 감사하다.' 하는 그 더
럽고 추한 기도 소리를 나에게 드리지
말라.
22 나는 그것을 듣기도 싫으며, 그 음성
으로 너희들이 지상을 오염시키며, 지
상에서 오염을 시키는 것도 부족하여
하늘의 나의 궈전에까지 오염시키려
는 그와 같은 사악한 자, 범사에 감사
하다는 말을 하지 말라.
23 너희들이 범사에 감사를 할 수 있는
자가 얼마나 위대한 자들이며 얼마나
선택된 자들인가 그를 알라.

2,989 번째 하나님 말씀

2002년 8월 16일 17시 10분

1 사랑하는 나의 아들아!
2 "네, 아버님! 말씀하옵소서."
3 너의 제자들과 나의 법전을 읽고 깨우
치는 만백성에게 내가 '일식 삼찬(한
끼의 식사를 밥, 국, 그리고 세 가지
반찬으로 하는 것)'이라는 것을 시행
하며 살아가라 하였음이니, 너희들은
그를 지켜야 될 것이니라.
4 너희들은 지금 많은 세월 동안에 그를
시행하고 지키면서 무엇을 생각하고
무엇을 깨달았는가?
5 "네, 아버님! 깨달았사옵나이다.
6 지금 만백성이 저희들이 한 끼의 식사
를 하기 위하여 너무나도 많은 것을
준비하며 많은 것을 차려 놓습니다.
7 그리고 호의호식하여 그저 배가 부를
때까지 즐겨 먹으며, 그리고 그들은
즐거워합니다.
8 그리고 그로 하여 저희들이 선택된 백
성이라 하며, 먹기 전에 기도를 하며,
먹고 나서 또 기도를 하는 것이 그들
이옵니다.
9 '이 음식을 주셨으니 감사하며, 여기
에 참석한 사람들에게 축복과 은혜를
주옵소서.' 그리 말하며, 또 끝났을 때
'이렇게 잘 먹게 된 것을 감사드립니
다.' 하고 영광이라 생각하며 그리 그
들이 기도를 드리는 것이옵나이다."
10 아들아!
11 "네, 아버님!"
12 너는 무엇을 느꼈는가?
13 "조라한 '일식 삼찬'의 그 음식이 모든
가정의 주부들의 어려움을 덜어 주며,
소위 지상의 환경오염을 덜어 주는 것
이며, 또 모든 가계의 어렵고 힘든 것
을 덜어 주며 그리 살아가는 것이라
생각을 하였사옵나이다.
14 그러나 이제 아버님, 알았사옵나이다.
15 '일식 삼찬'의 그 조라한 밥상을 차려
놓아 그를 먹는 마음은 겸손한 마음이
요, 하나님께 감사하는 마음이요,

16 진정한 '일식 삼찬'의 초라한 식탁에
앉아 그 음식을 접하며 먹을 때, 이 적
은 소찬의 음식도 하나님의 은총과 사
랑과 영광으로 인하여 얻어진 것이며,
그 은혜 속에 제가 그를 먹고 있다 생
각하는, 하나님의 은혜와 감사와 그리
고 모든 축복과 겸손한 마음을 깨달
았사옵나이다.
17 그리고 그것조차 먹지 못하는 자를,
그보다 더 어려운 자를 생각하기로 하
였사옵나이다.
18 제가 충분히 먹는 '일식 삼찬'에 하나
의 좋은 반찬이요, 좋은 음식을 더 먹
을 때, 그를 제가 취하지 아니하고 나
누어서 못 먹고 어려운 사람에게 줄
수 있는, 그와 같이 하는 것이 '일식
삼찬'의 의미라 깨달았사옵나이다.
19 많은 여러 가지 풍성한 고기요, 또 남
들이 먹고자 하며 부러워하는 것을 놓
고 먹을 때, 그걸 좀 줄여서 먹으며,
그를 겸손하게 하며,
20 그래서 그 음식을 나누어서 어렵고 힘
든 사람에게 대접할 수 있는 그와 같
은 마음을 갖는 것이 바로 '일식 삼찬'
의 하나님께서 명하신 깊은 뜻이 있음
을 깨달았사옵나이다.
21 먹고 또 먹고 또 차려서 먹고, 배가 부
를 때까지, 그리고 저희들만이 호의호
식을 하며 저희들만이 그 음식을 접할
때 기도하며 잘 먹었다 기도하는 것이
아니라,
22 저희들이 열 가지 음식을 먹는다 할
때, 세 가지만 취하며 남은 일곱 가지
의 음식을 대금으로 계산하여 그 대금
만큼 불쌍하고 어려운 사람들에게 대
접하며 그들에게 나누어 주며 그들과
같이 더불어 나누어 먹을 수 있는 마
음의 기도를 드리는 것이 '일식 삼찬'
의 기본이요, 근본임을 깨달았사옵나
이다.
23 열 가지의 요란한 음식을 놓고 먹을
때, 세 가지로써 그 배를 채워 만족하
며 하나님께 기도를 드리며, 남은 일
곱 가지는 어렵고 불쌍한 형제들에게
나누어서 대접할 수 있는 그와 같은
마음을 갖고 살아가며 그리 행하는 것
이 진정 아버님께서 원하시는 '일식
삼찬'의 의미요, 그 값있는 것을 깨달
았사옵나이다.
24 소찬으로써 만족하며, 많은 것을 차리
는 것을 나눠서 대접할 수 있는 그러
한 마음을 갖게 해 달라 기도하는 것
이며, 그리 행하고자 기도하는 것이
며, 그리 나누어 먹고 나누어 주겠다
기도하는 것이 저희가 식사를 하면서
드리는 기도며, 그것이 저희가 원해야
될 것이며, 그 기도만이 아버님을 기
쁘게 하며 아버님의 뜻에 따르는 길이
라 하였사옵나이다.
25 소찬을 내려 주신 아버님께 그 은혜에
감사드리며 영광을 돌리며, 그 감사함
을 느낄 때 가슴이 뿌듯하여 그 음식
을 먹기가 가슴이 아프거늘,
26 먹어서 남기는 그 많은 음식을 차려
놓고 호의호식하며, 어렵고 힘든 이웃
의 형제들에게 나누어 주지 못하며 그
들과 더불어 같이 못 함을 가슴 아프
게 생각지 못하고, 그를 으스대며 그
를 자랑으로 삼는, 그 버리지만도 못
한 그와 같은 삶을 살아왔던 저 자신

이, 또 그들이 하는 그 행위가 얼마나
추하고 못나게 보이는 것인지, 이제
그 그림이 보이나이다.
27 '일식 삼찬'에 한 가지 반찬을 더 시켜
호의호식할 수 있다면, 그것으로써 남
에게 밥 한 그릇을 대접하며 국 한 그
릇을 대접하는 그와 같은 행위를 할
수 있는 마음으로 바꿔 가는 것이 하
나님의 백성이요, 하나님을 따르는 자
식이요, 하나님께 선택된 백성이 하는
것이라는 것을 깨달았사옵나이다.
28 하나의 더 맛있는 것을 먹을 것을, 그
것을 한 사람의 어려운 자에게 나누어
주는 마음, 그리고 남에게 대접하는
마음, 그 마음을 기르고 그 마음을 가
지고 그리 행동하는 것이 '일식 삼찬'
의 참뜻이며, 아버님의 뜻에 감사드리
며, 아버님께서 원하시는 것이 그 속
에 있음을 이제야 깨달았사옵나이다."
29 그러하니라, 아들아!
30 너희들이 한 끼를 세 가지의 찬으로
하면 금화 세 냥을 가지고 한 끼의 식
사를 충분히 할 수 있으니,
31 너희들이 열 냥, 스무 냥짜리 음식을
잔뜩 쌓아 놓고 먹다가 남길 것을, 세
냥 가지고 밥을 먹는 것으로써 열 냥,
스무 냥을 나누어서 열 사람에게 밥
을 나눠 주겠다는 마음을 가지고 그리
행하며,
32 그저 먹어 없어지는 스무 냥, 서른 냥
을 열 명에게 세 냥짜리 식사를 대접
해 주고자 하는 마음과 그리 행하는
마음을 갖고 '일식 삼찬'으로 그리 만
족해한다면, 그와 같은 마음으로 그리
행동하는 것이 '일식 삼찬'을 내가 명
한 가장 깊은 뜻이며, 너희들이 깨달
음을 갖고자 하는 것이 여기에 있음이
니,
33 이를 명심하여 너의 제자들에게 임하
여 깨우쳐 주도록 그리하라, 나의 아
들아!

2,990 번째 하나님 말씀

2002년 8월 16일 17시 28분

1 사랑하는 나의 아들아!
2 "네, 아버님! 말씀하옵소서."
3 너희들이 살아가면서 지금 나 여호와
로부터, 또 나의 아들로부터 기적이
요, 역사가 너희들에게 이루어지기를
바라고 너희들이 기대하며 바라는 그
마음이 이루 말할 수 없음이니, 너희
들은 그와 같은 생각을 버려야 될 것
이니라.
4 나의 피조물 만백성이요, 나의 아들의
제자요, 그를 따르는 모든 백성 너희
들은, 내가 너희들에게 기적의 역사를
이루는 것은 하얀 천사와 같은 마음이
된 자만이 얻을 수 있음이니,
5 정녕 나의 아들과 딸이 된 자만이 기
적의 역사를 이룰 수 있음을 알아야
될 것이니라.
6 너희들의 마음이 비워지지 아니하였
으며 너희들이 천사와 같은 마음으로
살아가지 못할 때, 어찌하여 너희들에
게 기적과 너희들이 원하는 그 모든
영광을 내가 다 들어주며 너희들에게
만 축복을 내리기를 바라는가?
7 그렇다면 나의 성전에 와 나의 법전을
읽지 않은 백성들에게도 내가 기적과

영광의 축복을 다 같이 내려야 될 것
이니라.
8 너희들이 100중에 50을 변하며 50이
변하지 아니하였다 하여도 너희들이
가지고 있는 잘못된 것은 마찬가지니,
9 그 50을 가진 자도 하늘나라에 오를
수 없으며 그저 10개밖에 깨우치지
못한 자도 하늘에 오르지 못함이니,
10 너희들이 나로부터 기적의 그 역사를
보며 영광과 축복의 은혜를 받고자 한
다면, 너희들이 완벽한 사람으로 변화
되는 것이 아니면 나의 아들이요, 나
의 백성이 되지 못함이니, 너희들이
기적과 같은 역사를 바라지 말라.
11 너의 제자들에게 이르라.
12 너의 제자들이 기적의 역사요, 나로부
터 너희들이 감히 상상할 수 없는 영
광의 역사를 이루고자 한다면,
13 너희들의 마음자리가 얼마나 비워져
있으며 너희들이 살아가는 그 생각을
어찌 살아가야 하는가, 선과 악에 따
라서 너희들이 어떠한 마음의 형태로
살아가고 있으며, 너희들이 과연 나로
부터 100점을 받을 수 있는 그 믿음의
형태를 가고 있는가 물어보라.
14 너희들이 100점의 형태로써 믿음을
가지 못한다 하면 너희들은 나에게 기
적이요, 영광이요, 축복을 바라서는
아니 될 것이니라.
15 너희들이 버릴 것을 버리지 못하면서
나에게 달란다 해서 내가 줄 수 있겠
는가?
16 그러면 내가 공의의 하나님이 아니니
라.
17 그리고 내가 창조주가 될 수가 없으며
창조주가 아님이니라.
18 오로지 창조주는 너희들에게 진리요,
깨달음이요, 하늘에 오르는 영광의 진
실한 그 빛만을 내려보내느니라.
19 그러니 공의의 하나님이라 내가 너희
들에게 명하는 것은, 너희들을 누구든
똑같이 심판하고 똑같이 복을 내리고
벌을 내리며 상을 내리는 것에 하나의
차질이 있어서는 아니 될 것이니라.
20 너희들 인간사에서는 인간관계에 따
라 너희들이 앞뒤를 바꿔 놓을 수 있
으며, 앞과 뒤의 순서를 바꿔 너희 집
단의 생각에 따라서 변화시킬 수 있으
나, 그와 같은 행위를 나 여호와는 하
지 아니하며 할 수도 없음이니라.
21 너희들이 앞뒤의 순서를 바꾸며, 너희
임의로 큰 것을 줄 자에게 작은 것을
주며 작은 것을 줄 자에게 큰 것을 주
는 그와 같은 행위가 살아가는 속에서
이루어지기에,
22 나의 피조물 만백성이 하나로 이루어
지는 것이 아니 되며, 불신이요, 불만
이 팽배하여 있으며 서로 믿지를 못하
며, 서로 가지고 있는 그 너희들의 점
수를 벗어나 더 많은 점수를 받기 위
하여 너희들이 변칙의 행위를 함이니
그가 벌써 비굴한 행위요,
23 너희들이 또 그 재판의 권한을 가지고
있는 자에게 금화와 은화를 바치고 노
동력을 바쳐 갖은 아부를 다 하여 이
길 자가 지고 질 자가 이기는 이와 같
은 세상이 이루어져서 지금의 나의 아
름다운 이 지상의 낙원이 추하고 더러
운 것으로써 입혀져 있음이니라.
24 너희들이 하나의 더러운 행위를 하여

1등 할 자가 뒤지고 2등 할 자가 1등
을 하며, 2등 할 자가 판정관에게 아
부하여 1등의 자리를 뺏는다면, 그 세
상에 오염되는 것이 이 지구를 덮어
가는 것을 너희들은 모를 것이니라.
25 그리고 그 집단 속에 있는 많은 백성
들이 불만이요, 너희들을 신뢰하지 못
함이니, 그래서 지금과 같은 형국이
이루어졌음이니라.
26 나 여호와가 너희들에게 공의의 하나
님으로서 완벽한 상벌을 하지 아니한
다면, 이 지상에 하늘에서 이루어진
것같이 낙원을 이룰 수 없으며, 이는
상상할 수도 없음이니라.
27 그러하니 너희들이 완벽하게 마음을
비우라, 그리고 너희들 자신이 바로
서라.
28 그러면 너희들이 모든 역사의 기적을
얻을 것이니, 그것만이 너희들이 이룰
수 있는 길이며, 너희들이 나의 형체
를 보며 나의 음성을 들으며 구원의
길에 오를 수 있으며 그 빛을 볼 수 있
음을 알라.
29 나는 죄를 하나라도 안고 있는 자, 그
들에게 나의 기적이요, 역사의 영광을
내리지 않음을 너희들은 알아야 할 것
이니라.

2,991 번째 하나님 말씀

2002년 8월 16일 18시 08분

1 사랑하는 나의 아들아!
2 "네, 아버님! 말씀하옵소서."
3 사람이 하나의 역사를 이루기 위하여
고통과 시련의 길을 거치지 아니하고
이루어지는 것이 하나도 없다 말하였
느니라.
4 네가 나의 법전 160권을 기록하여 만
백성을 구하고자 장장마다 십계명을
외울 때, 그 고통스러워 눈물 흘리는
것을 내가 알고 있음이니라.
5 그러나 너는 어찌하여야 하겠는가?
6 나의 피조물 만백성을 구원의 길로 인
도하는 것이며 그들을 깨우치는 길은
이것밖에 없음이니,
7 지금 철옹성같이 굳어져 있으며 그 무
엇보다도 단단하게 세뇌 교육이 되어
있는 그들이 생각을 바꿀 줄 모르며
세상의 변화되는 그 이치를 모름이니
라.
8 그리고 지금 내가 나의 아들을 통하여
너희들을 구원하고자 제3의 시대의
장을 여는 그 자체도 그들이 생각하지
아니하며 보려 하지 아니하며 듣지도
않으려 함이니, 이를 어찌하여야만 되
겠는가?
9 내가 오죽하면 너에게 이리 말하였겠
느냐?
10 그들이 '소귀에 경 읽기'라 하였음이
니, 그 말을 듣지 아니하는 것은 짐승
이니, 알아듣지 못하기 때문에 짐승이
라 말하나,
11 내가 너희들에게 구원의 길을 보라,
하늘에 오르는 길을 보라, 그리고 나
의 법전을 보라, 나의 십계명을 지키
고 사는 것만이 구원의 길이라 그리
부르짖건만, 너희들은 그를 들은 체도
아니 하며 못 본 체하며 그리 살아감
이니,
12 지금 나의 피조물 만백성이 저희들만

이 구원의 길이요, 저희들이 믿는 그
종파에 세뇌되어 있으며, 그곳에서 생
각을 바꾸지 아니하며, 귀를 열려 하
지 아니하며 눈을 뜨려 하지 아니함이
니, 이게 지금 어찌 되는 것이냐?
13 소귀에 경 읽듯이, 그 백성들 앞에 그
저 아무리 해 봐도 받아들이지 못하
니, 그리하여 그들이 하나도 구원받은
자 없으며 구원받을 수 없다 말하였음
이니라.
14 이제는 그들에게 소리를 지르고 아무
리 악을 써도 그들이 모르고 있음이
니, 무엇으로 해야 되겠는가?
15 나의 법전이요, 성령을 책으로 만들어
그들이 눈으로 보고 깨우치는 그 변화
의 역사를 가지게 하는 방법 말고 더
있겠느냐?
16 그리하여 내가 법전이라 하여 책으로
만드느니라.
17 나의 아들 예수가 음성을 높여 만백성
을 구하고자 들판에서 가르쳤으며, 그
저 산이고 들이고 나의 백성들이 있는
곳이라면 가서 깨우치고 가르쳤지만,
그 메아리는 지금 어찌 되었는가?
18 그 원천의 메아리는 하나도 여기에 들
리지 아니하며, 기록되어 내려온 전통
이 없음이니라.
19 그리하여 저희들 마음대로 수천수만
가지 헤아릴 수 없는 그 종파를 만들
어, 그와 같이 뒤죽박죽이며 근거도
없으며 뿌리도 없는 자들이 들었다 하
고 깨달았다 하며 이와 같은 형국의
세상에 와 이 질서를 잡을 수 없음이
니라.
20 그러하니 내가 아무리 목청을 높여 그
들에게 전하며 천둥 번개와 같은 소리
로 너희들을 깨우쳐 준다 해도 너희들
은 잊어버리는 것이며, 그걸 내가 너
희들을 깨우치는 것이라고 받아들이
는 자가 없을 것이니, 이제 무엇으로
써 그들을 깨우치겠는가?
21 그들이 눈으로 봐 깨우쳐 그 생각을
바꾸며, 그들이 판단할 수 있는 능력
을 보며, 그리고 그들이 나의 음성을
들을 수 있는 것은 나의 법전을 통하
여서만 그들이 역사할 수 있기 때문에
내가 지금 160권이라는 어렵고 힘든
이 장서의 법전을 너를 통하여 만듦이
니,
22 네가 힘들고 고달픈 것과 마찬가지로
나 여호와가 또한 너와 항상 같이하고
있음이니,
23 그 고통이 몇십 배가 더 가중한 그와
같은 어려움 속에서 나 여호와가 너희
들에게 밤과 낮을 가리지 아니하고 내
린다는 것을 너는 생각하여,
24 오늘의 고통과 시련을 네가 즐거움이
며 네가 꼭 가야 할 길이며 역사할 것
이라는 굳은 마음가짐을 바로잡아, 주
저하지 말고 두려워하지 말고 좌절하
지 말며, 힘들고 어렵다 하여 네가 십
계명을 외우며 마음속으로 울고 육으
로 우는 그와 같은 슬픈 마음을 갖지
말라.
25 네 눈물이 오늘의 수천수만의 백성을
구하는 것이며, 네가 고통 속에 한 권
의 법전을 기록하여 세상에 만들어 냄
이니, 네 지금의 이 고통이 수천수만
의 백성을 구하는 것임을 알라.
26 너희들이 말하는 녹음테이프라는 이

것을 몇 개를 녹음하여 한 권의 책으
로 만들어 냄이니, 네가 이를 하나하
나 만들 때 그 고통과 시련이 얼마나
힘이 들고 어려운지 내가 아느니라.
27 가슴이 아프고 목이 아프고 너의 몸이
떨리며, 그와 같이 어렵고 힘든 속에
서 나의 성령을 받아 네가 한 권 한 권
역사를 이룰 때, 나의 피조물 만백성
수천수만 명이 이 한 권의 책으로 구
원을 받으며,
28 이 책의 160권이 세상에 나와야 천 년
에 걸쳐 하늘에서 이루어진 것같이 이
지상에 낙원이 이루어지며, 이 160권
의 법전을 읽고 깨우치고 깨달은 자만
이 구원의 길을 볼 수 있음이니, 이 길
을 네가 가지 아니할 수 없음을 알라.
29 너의 고통과 너의 시련을 나 여호와가
모름이 아니니라.
30 그러나 이 길을 가야 될 것이니라.
31 사랑하는 나의 아들아!
32 예수가 나에게 '그 잔을 받지 아니하
면 안 되겠습니까?' 하여 그 눈물의
기도를 수십 번 드렸다 하였으니,
33 네가 오늘의 이와 같이 고통스럽고 가
슴 아파하며, 나의 십계명을 암송하고
암송할 때마다 네가 그를 외우며 가슴
으로 눈물을 흘리는 것을 내려다보는
나 여호와의 마음이 어떠하겠는가?
34 사랑하는 나의 아들아, 나 여호와의
마음을, 이 아버지의 마음을 너는 과
연 알 수 없겠는가?
35 네 마음을 아노라.
36 나의 아들 예수가 그 잔을 옮기고자,
받지 아니할 수 없는가 하여 드린 그
애절한 기도를 들어주지 아니한 이 어
버이가 또다시 너의 그 아픈 기도를
들어주지 못하는 것을,
37 사랑하는 나의 피조물 만백성 너희들
이 나의 이 가슴 아픔을 정녕 모른다
하면, 너희들은 느끼고 깨우쳐야 될
것이니라.
38 하나의 자식의 소원을 들어주지 아니
하여 그 자식을 잃은 부모의 가슴이
천 갈래 만 갈래 찢어지고 아픈 것이
거늘,
39 그리 자식을 잃은 부모에게 또 한 자
식이 그를 구원해 달라 몸부림치고 부
르짖을 때, 또 만백성을 위하여 그를
들어주지 아니하고 그의 고통과 시련
을 외면하는 나 여호와이니,
40 내가 너희들을 얼마나 사랑하고 아끼
면 이와 같은 가슴 아픈 역사의 길을
가겠는가?
41 나 여호와의 아픈 마음을 너희들이 돌
아다볼 수 있는 그와 같은 깨달음을
갖기를 내가 간곡히 바람이니,
42 나의 찢어지는 이 아픈 가슴을 너희들
이 들여다보는 그와 같은 깨달음을 가
져야 할 것임을 알라.

2,992 번째 하나님 말씀

2002년 8월 16일 22시 55분

1 사랑하는 나의 아들아!
2 내가 너희들에게 확실히 일깨워 주었
노라.
3 나는 나의 뜻에 따라 살아가는 완벽한
나의 아들딸만을 기억하며, 그들에게
은혜와 축복과 영광의 기적을 내린다
하였음이니라.

4 추한 생각을 하며, 완벽하게 변하지
아니한 나의 아들딸에게 나는 기적과
영광의 축복을 내리지 아니한다 하였
음이니라.
5 이는 곧, 너희들이 구원을 받아 나에
게 오르고자 할 때, 잘못된 오물이 묻
어 있는 자는 올 수 없다 하였음이니,
6 똑같은 나의 피조물 만백성이 작은 죄
를 지었다 하여, 또 큰 죄를 지었다 하
여, 그 하늘에 오를 수 없는 죄를 가슴
에 안고 있는 너희들에게, 내가 누구
에게는 은혜를 내리고 기적을 이루어
주며 누구에게는 기적을 이루지 아니
하고 은혜를 내리지 아니한다면 나를
공의의 하나님이라 할 수 없음이라 내
가 말하였음이니라.
7 사랑하는 나의 아들아!
8 지금 내가 나의 아들이요, 아니요, 나
에게 선택된 백성이요, 아니요, 이를
엄격히 구분하여 나의 뜻대로 살아온
나의 피조물 만백성을 구원하여 선별
하고자 나의 법전을 세상에 내려 제3
의 시대를 열어 감이니,
9 너희들이 지금까지의 삶을 과연 어찌
살아왔는가?
10 너희들이 수천 년 역사 동안에 흘러오
는 그 생활 속에서 과연 완벽하게 나
의 성령의 뜻에 따라 완벽히 하늘에
와 구원을 받을 수 있는 그와 같은 삶
을 산 자가 있다 말할 수 있는가?
11 너희들은 없을 것이니라.
12 그리고 정녕 너희들이 회개하며 깨우
치며, 그 깨우치고 회개한 다음에 천
사와 같은 심성으로 살아온 자 있는가?
13 그러한 자가 없음이니라.
14 이는 너희들의 믿음의 길을 가는 자들
이 잘못 가르치며 잘못 배워 왔기 때
문이며, 나의 뜻과는 전혀 관계도 없
는 길을 살아왔음이니,
15 내가 이루고자 하는 그 뜻도 모르며,
나에게 오르는 그 계명을 지키고 살
수 없다 그리 말하니, 너희들이 어찌
하여 나에게 구원을 받을 수 있다 하
는가?
16 내가 한 사람도 구원을 받은 자 없다
말하였음이니, 그 뜻을 이제 알겠는가?
17 내가 제3의 시대를 열어 나의 법전을
세상에 내려보내며 내가 너희들에게
은혜요, 기적과 영광을 내리는 것은,
18 천사의 마음과 같이 변하여 가는 자,
나 여호와의 성령처럼 변해 가는 자,
그와 같은 자가 아니면 내가 나의 아
들이요, 딸이라 선택하여 거두어들이
지 아니한다 하였음이니라.
19 그렇게 내가 지금 완벽한 나의 백성들
을 구하고자 하며, 그리고 그들만이
하늘나라에 오를 수 있으며, 그 후손
들만이 하늘에서 이루어진 것같이 찬
란한 지상의 낙원에, 이 자연의 아름
다움 속에서 살아갈 수 있으니,
20 지금 그를 분별하여 그들에게 그 권한
을 주고 안 주고 하는 선별 작업에 들
어갔음이니라.
21 너희들이 지금까지 살아오는 그 형태
로써 과연 내가 지금 추구하는 나의
제3의 시대의 백성들처럼 너희들의
마음이 얼마만큼 다스려졌으며, 너희
들이 얼마만큼 깨우쳐 깨끗한 형태로
살아왔는가?
22 너희들은 죄를 수없이 지으면서 그 죄

를 빌고 용서받으며, 그리하면 너희들
은 구원을 받으며, 너희들이 성전이라
하여 지은 그곳에 가 금화와 은화요,
재물을 바치면서 그 죄를 빌면 그 죄
의 대가를 치르는 것같이 그와 같은
가르침으로 간 백성들이 있기에,
23 그리 가르치고 그 속에서 너희들이 배
워 왔으며 세뇌되었으며 그것만이 너
희들의 머릿속에 젖어 있으니,
24 좌우요, 다른 사람들의 가는 길이요,
다른 사람들이 깨우쳐 가는 그 믿음의
세계요, 그와 같은 것은 너희들이 보
지도 아니하며 그를 이단시하며,
25 그와 같이 굳어져 있으며 세뇌된 그것
으로써 수천 년 역사가 흘러왔음이니,
너희들은 내가 원하는 그 길을 온 자
가 한 사람도 없다 함이니라.
26 그러니 너희들이 어찌 구원을 받을 수
있으며 구원을 받았다 말하는가?
27 이제는 내가 나의 법전에 하늘에 오
르는 길이며, 인간이 변하는 길이며,
너희들이 천사가 될 수 있는 길의 모
두를 다 기록하여 내려보내니,
28 이를 읽고 접하여 그대로 행하고 변하
는 자만이 나에게 구원받을 수 있는
백성이요, 그렇지 않은 자는 구원받을
수 없음이니라.
29 공의의 하나님으로서 내가 너희들에
게 질서요, 정도를 지키지 아니하였을
때, 세상의 모든 백성은 뒤죽박죽이
될 것이며, 너희들은 표류하는 인간과
같은 형국으로 될 것이니라.
30 그리하여 나는 정도가 아니요, 길이
아니며 진리가 아닌 것은 행할 수 없
음이니,
31 나의 성령을 공부하며 나의 법전을 읽
고 깨우친다 하는 나의 선택된 백성이
요, 나의 아들의 제자 너희들에게도
내가 조금도 용서함이 없으며 너그러
움이 없으며 너희들을 위하여 베풀어
줌이 없음이니라.
32 나의 피조물 만백성은 누구나 다 똑같
은 자격으로서 그 대가를 받는다는 것
을 너희들은 잊지 말라.
33 너희들이 기적과 영광을 얻고자 한다
면 천사와 같은 마음으로 먼저 변하라.
34 그리하면 모두를 얻을 수 있을 것이
니, 그리하지 아니하는 자는 정녕 얻
을 수 없음이니 그리 알라.

2,993 번째 하나님 말씀

2002년 8월 16일 23시 09분

1 사랑하는 나의 아들아!
2 "네, 아버님! 말씀하옵소서."
3 너에게 와서 나의 성령을 들으며 나의
법전을 읽고 공부하고 깨우친 자들이
네 앞에서 등을 돌리고 돌아감이니라.
4 그리고 많은 자들이 네 앞에 와 깨우
침을 얻었다 하며 또 왔다가 등 돌리
고 떠나가는 자들, 그들을 보며 네가
마음 아파하며 후회하지 말라.
5 내가 너에게 일러 깨우쳐 주었거늘,
나의 법전의 한 권이 세상에 나가면
한 사람의 지도자가 세상에 나가는 것
과 같다 하였음이니라.
6 네 앞에 왔다 가는 자가 과연 몇 명이
나 되는가?
7 그 숫자를 네가 헤아릴 것도 없음이니
라.

8 지금 네가 나의 법전을 전국 방방곡곡
에 전하였음이니, 지금 많은 나의 피
조물 만백성이 이를 읽고 그들의 가슴
이 두근거리며 저 자신을 안정치 못하
는 자가 있는가 하면, 정녕 이것은 여
호와의 뜻이라 생각하며 이 길을 가고
자 하는 자들이 또 수없이 있음이니라.
9 그리고 그들은 나의 법전을 놓고 지금
깨우치고 또 연구하며 깨달아 가고 있
음이니라.
10 네 앞에 왔다 가는 사람들, 네 앞에 와
서 공부하는 제자들, 그 숫자요, 그 인
원을 가지고 네가 생각하지 말라.
11 네가 세상에 전했던 그 많은 법전들이
다 지도자가 되어, 봄에 물이 흐르듯
이, 봄바람이 불어 가듯이, 빗물이 메
마른 땅을 적셔 가듯이 지금 스며들고
있음이니라.
12 그들이 지금 놀라워하고 있으며, 무서
움을 알고 있으며, 제3의 시대가 오고
있음을 아느니라.
13 그리고 성서의 구약과 신약을 덮고 새
로운 깨우침의 '하나님의 말씀'이요,
나 여호와의 성령이 내려오는 것을 알
아 감히 두려워 그를 읽지 못하는 자
들이 또한 있음이니라.
14 많은 백성들이 지금 이를 보고 깨닫고
있으며, 그 자신의 마음을 가누지 못
하고 있는 자들이 있느니라.
15 그러나 그들이 여태껏 살아온 그 속에
서 세뇌되었으며, 아직도 성서만이 구
원을 받는 것이라 그리 생각하는 그
갈등 속에서 허덕이는 자가 있음이니
라.
16 그러나 너는 이것을 들어야 될 것이니
라.
17 수천수만의 헤아릴 수 없는 그 방대한
지금의 믿음이라는 것을 가지고 가는
그 종파들이요, 그 조직의 힘에 네가
감히 견딜 수 없다 말하나, 너는 그리
생각지 말라.
18 나의 법전의 2부가 나오면 1부를 접
했던 자들이 놀랄 것이며, 그리고 그
를 접하는 자 또한 놀랄 것이니라.
19 그리하여 3부가 세상에 나갔을 때, 이
는 정녕 나의 뜻이라 그들이 깨달을
것이며, 그리하여 그들의 이루어지는
그 파장을 감당할 수 없음이니라.
20 내가 무어라 말하였느냐?
21 앞동산보다 더 큰 바위를 작은 조약돌
이 이긴다며 대들 때, 너희들은 이길
수 없다 말한다 하였음이니라.
22 그러나 큰 돌은 이미 쇠진하여 썩어
가는 돌이요, 작은 돌은 새로운 생명
으로서 퍼져 가는 돌과 같음이니라.
23 사랑하는 아들아, 너는 어찌하여 그를
모르는가?
24 그 단단하고 암벽과 같은 바위를 가장
무르고 약한 파도가 치고 또 치면 거
기에 흠집이 생기고 또 금이 가며, 그
형태대로 약한 곳에서부터 변해 가는
것을 보지 아니하였던가?
25 나의 법전이 세상에 전해질 때, 이 방
대한 조직은 하나하나 저희도 모르는
사이에 무너져 가며 깨우쳐 가게 될
것이니라.
26 그리고 만백성 중에 이 성령이 나 여
호와의 뜻이라는 것을 높이 부르짖는
자들이 나올 때, 지금 의심하고 불안
하며 마음을 결정하지 못하는 자들이

선구자처럼 일어설 것이니, 너는 두려
워하지 말라.
27 나 여호와가 지금 너에게 경계하는 것
은, 나의 법전이 나가 만백성이 이를
깨우쳐 일시에 돌아서는 그 파장이 생
길 때, 그는 건잡을 수 없는 종교 전쟁
이며, 너희들은 준비되지 않은 상태에
서 적의 기습을 받은 그와 같은 전쟁
을 치르게 됨이니, 너희들이 지탱할
수 없음이니라.
28 정의로움이 이길 수 없는 그와 같은
전쟁이 되지 않도록 내가 지금 많은
복병들을 세상에 기르고 있으며, 그들
을 내가 깨우치고 있음이니라.
29 지금 네가 전한 그 법전이 한 사람이
한 사람을 깨우치는 그와 같은 역사를
이루듯이,
30 네가 보지 못하며 듣지 못하나 그들이
지금 흥분하며 울분하며, 지금까지 왔
던 믿음이 잘못된 것을 깨달아 지금
그와 같은 자들이 서서히 고개를 들기
시작하며, 서로 그들이 의사를 타진하
며, 전해 들은 자가 전해 준 사람과 대
화를 하고 또 깨우쳐 가는 그러한 형
국이니, 나 여호와는 그를 다 알고 있
음이니라.
31 이제 머지않아 3부라는 법전이 세상
에 나왔을 때 그들은 할 말이 없느니
라.
32 인간이 그 짧은 기간에 인간의 노력으
로써는 그를 쓸 수 없다는 것을 알며,
주옥같은 나의 성령의 뜻을 듣는 자들
이 거부하지 못할 것이니라.
33 지금 이끌어 가는 모든 종교 지도자들
이 나의 피조물 만백성을 지금까지 세
뇌 교육시켜서 그들의 눈과 귀를 막고
가르쳐 왔던 그들을, 지금 하루아침에
그들이 돌아서는 그와 같은 형국이 생
길 때, 그들을 능가할 힘이 있어야만
되느니라.
34 그들을 능가할 수 없는 힘으로써는 그
들이 들고일어날 때, 사악한 무리의
변명이요, 간교한 방법으로써 너희들
이 성장할 수 없는 그러한 형국이 될
것이니라.
35 그리하여 나의 법전의 3부가 나와 세
상에 전해졌을 때, 그들은 그 권수에
의하여 더 이상 말을 못 할 것이며, 거
기에 있는 내용에 따라서 그들은 말을
못 할 것이며,
36 많은 법전이 세상에 나가 만백성이 그
를 읽고 있으니, 저희 종교 지도자들
이요, 그 철옹성 같은 지금의 집단의
그들을 바라보는 눈빛이 달라질 것이
며,
37 그들이 명하는 것을 받아들이는 것이
달라진 신도들의 숫자가 하나 둘 늘고
늘어날 때, 단상에 서 있는 그가 스스
로 두려움을 갖게 되고 무서움을 알게
되며, 나의 법전이요, 나의 성령이 얼
마나 위대한 것인가를 그들이 서서히
깨우쳐, 감히 너에게 대적할 수 없도
록 그와 같이 자멸을 시키고 가는 것
이 내가 가는 방법이니라.
38 법전이 3부가 나오고 4부, 5부가 나
와, 저희들이 철옹성같이 되어 있으며
저희들 말에 절대복종하며 재산과 금
화와 은화를 바치면서 저희들을 따랐
던 그 신도들이 나의 법전 한 권을 읽
고 두 권을 깨우쳐 그 종교 지도자들

이 하는 행위를 볼 때,
39 그 눈에서 빛이 날 것이며 그들의 보
는 눈이 달라질 것이며, 그들을 향하
여 던지는 질문이 달라질 것이며,
40 그리하여 단상에 서 있는 자가 진정한
나 여호와의 뜻을 알아 가르치는 자가
아니니, 그의 허실이 드러날 것이며
그의 허물과 추한 모습을 보게 됨이니,
41 그를 따르던 제자들에게서 종교 지도
자가 저 스스로 두려움을 느끼고 무서
움을 몸으로 느낄 때, 감히 너를 공격
하고자 하는 그 계획을 세우지 못하
며, 나의 법전과 나의 성령을 태워 버
릴 수 있는 그 힘을 잃게 함이니라.
42 그때 그 후부터 너희들의 빛이 하늘의
그 영광을 받아 그리 비칠 것이니라.
43 그리하여 나의 뜻에 서서히 이어져 가
며 서서히 진행되고 있음이니, 너는
두려워하지 말며 그저 나의 성령을 받
아 책으로 만들어 내는 여기에만 전념
을 다하라.
44 지금 너희가 뿌린 그 법전만으로도 많
은 자들이 그를 보고 깨우치며 두려워
하며, 네가 부를 때 올 수 있는 준비를
하는 자들이 수없이 있음을, 너는 모
르나 나는 알고 있음이니라.

2,994 번째 하나님 말씀

2002년 8월 16일 23시 44분

1 사랑하는 나의 아들아!
2 내가 너에게 무어라 말하였더냐?
3 너는 나의 아들로서, 내가 창조한 이
세상의 그 모두를 다 네가 관리하는
것이라 내가 그리 말하였음이니라.
4 너는 그 뜻을 아직도 알지 못하는가?
5 그리고 내가 너에게 말하여 일렀느니
라.
6 이 세상의 모든 종파요, 저희들이 하
늘에 오르는 길이라 하여 수천수만의
종파와 그 종파를 따라가는 그 백성의
수를 헤아릴 수 없으나, 이 모두의 승
자는 너라 내가 말하지 아니하였던가?
7 승자는 너라 말하였음이니라.
8 그 뜻을 이제야 네가 깨닫는가?
9 "네, 아버님! 이제 그 말씀의 뜻을 깨
닫고 있사옵나이다.
10 세상에 160권의 법전을 아버님의 말
씀을 받아 책으로 만들어 내니, 이 책
들이 눈이 내리듯이 이 세상을 다 덮
으며, 그 파란 책표지처럼 그와 같이
세상을 파랗게 다 덮는 역사가 이루어
짐을 알겠사옵나이다.
11 이는 하나님께서 내리시는 눈과 같이
그저 소복소복 쌓이기만 하면 되는 것
이며, 그리고 또 그리 쌓일 수 있기 때
문임을 깨달았사옵나이다.
12 말씀으로 주시어 160권의 법전을 만
드니, 이를 보고 깨우쳐 감동한 백성
들이 만백성을 구하고자 그들이 그 책
을 전하고 또 전하며 그 뿌리가 또 책
을 전함이니,
13 이는 정녕 없어지는 것도 아니요, 계
속 살아서 움직이고 있사오니, 이걸
접하는 백성의 끝을 막을 수가 없으
며, 어떠한 힘으로도 이 법전이 전해
지는 것을 막을 수가 없음을 알겠사옵
나이다.
14 이제야 그 뜻을 깨달았사옵나이다.
15 그리하여 사람들이 깨우치기를, 인간

이 세상에 살아가면서 죽어 가는 사람
하나를 살리는 것도 그보다 더 큰 공
덕이요, 은혜가 없거늘,
16 이 책 한 권을 전하는 것은 죽어 가는
사람을 구원함이 아니요, 영원히 하늘
나라에 살고 못 사는, 구원을 받고 못
받는 그 영혼을 구원하는 것이니,
17 육의 병들어 죽어 가는 자를 살리는
것보다도 몇백 배, 몇천 배 위대한 그
와 같은 생명을 살리는 역할을 하게
되어 있음을 알겠사옵나이다.
18 이 법전을 읽고 깨우친 백성들이 한
권의 법전을 전하여 한 사람의 영혼을
구한다면 그 영혼을 구함의 위대함은
말로 다할 수 없으며, 또한 아버님께
받는 그 상이 그도 모를 만큼 많은 은
혜와 축복을 받게 되어 있음이니,
19 그 이치를 깨닫는 자들이 그 영혼을
구하기 위하여 하나님의 말씀인 이 법
전을 세상에 눈이 오듯이, 소낙비가
쏟아지듯이 그리 전하고 또 전할 것이
며 그리 수없이 전해질 것이니, 그리
하여 승자는 저라 하신 그 말씀을 이
제야 깨달았사옵나이다, 아버님!"
20 그러니라, 나의 아들아!
21 세상에 너희들의 인력으로 만든 것이
며, 너희들이 금화와 은화를 들여서
하늘에 닿을 정도로 높은 층수의 건물
을 짓는다 할 때, 또는 단층의 건물을
짓는다 할 때,
22 너희들이 큰 회관이요, 건물을 지으
며, 천추의 역사에 길이 남는 너희들
이 만든 그 위대한 성전이요, 방대한
성전도, 다 그것을 이루기 위해서는
뭐가 들어가더냐?
23 인간의 노동력이 필요하며, 인간의 지
혜가 필요하며, 그를 만들 금화와 은
화의 재물이 필요함이니라.
24 너희 손으로 만든 성전이요, 너희 손
으로 만든 궁궐이요, 너희 손으로 만
든 어떠한 건물도 다 그는 무엇이더냐?
25 금화와 은화가 받쳐 주며 인간의 노동
력이 받쳐 주어야만 함이니, 너희들은
그것 하나를 만들기 위해서 수많은 금
화와 은화를 거둬들여야 함이니, 얼마
나 그게 힘들고 어려운 길인가?
26 그를 위하여 노동력을 수없이 투입하
여야 되니, 그것 또한 그리 쉬운 일이
아니지 않은가?
27 너희들은 여기서 알아야 될 것이니라.
28 나의 피조물 만백성을 깨우쳐 구원하
는 것은, 나의 성령인 법전 160권이
세상에 나가니, 그게 나가면서 그 배
로 늘어나며 그게 또 전해지면서 그
배로 늘어 가는 그와 같은 역사가 있
음이니,
29 너희들이 재물을 긁어모아 나의 법전
으로 세상을 덮는 것도 아니요, 너희
들이 금화와 은화를 거둬들여 남을 설
득하며, 남의 재물을 너희들이 비열하
고 추한 방법으로써 거둬들여 그 역사
를 이루는 것도 아니니라.
30 그와 같은 방법으로 너희들이 나의 법
전을 전한다면, 하얀 눈이요, 소낙비
가 세상을 다 적시듯이 나의 법전으로
세상을 적실 수 없음이니라.
31 나의 법전의 한 권이 나감으로써 그가
두 권을 가지고 들어오며, 두 권이 네
권을 가지고 들어오게 되며, 이와 같
이 기하급수적으로 늘어나는 것이 나

의 성령을 전하는 방법이요, 만백성을
구하는 것이니,
32 또한 이 한 권의 법전이 지옥으로 가
는 하나의 생명을 구한다는 것을 깨달
은 그 천사와 같은 나의 백성들이 수
없이 이 법전을 전하고자, 만백성을
구하여 그들이 하늘에 인도하고자 하
여 이 법전을 스스로 전하고 또 스스
로 전달함이니 이와 같은 역사가 반복
되며,
33 오늘에 십만 부라는 나의 법전이 세
상에 뿌려졌을 때, 그가 나가서 바로
배인 백만 부요, 천만 부요, 세상의 인
구만큼 이가 뿌려지는 그와 같은 역사
가 있음이니,
34 나의 법전인 이 책이 후손을 낳으며
책이 또 뿌리를 낳으며 책이 또 그 뿌
리를 안고 오며, 이와 같은 방법으로
써 끝도 없이 저희 스스로 돌아감이니
라.
35 네가 관여할 것도 없으며, 네가 참여
할 것도 없으며, 네가 신경 쓸 것도 없
으며, 너의 제자들 또한 여기에 매달
릴 필요도 없음이니라.
36 그저 스스로 법전 한 권이 나가 둘을
물고 들어오며, 둘이 넷을 물고 들어
오며, 이와 같은 방법으로 뻗어나가는
나의 법전을 인간의 힘으로 과연 어찌
막을 수 있다 말하는가?
37 저희들이 사람의 노동력을 동원하여
막을 수 있겠는가?
38 저희들이 금화와 은화를 얼마나 거둬
들여서 그 힘으로 나의 법전이 세상에
나가는 것을 막겠는가?
39 무상으로 밀어붙이는 그 법전의 힘을
인력으로 막을 수 있겠는가?
40 하늘의 뜻에 의하여 밀려 나가는 나의
법전을 저희들이 금화와 은화로 성벽
을 쌓아서 막을 수 있겠는가?
41 그와 같이 말하지 말라.
42 어린아이가 파도 치는 백사장에 밀려
오는 그 바닷물을 백사장의 모래로 잠
시는 막을 수 있으나 결국 막을 수 없
듯이, 어린아이의 소꿉장난이요, 그들
의 장난의 한 즐거움으로 지나가는 것
이니,
43 그와 같은 것보다도 더 그들이 감내할
수 없는 형국이 나의 법전이 나의 뜻
에 의하여 세상에 밀어붙이고 나갈
때, 저희들의 재물이요, 인력이요, 능
력으로써, 집단의 힘으로써, 저희들의
세 치 혓바닥으로 나의 피조물 만백성
을 현혹하여 그를 막으려 한다는 것은,
44 내가 지금 말했듯이 어린아이가 바닷
가에서 밀려오는 파도를 모래로 막고
자 하는 그것보다도 더 어리석은 형국
이며, 파도보다 더 강하게 밀어붙이는
그 방대한 힘을 막을 수 없으니,
45 네가 승자라 내가 말하였음이니라.
46 이와 같은 방법으로써 만백성을 구하
는 역사가 이루어질 것이니, 너희 스
스로 행함이 아니요, 너희 스스로 움
직이는 것이 아니며, 너희 스스로 전
함이 아니니라.
47 법전이 법전을 전하며 법전이 법전을
전하니, 그 후손이 또 후손을 이끌어
오며, 또 그 후손이 그 후손을 이끌어
오는, 너희들이 모르는 사이에 그리
흘러가며 저희들 스스로 전하며 나의
법전이 살아서 움직임이며, 나의 성령

인 책이 살아서 움직임이니, 살아서
움직이는 그 책을 인간의 힘으로 막을
수 없음이니라.
48 밤과 낮을 가리지 아니하고 나의 법전
은 살아서 움직이는 그 위대한 역사를
하는 것을 너는 알겠는가, 나의 아들
아?
49 "네, 아버님! 이제야 알겠사옵나이다.
50 이제야 깨달았사옵나이다."

2,995 번째 하나님 말씀

2002년 8월 17일 0시 11분

1 사랑하는 나의 아들아!
2 네가 세상사의 이치를 깨달으며 나의
성령을 받아 3부를 기록함이니, 네가
지금 세상을 보는 것은 어떠하며, 너
희들이 말하는 구약과 신약의 성서를
보는 네 마음과 네 눈에는 과연 어찌
비치는가?
3 "네, 아버님!
4 성서는 책이 아니며, 성서는 한곳에
뭉쳐 있는 것이 아니며, 제자리를 지
키는 것이 아니옵나이다.
5 성서는 종이에 글로 쓴 것이나, 그가
생명이 없어 죽은 것이 아니옵나이다.
6 성서는 생명력이 있으며, 그는 소리를
지르며 움직이며 지도자로서 가르치
고 있사옵나이다.
7 성서에는 생명이 있사옵나이다.
8 그리하여 성서는 변하고 있사옵나이
다.
9 그리고 성서는 그대로 멈춰 있는 것이
아닌 것을 깨달았사옵나이다.
10 성서는 생명이 있어 항상 움직이며 항
상 새로운 것을 저희들에게 일깨워 주
고자 하며 새로운 것을 저희들에게 전
해 주는 것이니, 그 성서는 살아 있는
생명이옵나이다.
11 어떤 것보다도 고결한 생명이요, 어떤
것보다도 순수하고 깨끗한 그 생명력
을 가지고 있는 성경은 살아 있는 생
명이라는 것을 깨달았사옵나이다."
12 아들아, 그리 보이던가?
13 그러니라.
14 나의 성령이요, 나의 뜻을 기록한 성
서는 죽은 것이 아니니라.
15 너와 같은 나의 아들이요, 천사와 같
은 마음을 가진 자가 그 성서를 볼 때
그 성서가 살아 있는 것을 알게 됨이
니라.
16 그리고 나의 법전도 또한 살아 있음을
네가 알 것이니라.
17 "살아 있사옵나이다, 아버님!
18 법전이 살아서 스스로 움직이며 스스
로 행동을 하며, 스스로 만날 자, 깨우
칠 자를 찾아 그 앞에 가 멈추고 그를
공격하며 그의 마음을 두드리며, 이
법전이 살아서 움직이는 것을 알고 있
사옵나이다.
19 성서도 살아 있사옵나이다, 아버님!"
20 그러니라.
21 성서는 살아 있기에 성서는 변하는 것
이니라.
22 너와 같이 나의 성령으로 살며, 나의
아들이요, 나에게 선택된 목자요, 마
음이 천사같이 곱게 살아가는 자는 그
성경을 보면 그가 살아서 움직이며,
그의 생명력이 얼마나 강한가를 알 수
있으며, 그 맥박이 얼마나 힘차게 뛰

고 있는가를 알게 됨이니라.
23 그걸 모르는 자들이 그리하여 잘못 가
르침이니라. 성서는 불변이며 변할 수
없으며 성서는 변하지 않는다 그리 말
함이니라.
24 성서는 살아 있는 생명이니, 살아 있
는 생명이 제자리에 멈추겠는가?
25 "아니옵니다, 아버님!
26 성서는 움직이고 있습니다.
27 그리고 성서는 무한정 변화를 이루고
있습니다.
28 그리고 성서는 변화되고 있사옵나이
다.
29 성서는 무한한 미래를 위하여 변화되
고 있으며, 미래를 제시해 주며, 저희
들에게 미래의 빛을 비춰 주는 것이옵
나이다, 아버님!
30 사람들이 성서는 한 자도 뺄 수 없으
며 더할 수도 없으며 성서는 죽었다
하옵나이다.
31 그리하여 그것은 죽어 있어서 더 이상
빼지도 못하고 더하지도 못하며 그대
로 깨우쳐 가는, 움직이지 아니하는
것이며 그대로 있는 것이니, 그들은
오로지 종이 위에 글로 쓴 것으로, 책
으로만 그리 보옵나이다.
32 그리하여 그들은 죽은 것같이 그를 대
하고 있사옵나이다.
33 생명력이 없는 종이에다 글을 쓴 그와
같은 것으로 죽은 자와 같이 보고 있
사옵나이다.
34 그는 살아서 움직이옵나이다.
35 살아서 움직이기에 성서는 변하고 있
사옵나이다.
36 그는 수없이 움직이고 있음을 알겠사
옵나이다.
37 다만, 종이에 쓰여 있는 그 글씨의 문
구를 고치지 못하는 것뿐이요, 그 문
구를 빼고 다시 써넣는 그와 같은 것
을 못 할 뿐이옵나이다.
38 한번 그 종이에 그어진 글씨라 다시
바꾸고 다시 끼워 넣고 빼지는 못할망
정, 그 글 자체는 살아서 움직이고 있
사옵나이다.
39 그래서 그는 변화를 이루고 있사옵나
이다.
40 이 성서가 하나님의 말씀이 아니요,
법전이 하나님의 말씀이 아니라면 그
는 변하지를 못하옵나이다. 변할 수가
없사옵나이다.
41 그러나 그는 변하고 있사옵나이다.
42 하나님의 말씀이기 때문에 성서는 변
하며, 하나님께서 내려 주신 이 법전
은 변하고 있사옵나이다.
43 이제는 제가 그 뜻을 알았사옵나이다.
44 성서에 과거와 현재와 미래가 들어 있
다는 그 말씀을, 그리하여 이 성서는
과거에서 또 현재에 움직이며, 미래를
또 움직여서 약동하는, 그 생명이 살
아 있는 것이옵나이다.
45 저희들이 인간 세상에 살아가며 모세
의 시대에 살았던 백성들과 또 신약의
예수의 시대에 살았던 백성들과, 그로
부터 2천 년의 역사가 흐른 지금의 백
성들이 살아가는 습관과 생활 방식과
모든 행하는 것이 변해 가고 있사옵
나이다.
46 그리하여 저희는 변해 가고 있으며,
그 백성은 그 변해 가는 속에서 구약
시대의 것만을 추구하며 신약 시대의

것만을 추구하도록 그리 성서가 되어 있지 아니함을 저는 깨달았사옵나이다.
47 그리하여 생명이 살아서 움직인다 하옵나이다.
48 종이에 기록한 그 글씨는 바뀔 수 없으나, 저희가 몇천 년 전의 구시대에서부터 신시대로 바뀌어 가며 또 미래의 새로운 시대로 바뀌어 가듯이 성서는 그리 바뀌어 따라가고 있음을 알겠사옵나이다.
49 그리하여 성서는 살아 움직이옵나이다.
50 성서는 모세가 쓰던 그 시대에 필요했던 성서요, 예수께서 살았던 그 시대에 필요한 성서의 내용이며 삶이 거기 들어 있사옵나이다.
51 한 가지, 돌이라 가르친 것도 그 돌 속에는 구약 시대에 필요한 돌이 있으며, 신약 시대에 필요한 돌이 있으며, 지금의 문명의 시대에 사는 여기에 필요한 돌로서 그들은 변하옵나이다.
52 하나를 놓고 깨우침이 있으니, 구약 시대에 맞는 깨우침이요, 신약 시대에 맞는 깨우침이 있으며, 오늘에 사는 삶에 맞는 깨우침이 있사옵나이다.
53 그리하여 성서는 아버님의 말씀이요, 진리요, 그리고 영원히 존속되는 것이기에, 이 성서는 저희 시대에 또 맞도록 되어 있으며, 다음 수천 년 후에 그를 볼 때도 거기에 맞는 답이 또 있사옵나이다.
54 송아지라 하여 그 소를 평가하는 것이 구약 시대의 사람들이 일부의 그 소를 보며, 신약 시대에서 그 소를 보는 것이며, 또 지금의 시대에 과학이 발달하여 소들의 맥박, 그 내장의 움직임, 새 생명이 태어나는 것을 다 관찰할 수 있는 그와 같은 예로써 성서는 그리되어 있사옵나이다, 아버님!
55 그리하여 성서는 숨을 쉬고 우리의 현재를 비춰 주며, 또 미래를 비춰 주옵나이다.
56 그리하여 성서는 살아 있는 것이요,
57 이를 그대로 책으로써 보는 자들은 정녕 아무것도 모르는 자들이옵나이다.
58 성서는 살아 있음을 깨달았사옵나이다."
59 사랑하는 아들아!
60 이제는 전지전능한 나 여호와의 한 마디의 그 뜻이, 작은 말 하나의 가르침이, 그리고 성서에 기록되어 있는 그 내용이, 그리고 법전에 기록되는 그 내용이, 나의 뜻이 무엇이며 내가 내리는 그 뜻이 얼마나 위대한 것인가를 알았는가?
61 그리고 영원히 불변하지 않는다는 것을 알았는가?
62 "알았사옵나이다, 아버님!
63 아버님께 하나의 예를 들어 이 불효자인 죄 많은 자식이 말씀을 올리옵나이다.
64 모두를 구약 시대에는 겉을 보며, 신약 시대에는 조금 더 깊이 보며, 지금의 시대는 완전히 그 보이지 않는 속을 다 들여다볼 수 있게 과학이라는 것이 변했듯이, 성서의 말씀이 그와 같이 단계적으로 그때그때 맞게 되어 있으니, 그 성서가 살아 있는 것을 아옵나이다.

65 구약 시대에 살았던 성서가 신약 시대
에 와서는 신약 시대의 백성들에게
맞도록 그를 가르쳐 주며 그들에게 맞
춰 살아가며 또 그들에 맞춰서 전해지
며, 지금의 문명의 시대에 와서는 또
이 시대에 맞는 성서로 변함이니, 그
아버님의 뜻이 그리 변하여 지금의 백
성을 또 깨우치는 말씀이 되옵나이다.
66 수천 년 후에도, 미래에도, 또 그 시대
에 가서 맞는 말씀이 종이 위에 쓴 그
성서의 글이 그와 같이 다른 뜻을 가
지고 있음을 알겠사옵나이다."
67 사랑하는 나의 아들아!
68 이와 같은 이치를 너의 제자들과 만백
성에게 가르쳐 주라.
69 그를 모르는 자는 지금 구약 시대에서
오늘의 너희 백성들, 내 사랑하는 피
조물 만백성을 하늘로 오르는 길이라
가르치고 매달리고 있는 형국이니라.
70 구약 시대요, 신약 시대를 지나 지금
의 문명의 시대에 왔으니, 종이에 기
록된 성서의 그 글만 읽으며 그 글만
을 가지고 매달리고 있는 자들은 처음
에 만든 그 구약 시대의 성서에 그 시
대의 사람들을 데리고 그 시대의 사람
속에서 저희들이 살아감이니, 지금의
시대에 너희들이 구원을 받는 길을 못
간다 함이니라.
71 이것이 너희들의 이치이며 깨달음이
니라.
72 오늘에 내가 너희들에게 전하는 성경
속의 나의 뜻을 알지 못하는 자는, 지
난 구약이요, 신약의 시대에 그때의
백성들을 상대로 한 그때의 깨달음을
가지고 구원한다는 그와 같은 어리석
은 짓을 하고 있음이니라.
73 그러니 그들이 성서의 속을 모르며,
수박의 겉을 핥는 것에도 미치지 못하
는 그와 같은 형국으로써 나의 피조물
만백성을 구한다 이끈다 그리하니, 거
기서 구원을 받을 자가 없음이니,
74 오늘의 시대에 사는 너희들은 나의 성
서에 오늘에 내가 가르치고자 거기에
담아 놓은 그 뜻을 깨우치는 자만이
하늘에 오르고자 하는 나의 피조물 만
백성을 인도하고 구하는 것이니, 그것
을 아는 자가 하나도 없음이니라.
75 나의 아들이요, 나로부터 선택된 목자
만이 그걸 알게 됨이니라.
76 수천 년, 지구가 존속하는 동안 영원
히 만백성을 가르치며 기본이요, 기초
의 질서요, 근본이 되는 것이 나의 법
전이고 성령이니,
77 오늘의 너희들에게 필요한 나의 법전
의 뜻이 있으며, 천 년 후의 그 뜻이
여기에 또 들어 있으며, 수천 년 역사
가 흐르고 지구가 멸망할 때까지 그때
그때 그 시대에 필요한 그 모든 가르
침이 여기에 들어 있으니,
78 이것이 그래서 창조주 나의 성령이요,
나의 가르침이요, 나의 뜻이며, 내가
이루는 것이니, 내가 내리는 것이며
내가 전하는 것은 그것이 다름이니라.
79 그를 깨달은 나의 아들 너를 내가 사
랑하며, 감히 천사들도 네 앞에 와 고
개 들지 못하는 그와 같은 너의 경지
를, 어버이로서 자식을 사랑하는 그
마음을 너는 알겠는가?
80 더 전진하고 더 노력하다 보면 네가
오늘의 삶의 그 이치를 만백성에게 전

해 줄 것이며, 미래를 그들에게 제시 해 줄 것이니, 그와 같이 삶을 가라, 사랑하는 나의 아들아!

2,996 번째 하나님 말씀

2002년 8월 17일 09시 19분

1 사랑하는 나의 아들아!
2 "네, 아버님! 말씀하옵소서."
3 '나의 법전을 가슴에 안고 정독하는 자, 반석 위에 서서 하늘에 오르는 찬란한 빛을 본다.' 말하였음이니라.
4 나의 성령을 나의 아들의 가슴에 내려보내어 그 아들이 그를 책으로 만들어 세상에 전하고자 함이니, 나의 법전을 가슴에 접하며 정독해야만 하늘에 오르는 그 반석 위에 선다 하였음이니,
5 내가 성령을 내려보내는 이 법전을 누군가가 만들어서, 그리고 또 누군가가 백성들의 손에 쥐여 주는 그 역사가 이루어져야만 나의 피조물 만백성이 가슴에 안고 정독을 하지 아니하겠는가?
6 그리하여 내가 나의 성령이요, 나의 뜻을 마지막으로 너에게 내려보냄이니, 이건 오로지 한 사람을 통하여 받게 되어 있으며, 나의 아들 목자 너 외에는 전할 수가 없음이니라.
7 그리하여 네가 160권의 가르침을 받아 기록하며, 네가 죽어 갈 때까지 인간들이 배우고 고쳐야 할 것을 끝없이 기록하여 세상에 남김이니라.
8 그러니 네가 나에게 얼마나 소중한 아들이며, 만백성, 너희 백성들에게 얼마나 네가 소중한 자인가를 그들이 돌아보는 그 기회를 갖지도 못함이니라.
9 너를 통해서만 이것이 세상에 내려감이니, 우선 가장 소중한 네가 중심이 되고 있으며, 이를 받는 것을 기록하고 또 이를 책으로 만들고자 역사하는데 선택된 너의 제자들이 얼마나 소중한가를 그들 자신이 알아야 될 것이니 그리 알라.
10 너를 따라서 이 법전을 듣고 기록하고 만드는 너의 제자들이 누구의 뜻을 만드는가?
11 두 번째로 이를 역사하는 것이 그들이 아닌가?
12 그 제자들이 가지고 있는 마음이요, 그 행하는 모두가 천사와 같은 마음으로 전하지 아니한다면 이를 어찌하겠는가?
13 그들이 우선 천사와 같은 자세로 변하며 너를 닮아야 할 것이니라.
14 그렇지 아니한다면 얼마나 내 마음이 아프겠는가?
15 그리하여 이를 세상에 만들어 내는 자, 여기에 참여하는 모든 백성들에게 축복과 영화가 있음이니라.
16 그리하여 또 이것을 전하는 자, 이것을 전하게 역사하는 자, 그들이 얼마나 나에게 소중한 자들인가?
17 너희들이 다 짜인 순서에 의해서 그리 일함이니, 너희들이 맡은 직분이 있다 하였음이니라.
18 우선 이를 받지 못해 세상에 이를 전하지 못한다 하면 아니 됨이니, 그것이 첫 번째 가장 위대한 나의 아들로서 단 한 사람, 그 역사를 이루는 길을 위하여 그가 예수의 고통 못지않은 어

렵고 힘든 길을 가고 있음이니,
19 묵묵히 말없이 그 길을 가고 있는 나
의 아들을 너희들이 이단이요, 사탄이
요, 사악한 자라 그리 말하지 말라.
20 나의 성령을 받는 그가 얼마나 소중한
자인가?
21 하늘을 두루마리 삼고 바닷물을 먹물
삼아 써도 다 쓰지 못한다는 나의 성
령이요, 깨우침을 내려보내지 아니한
다면 너희들은 어찌하겠는가?
22 너희들은 찬송을 하여 그를 부르고 부
를 때, 그저 찬송만 부르는 것이 아니
라 내가 말하고 명한 것은 그 역사가
이루어진다는 것을 깨닫지 못함이니,
어디서 누군가는 그 역사가 이루어진
다는 걸 깨달아야 될 것이 아니던가?
23 나 여호와요, 창조주가 너희들을 바로
잡기 위하여 내려보내며 너희들을 깨
우치기 위하여, 너희들을 가르치기 위
해서 어디선가는 나의 성령이요, 나의
뜻이 지상에 내려와 너희들이 접하여
야만 그를 너희들이 읽고 깨우쳐 변화
되지 아니하겠는가?
24 그 이치를 깨우치라.
25 그리하여 내가 나의 아들에게 내려보
냄이 소중함이요,
26 이를 받을 수 있는 나의 아들이 세상
에 나가 나의 성령을 받아 책으로 만
들고자 이를 받아 전하니 그가 또한
소중한 자요,
27 그 옆에서 그걸 기록하여 만드는 너희
들 또한 인간으로서는 최상의 영광이
며, 나로부터 가장 소중한 대임으로
선택받은 자들이니, 너희들의 행동거
지며 말 하나 하는 것이며 마음속에
가지고 있는 것을 어찌하여야 되는가?
28 그리고 그를 세상에 나올 수 있도록
금화와 은화요, 모두를 돕는 자들 또
한 그 공이 하늘에 닿음이니, 인간으
로서 그 이상의 대명이요, 역사가 없
음을 알라. 그리고 더 소중함이 없는
줄 알아야 될 것이니라.
29 그리하여 이를 전하는 너희들, 또한
손발이 저리도록 발이 부르트도록 뛰
면서 전하는 자들, 그리고 지나가는
자들에게 한 권씩의 책을 전하는 그
역사 또한 인간으로서 더 이상 받을
수 있는 축복이 없는 영광을 누리는
것을 알아야 될 것이니라.
30 이와 같은 역사에 임하는 자들이, 나
의 성령을 받은 나의 아들이 나를 닮
아야 될 것이며, 그를 기록하는 자들
이 나를 닮아야 될 것이며, 또 전하는
자 모두가 다 나를 닮아야 할 것이니
라.
31 이와 같이 각자의 임무에서 이 역사를
이루고 있음을 너희들은 알아야 될 것
이며, 거기에 참여하고 있는 자, 너희
들이 어찌하여야 되는가 그를 알라.
32 하나의 기업을 운영하되, 가장 중심에
서 운영하는 자가 있음이니, 그 조직
체가 움직여서 그 모든 역사를 이루
어 가듯이,
33 지금 너희들은 직접 내 품에서 관장을
받으며 나를 보며 나의 지시를 따라서
움직이는 자들이니, 너희들이 얼마나
아름답고 곱게 변해야 되는 것인가?
34 그걸 너희들부터 먼저 깨우치도록 그
리하라, 너희들이 변하지 아니하면 만
백성이 변할 수 없다는 것을.

35 사랑하는 나의 아들아!
36 "네, 아버님! 말씀하옵소서."
37 세상에 지금 만백성이 어리석고 우매
하여, 나의 성령이 내려올 것이라는
것을 알면서, 이가 막상 세상에 내려
오니 그들은 그것이 아니라고 고개를
흔들며 거부하느니라.
38 그들이 바로 무엇이더냐?
39 세뇌가 되어 온 그들이 지금까지 잘못
가는 종교 지도자들에게 가르침을 듣
고 배운 그것 때문이니라.
40 그러나 그들에게 전하라.
41 너희들이 말하는 나 여호와의 뜻이 세
상에 전해질 것이며, 그것이 지금 전
하여질 때가 되지 아니하였는가?
42 구약 시대 4천 년이라는 역사가 흘러
신약 시대 2천 년이라는 암흑의 시대
가 흘렀음이니, 한 줄기가 흘러감이니
라.
43 그리하여 6천 년이 지난 지금, 마지막
7천 년에 너희들이 말하는, 내가 세상
을 여섯으로 나누어서 만들었다 하였
음이니, 그것보다 더 큰 역사가 지금
이루어지고 있음이니라.
44 그것은 창조주가 세상에 존재하도록
만들었던 것이며,
45 그 만들어진 자들이 바로 나의 뜻에
따라 살아가지 아니하며 그리 행하지
아니함이니, 그들을 바로잡기 위한 그
역사가 이루어짐이니, 이것이 두 번째
세상을 창조하는 것임을 알라.
46 내가 처음에 창조할 때 인간의 형태로
써 너희들을 만들어 주었음이며, 그리
하여 그를 누가 만들었는가?
47 창조주인 나 여호와가 만들었음이니
라.
48 그리하여 6일에 대한 모든 역사를 이
루었듯이, 6천 년이 흐른 지금, 마지
막 7천 년의 그 해를 맞이하여 지금
누가 와서 역사를 이루는가?
49 나의 성령을 내려보내 내가 직접 역사
한다 하였음이니, 이것이 무엇이냐?
50 제2의 창조의 시대가 세상에 이루어
짐이니라.
51 천지창조도 내가 했으며, 지금 너희들
을 바로잡기 위하여 제3의 시대를 여
는 것이 바로 내가 직접 내려와 너희
들을 통제함이니, 이게 무엇이냐?
52 제2의 창조의 시대가 열림이니라.
53 너희들을 바로잡고자 함이니, 이게 내
가 직접 통제하는 것이며,
54 제2의 창조의 시대도 창조주 나 외에
는 그 누구도 이룰 수 없음이니,
55 그리하여 내가 직접 내려간다 하며,
나의 법전을 읽는 속에 내가 있으며
그를 덮을 때 내가 물러간다 하는 뜻
이 여기에 있으니,
56 나의 법전을 너희들이 읽고 깨우치면
내가 원하며 너희들에게 전하는 이 뜻
을 알 것이니라.
57 아무도 그 손에 책을 전해 주지 아니
하면 그들이 읽고 깨우쳐 정독할 수
없으며, 그들의 손에 법전이 전해지며
나의 성령의 이 책이 그들의 손에 전
해져야만 그들이 가슴에 안고 정독하
든 찢어 버리든 불태우든 그와 같은
변화가 이루어질 것이니,
58 전하는 자의 그 고통이 얼마나 힘들며
얼마나 너희들의 역사가 위대한 것인
가를 알라.

59 너희들이 하나의 단계도 거치지 아니
하면 백성들에게 전할 수 없음이니,
그 전할 수 있는 결과를 이루는 너희
들이, 그 과정에 속해 있는 너희들이
얼마나 큰 역사를 이루고 있는 것인가
를 너희 자신들이 알며,
60 너희들이 나의 백성들을 살리고 구원
하기 위해서는 나의 법전을 그들의 손
에 전해 주는 것이 또한 지상에서 제
일 급선무이니라.
61 그러니 지상에서 이루어지는 제일의
너희들이 행해야 할 일에 소홀히 하지
말라.
62 수단과 방법을 가리지 말며 있는 힘
모두를 다하여, 너희들의 몸과 마음을
아끼지 말며, 지나가는 나의 백성들에
게 법전을 전할 수 있으며 그들이 이
를 보고 정독하여 깨우치는 자가 이루
어질 수 있도록, 지상 최고의 소중한
역사를 너희들이 이루어야 될 것이니,
이를 잊지 말라 이르라.

2,997 번째 하나님 말씀

2002년 8월 17일 09시 45분

1 사랑하는 나의 아들아!
2 "네, 아버님! 말씀하옵소서."
3 수천 년 역사 동안에 성서는 말이 없
으며 죽어 있는 책과 같은 것으로 전
해져 왔음이니라.
4 그리고 성서는 변하지 않는 것이라 너
희들은 말하였음이니라.
5 종교 지도자요, 단상에서 가르치는 그
모든 백성들이 성서는 살아서 움직이
되, 그 성서는 변하지 않는 것이라 가
르치고 나의 피조물 만백성을 그리 세
뇌시켜 왔음이니,
6 성서는 엄연히 변한다 내가 말하였음
이니라.
7 너희들의 인간 세상에 살면서 삶이 변
해 가듯이, 나의 뜻이요, 나의 진리요,
그 성서는 너희들이 변하는 것에 맞춰
그리 변해 감이니라.
8 즉, 이는 그 속에 깨달음이 그와 같이
천태만상의 변화를 이루고 있음이니,
그리하여 성서는 살아 있으며,
9 그 책장 속의 그 글귀는 고치지 아니
한다 하여도, 시대에 따라서 변하며
흘러가는 것이 나의 진리요, 성서이니
라.
10 성서의 책 속에 기록되어 있는 그 글
씨는 변화되지 아니하여도 그 속에 담
겨 있는 내용은 천태만상의 뜻을 가지
고 있음이니,
11 그 뜻을 그 시대에 따라 너희들이 발
췌하여 보고 깨우치고 내가 원하는 그
가르침의 뜻을 그때그때 얻을 수 있음
이니, 이것이 수없이 변해 가는 성서
의 그 변화이니라.
12 그리하여 성서는 살아 움직이며 변화
된다는 말이니라.
13 그러나 성서가 살아 있다 말하니, 종
교 지도자 중에 어떠한 자들이 있는가?
14 그 종교 지도자가 성서는 살아서 움직
인다 말하니, 그들은 많은 제자들 속
에 그를 입증하며, 제가 성령을 받은
자요, 변화되는 자라 하여 그가 말하
기를, 성경의 글씨가 빙글빙글 돌며
움직인다 그리 말하니, 그게 성령이
살아서 움직이는 것이라 그리 가르치

는 종교 지도자가 있다 하면 너희들은
어찌하겠는가?
15 지금 수천수만의 종교 지도자는 나의
성서가 살아 있으며 움직인다 하니,
그 책이 움직이며 그 책장이 움직이며
그 글씨가 돌고 움직인다, 그리하여
저는 성령을 받은 자라 말함이니라.
16 너희들이 남에게 한 대 맞았을 때 하
늘이 빙빙 돌며, 굶었을 때 빙빙 돌며,
너희들이 지쳤을 때 빙빙 돎이니,
17 너희들이 지치고 힘들어 너희들의 눈
에서 빙빙 도는 것을 보고 성서는 살
아서 움직이며, 성서는 빙빙 돈다, 성
서는 살았다, 자기는 성서의 책장이
움직이는 것을 보았다, 그리하여 저는
축복을 받는 자라 하며 나의 피조물
만백성을 가르치는 것이 지금의 종교
지도자들의 형국이니,
18 이 얼마나 어리석고 불쌍한 자들이며,
가르치는 자가 그러며, 또 그와 같은
자 앞에 가서 배우는 자가 얼마나 불
쌍하던가?
19 성서가 살아서 움직인다는 것은 무엇
이더냐?
20 그때그때 살아가는 사람들이요, 그 형
국에 따라서 깨달음을 주고 깨우침을
주며, 너희들이 느껴 하늘에 오르는
길을 볼 수 있도록 수시로 너희들에게
새로운 뜻을 가르쳐 주니, 그리하여
성서가 살아서 움직인다는 것이거늘,
21 그 이치 하나도 모르며, 그리고 성서
는 변한다는 그 깊이 자체도 모르고
있으니, 성서가 살아서 움직인다 하는
것을 책장이 움직이며 글씨가 빙글빙
글 도는 것을 보고 살아서 움직인다
그리 말하는 종교 지도자가 있음이니,
이 얼마나 잘못된 자들인가?
22 그러한 자들이 성서는 수시로 나의 뜻
에 따라 변할 수 있으며, 너희들이 살
아가는 변하는 모습에 따라 그 성서가
변하여 움직인다는 것을 모르느니,
23 구약 시대에 살았던 자들이 가르쳤던
그 성서의 내용이 신약 시대에 와서
똑같은 내용이지만 신약 시대의 사람
들이 이해하는 것이 다르도록 깊이가
있으며,
24 지금은 또 과학 문명의 현 세대에 나
의 제3의 시대에 사는 너희들이 지금
의 변화된 모습으로써 그 성서를 볼
때, 같은 글귀가 지금의 너희들에게
맞도록 깊은 깨우침이 거기에 있으니,
25 그리하여 성서의 그 내용이 천태만상
이기에 성서는 수시로 변한다는 것이
니라.
26 그와 같은 이치를 들여다보지도 못하
면서, 성서는 그저 한 자도 빼지도 더
하지도 못하니, 움직이지 아니하며 변
할 수 없다 그리 못박고 나의 피조물
만백성을 그리 묶어 놓음이니,
27 글귀로 볼 때, 글씨로 볼 때 과연 더
빼고 더할 수도 없으며 움직이지 아니
함이니라.
28 그리고 그 속에 변화무쌍한 것을 모르
고 그저 그리 가르치는 자이니, 거기
서 더 어리석은 자를 내가 너희들에게
언급했느니라.
29 '나는 축복받은 자다. 성경책이 빙글
빙글 돌더라, 글씨가 빙글빙글 돌더
라, 그래서 성경은 살아서 움직인다.'
하니, 빙글빙글 도는 자가 그 내용을

어찌 읽으며 글을 볼 수 있는가?
30 신체의 변화에 따라서 너희들이 어지
럼증을 얻기 때문에 그리 빙글빙글 도
는 것을 보고 어찌 축복받고 영광을
받았다 하는가?
31 성서가 살아서 움직이는 것은 바로 나
의 뜻이 그때 그 시절에, 또는 너희들
의 상황에 따라서 깨달음을 주는 그
뜻이기에 그가 살아서 움직이는 것이
니, 그 뜻조차도 모르는 자들이 종교
지도자라 앉아 있음이니라.
32 그러니 너희들이 지금 어찌 가고 있는
가?
33 너희들이 가슴에 손을 얹고 종교 지도
자로서 부끄러움이 없는 삶을 살고 있
는가, 나에게 과연 축복받을 수 있는
삶을 사는가, 그리고 영광된 빛을 받
으며 만백성을 깨우쳐 하늘에 오르는
빛으로 인도한다 너희들이 과연 할 수
있는가, 너희 자신을 돌아볼 때가 되
었음을 잊지 말라.

2,998 번째 하나님 말씀

2002년 8월 17일 10시 08분

1 사랑하는 나의 아들아!
2 "네, 아버님! 말씀하옵소서."
3 만백성을 하늘로 이끈다는 종교 지도
자들이 성서는 살아 있다 그리 말하
니, 저희들이 성서가 살아서 본 것은
글씨가 빙글빙글 돌며 크게 보였다 작
게 보였다, 제가 어지러워서 그리 보
이는 형국을 보고 은혜를 받은 자요,
축복을 받은 자라 그리 말하는 종교
지도자가 있다 하니, 얼마나 어리석고
우매한 자이던가?
4 그들이 그러한 저희들의 무식하고 우
매한 것으로써 그저 저 혼자 소화시키
면 되나, 저희 신도라는 자들 앞에 또
말하느니라.
5 그러면 그 소리를 듣는 너희들은 그저
'아멘, 할렐루야!' 축복이라며 또 박수
하느니라.
6 그리고 너희들의 눈에는 그리 보이지
아니하니, '저 지도자는 정녕 위대한
자요, 축복받고 영광 받은 자라' 그리
말하느니라.
7 그 무식하고 어리석고 우매한 지도자
가 또 다른 사람을 위하여 기도해 준
다 하며 저희들이 살아가기 위해 금화
와 은화를 거둬들이는 그와 같은 행위
를 하고 다님이니, 이것이 얼마나 잘
못된 것이던가?
8 또 그와 같은 자가 세 치 혓바닥으로
제가 생각나는 대로 지껄이고 씨부렁
대는 그 소리를 듣고 너희들은 은혜와
축복을 받았다 하며 또 금화와 은화를
거기에다 바침이니,
9 이와 같은 행위를 하고 사는 그들에게
서 과연 무엇을 너희들이 얻으며, 너
희들이 무엇으로써 구원을 받으며, 그
들이 무엇으로써 구원의 빛의 가르침
을 전한다 하는가?
10 내가 오늘 나의 아들을 통하여 너희들
에게 전하느니라.
11 너희들이 너희 팔뚝만 한 그 무쇠 조
각을 손에 쥐고 너희 손에서 지글지글
타도록 그 무쇠를 녹일 수 있는 그와
같은 마음 자세와 그와 같은 굳건한
믿음과 그와 같은 무서운 마음으로써

나를 향하여 달려올 때, 너희들이 구
원의 빛을 보며 너희 마음이 변화되었
다 할 수 있음이니라.
12 너희들이 구원을 받을 수 있으며 구원
의 빛을 볼 수 있는 것은, 너희들이 나
를 향하고자 하는 그 정열이요, 그 깨
우침이요, 나의 성령의 위대함을 느껴
너희들이 감히 몸으로 감내할 수 없으
며 받을 수 없는 그 은혜와 영광의 열
기가 너희들의 손안에 잡힌 그 무쇠를
녹일 수 있는 그 강한 열도의 힘이 그
속에서 나와 그 무쇠가 물이 되어 떨
어지는 그와 같은 너희들의 변화요,
깨달음이요, 믿음을 가지지 아니하면,
너희들이 구원을 받을 수 없으며 너희
들이 정녕 변했다 할 수 없음이니라.
13 이것이 너희들이 가는 믿음이요, 너희
들이 행해야 하는 믿음임을 알아야 될
것이니라.
14 그렇지 못한 자, 정녕 구원받을 수 없
나니,
15 이 세상 많은 종교 지도자, 구원을 받
았다 하며 나의 피조물 만백성을 구원
의 길로 인도한다는 너희들이 나에게
받은 은혜요, 영광이요, 나의 성령이
요, 나의 십계명을 지키고 살라는 것
이 얼마나 크나큰 영광이요, 은혜인가
하여 그 감사하는 마음을 갚을 길이
없으며 그 은혜에 보답할 길이 없어,
16 너희들의 마음의 열정이 정녕 너희들
이 손에 잡은 팔뚝만 한 그 무쇠를 녹
일 수 있는 그보다도 더 강한 열도의
힘이 나오고 그와 같은 정열이 나오도
록, 그와 같이 너희들이 무섭게 믿음
을 향하여 나 여호와가 존재함을 믿고
깨우쳐 발버둥치는 그와 같은 역사가
이루어지지 아니하면 구원을 받을 수
없음이니라.
17 너희들이 구원을 받기 위하여 너희들
의 그 팔뚝보다 굵은 쇠를 꼭 쥐고 그
를 놓아서는 안 된다는 그 긴박한 마
음에서 너희 손에 얼마나 힘주어 쥐면
그 무쇠가 열도와 그 쥐는 힘에 의하
여 녹아서 물이 되어 떨어지겠는가?
18 또한 너의 제자들에게 가르치라.
19 너희들이 나의 성전에 와 나의 성령을
들으며 나의 법전을 읽고 깨우쳤으며
선택된 백성이라 말하는 자, 나에게
선택되며 나에게 구원을 받으며, 나의
법전을 전하며, 나의 아들을 통하여
성령을 들어 깨우침을 얻는 너희들이
그 감사함과 그 위대함에, 구원을 받
으며 나에게 오겠다는 마음과 내가 내
리는 성령의 그 위대함을 알아 너희들
이 이를 놓아서는 안 된다는 그와 같
은 마음으로 힘껏 움켜쥐어서,
20 그 손에 있는 쇠파이프가 녹아서 물이
될 수 있는 그와 같은 마음의 변화를
가지고, 그와 같은 믿음의 강력한 강
도의 힘을 가지고 나를 믿으며 나의
아들을 따르며 나의 법전을 가지고 공
부하지 아니한다면 너희들은 구원을
받을 수 없으며, 변한 자라 말할 수 없
으며, 나의 아들을 통하여 내가 이룬
그 기적조차도 볼 수 없으니, 너희 스
스로 알아 행하도록 하라.
21 너희들이 잡고 있는 그 무쇠를 너희
손으로 꼭 쥐는 강도가 얼마나 강하면
그 무쇠가 녹아 물이 되겠는가?
22 너희들이 천 길 낭떠러지에 떨어져 나

뭇가지를 붙잡고 매달리는 그와 같은
것으로써 감내할 수 없으며 그와 같은
것으로써도 표현할 수 없음이니라.
23 너희들이 그보다 몇천 배 더 강한 힘
으로써 나에게 매달리며, 나에게 오는
그 길을 오기 위하여 너희 손에 잡힌
그 쇠파이프가 녹아서 물이 되어 흐르
는 그 열도와 너희들의 그 강한 믿음
과 나를 향하여 오는 그 마음 자세가
아니면 너희들은 정녕 변화된 자라 말
할 수 없으며, 나의 아들의 제자라 말
할 수 없으며, 만백성을 구할 수 없는
자라는 것을 너희들은 알아야 할 것이
니라.
24 그를 깨우쳐 그리 행하며, 너희들 스
스로 얼마만큼 강하게 그 쇠파이프를
녹이고 있는가, 한번 너희 손에서 떨
어지는 그 쇠파이프의 물방울을 보도
록 하라.
25 나에게 오르고자 하는 그 마음이 너희
들이 얼마나 강하게 매달리고 얼마나
붙잡았느냐에 따라서 너희들 손에서
녹아떨어지는 그 쇠파이프의 물방울
을 보게 될 것이니라.
26 그를 보는 자가 구원의 길을 올 수 있
으며, 그리 구원받은 자가 나에게 선
택되었으며 영원히 나와 더불어 사는
천국에 올 수 있는 자라는 것을 잊지
말라.

2,999 번째 하나님 말씀

2002년 8월 17일 10시 13분

1 사랑하는 나의 아들아!
2 "네, 아버님! 말씀하옵소서."
3 내가 너에게 일러 가르쳤느니라.
4 나의 성전에 와 나의 법전을 전하며
나의 성령의 뜻을 깨우치는 너의 제자
들에게는 운명론이라는 것이 없으며,
운명이란 것이 없다 내가 가르쳤음이
니라.
5 열 사람을 구원할 사람이 백 사람을
구원하고, 백 사람을 구원할 사람이
열 사람밖에 구원을 못 한다면 그는
어찌 되는가?
6 뒤바뀌는 그 삶이 그들의 운명이라 하
였음이니라.
7 그리하여 너희들은 운명이라는 것이
없으며, 너희들이 나의 피조물 만백성
을 얼마나 많이 구원하고 너희가 바로
사느냐에 따라서 그와 같은 형국이 이
루어진다 내가 말하였음이니,
8 이것이 나에게 선택된 백성이요, 나의
아들이요, 딸이라 명한 자들이며, 나
의 혈통을 받은 자들이 가질 수 있고
또 누릴 수 있는 축복이니라.
9 다만, 그리할 때 너희들이 얼마만큼
더 많은 노력과 얼마만큼 많은 변화를
가져와야 되는가?
10 너희들은 운명이 없음이니라.
11 너희들이 살아갈 때 만백성을 구하는
데 너희들이 구원해야 할 사람의 그
명수를 구원하는 것도 소중함이니라.
12 백 명이요, 천 명을 구하며, 열 명을
구할 수 있는 자가 백 명을 구원하는
것도 소중함이니라.
13 그러나 너희들은 여기서 하나 더 너희
들의 위대함을 알아야 될 것이니라.
14 너희들이 살아가는 그 행동이 무쇠를
녹이는 그와 같은 무서움으로 믿음이

변하여 너희들이 천사처럼 변한 그 아
름다운 삶을 살 때, 나의 피조물 만백
성이 너희들을 보고 느끼고 깨우침의
높이가 끝없이 펴져 나갈 때 그는 또
한 운명이 없음이니라.
15 내가 너희들을 세상에 보내어 나의 혈
통을 받은 나의 아들이요, 딸이라 너
희들을 명하였음이니,
16 너희들이 나의 법전을 정독하고 깨우
쳐 만백성의 근본이 되는 천사와 같은
심성으로 변했을 때, 너희들은 모르나
너희들의 몸에서 비추는 그 빛은 이
세상을 다 덮을 만큼 비춰 나가며, 그
빛을 보고 깨닫는 백성들이 수없이 많
이 있음이니,
17 너희들이 변하고 변함에 따라서 너희
들의 정해진 그 운명 자체도 변할 수
있는 것이며, 또 변화시킬 수 있는 것
이 나 여호와이니라.
18 너희들은 운명이 없음을 여기서 다시
한 번 깊이 깨우쳐라.
19 너희들이 얼마만큼 변하며 너희 마음
이 얼마나 깨끗하냐에 따라, 너희들의
마음이 깨끗하게 변하여 천사 같은 그
심성을 갖고 살 때 그 빛은 말할 수 없
이 멀리 비춤이니라.
20 그리고 그 빛을 보고 깨우치는 백성들
의 수를 헤아릴 수 없음이니,
21 너희들이 만백성을 구하는 그 아름답
고 고운 빛을 발한다면, 내가 어찌하
여 그 빛을 일찍 거둬들이겠는가?
22 변하여 비추는 그 천사 같은 마음이
만백성을 구하는 그 빛을 너희들이 오
래오래 더 많이 비추며 더 많이 지속
되어 만백성이 보고 깨우칠 수 있도록
내가 너희들을 지상에 놔두며 너희들
이 그리 역사할 수 있도록 하는 것이
나 여호와의 뜻이 아니던가?
23 나의 뜻을 거역하지 않으며 순종하는
자가 필요하지 않겠는가?
24 너희들이 나의 피조물 만백성을 구원
하여 나에게 기쁨을 줄 수 있도록 변
하여 스스로 너희들도 모르게 너희 몸
에서 광채가 나며 빛이 나며 아름다운
향기가 나니, 그를 맡고 본 사람들이
많은 구원자가 생긴다면 내가 어찌하
여 그의 명을 일찍 거두며, 너희들의
생명을 거둬들이겠는가?
25 이리하여 너희들은 운명이 없음을 알
라.
26 너희들은 이와 같은 이치를 깨우쳐라.
27 너희들이 얼마만큼 변하느냐에 따라
서, 너희들 스스로 얼마나 많은 역사
를 이룰 수 있는 시간을 나로부터 받
느냐 하는 것은 너희들에게 달렸음이
니 그리 알라.

3,000 번째 하나님 말씀

2002년 8월 17일 11시 16분

1 사랑하는 나의 아들아!
2 "네, 아버님! 말씀하옵소서."
3 너희들 인간사의 조직 속에서 그 부
서를 맡고 있는 책임자라는 사람들이
있지 않은가?
4 그 부서의 장으로서 그 자질을 갖춘
자가 또 덕이 있는 자가 그 자리에 앉
으며, 사랑과 질서를 파괴하지 아니하
고 인간의 도리요, 본분을 다하고 살
아가고자 하는 사람이 그 자리에 앉았

다면, 그 자리에 있는 모든 사람들은
다 편안하며 그리고 자기 자신의 직분
에 충실할 수 있을 것이니라.
5 그러나 그 부서의 팀장이라 하는 자리
에 간교하고 사악한 그러한 자가 그
자리에 앉았다면, 그 부서의 모든 사
람들은 어찌 되겠는가?
6 그들의 고통은 이루 말할 수 없을 것
이며, 그들 자신이 회의를 느낄 것이
며, 인간의 삶을 후회할 것이니라.
7 그러면서 그들로부터 능력을 이끌어
내며 계발하기를 원하나, 그들이 과연
능력을 발휘하겠는가?
8 그들은 불만과 불평투성이일 것이니
라.
9 이와 같이 인간사의 조직 사회에서도
그 자리에 누가 앉고 누가 그 자리에
서 직무를 하며 다스리느냐에 따라서
너무나도 차이가 많이 나는 것이 인간
세상의 삶의 도리니, 하늘의 이치를
깨우치는 것은 과연 어떠하더냐?
10 사랑하는 나의 아들아!
11 "네, 아버님! 말씀하옵소서."
12 수천수만의 종교 지도자들이 지금 다
저희 손으로 지은 그 성전에서 바로
가르친다 함이니라.
13 그리고 하늘에 오르는 길이라 그들이
가르치고 있음이니라.
14 그러나 여기서 나의 피조물 만백성과
나의 아들을 따르는 제자, 너희들은
가슴 깊이 새겨야 할 것이 있음이니라.
15 종교 지도자라는 것은 나의 피조물 만
백성을 구원하며 나 여호와를 대신하
여 역사함이니, 그곳에는 완전히 나의
성령만으로 임해 있는 자가 그 자리를
앉아 지도자로서 지켜야 그 직분을 다
할 수 있음이니라.
16 그리하여 그들이 거울로 비춰 보아 한
점의 부끄러움이 없으며, 유리로 저
자신을 만백성이 비춰 볼 때 한 점의
부끄러움이 없는 그와 같은 삶을 사는
자라야 되며,
17 천사보다도 더 곱고 아름다운 마음을
가진, 정녕 성령으로 임한 자가 거기
에 있어야 될 것이니라.
18 그러나 깨끗하지 못하며 천사와 같지
못하며 성령으로 완전히 임하지 못한
자가 그 자리에 앉았을 때, 그것은 잘
못된 것이며, 그게 얼마나 무서운 결
과가 나오는 것인가를 너희들이 알아
야 될 것이니라.
19 성령이 임한 자가 그 자리에 앉아 있
으며 나의 뜻을 깨우쳐 가르치는 성령
이 그곳에 임하여야 될 것이니라.
20 그러나 그 성령이 임할 수 없는, 자격
이 없는 자가 거기에 앉아 너희들을
지금 가르치고 있다면 그들은 무엇이
더냐?
21 인간이 그 자리에 앉아서 인간의 생각
이요, 인간의 욕심이요, 인간의 욕구
충족을 위해서 그들이 사랑하는 나의
피조물 만백성 너희들을 우롱하며 그
리 희롱하며 가르쳐 가고 있음이니,
22 이와 같은 형국이 지금 내가 내려다보
는 지상의 너희들의 잘못되어 썩어져
간 그 형국이며, 그래서 구원받을 자
없다 말하였음이니라.
23 내가 너를 통하여 말하였음이니라.
24 하늘의 구원을 받고자 하는 자, 그 무
쇠토막을 손안에 쥐었을 때, 그 열정

과 그 믿음의 진실과 천사와 같이 변
하고자 하는 그 마음과 나에게 구원을
받고자 하는 그 열망의 마음에 그 무
쇠가 물로 녹아떨어지는 그와 같은 형
국이 되어야 한다 하였음이니,
25 너희들이 종교 지도자로서 성서를 몇
번 읽었으며 몇 년 동안의 교육을 받
았다 하여 너희들이 지도자로서 과연
나로부터 대명을 받으며 나의 성령이
충만된 자라 말할 수 있는가?
26 너희들은 육의 삶이며 너희들의 편안
한 삶을 위하여 그 교육을 받는 과정
에 그와 같은 생각 속에서, 너희들이
그 과정을 마치며 공부를 하며 배웠다
하여 너희들이 종교 지도자라 하여 너
희 손으로 만든 그 성전을 만들기에
급급하며,
27 그 속에서 너희들은 인간관계의 그 탈
을 벗어나지 못하며, 인간의 한계의
60점이라는 그 점수도 벗어나지 못한
주제에,
28 성령이 임하여야 될 자리에, 내 마음
이 임할 자리에 인간 너희들이 앉아서
그리 가르치고 그리 무엇인가를 인도
한다 함이니, 너희들이 공부하는 기간
에 무엇을 그리 깨우쳤는가?
29 무쇠도 녹일 수 있는 그와 같은 단단
하고 굳은 결의가 아니면 너희들이 나
에게 오르는 길도 오를 수 없다 하였
으니, 너희들에게 과연 성령이 임할
수 있다 생각하는가?
30 너희들은 너무나도 지금 잘못되어 가
고 있으며 너무나도 너희들 자신이 주
제 파악을 못 하고 있느니라.
31 너희들이 과연 단상에 서서 가르칠 수
있는 성령이 임한 자들인가를 봐야 될
것이니라.
32 수많은 지도자가 있으나 성령으로 임
한 자가 하나도 없으며, 그들이 인간
으로서 임하여 가르치고 인간으로서
깨우치고자 하니, 저희들의 신도라 하
여 그곳에 와서 배우는 자의 아름답게
살아가는 그 심성만도 못한 자들이 단
상에 서 있음이니라.
33 이제 너희들은 알아야 될 것이니라.
34 종교 지도자요, 나의 피조물 만백성을
구원하는 너희들은 바로 무엇이던가?
35 성령이 임한 자가 있는 곳에만 진정한
깨우침이 있으며 진정한 하늘에 오르
는 길로 가는 그 깨달음이 있는 것이
니라.
36 그리하여 너희들은 지금 성령이 임하
지 아니한 자요, 진실한 믿음이 무엇
인지도 모르며 너희 자신들이 수없이
죄를 짓고 살아가며 천사와 같은 마음
으로 살아가지 못하는 너희들이 지금
어찌하고 있는가?
37 그러한 자가 종교 지도자라 하여 수천
수만의 벌들이 날아드는 그 벌의 숫자
보다도 더 많은 자들이 성전이라는 곳
을 짓고 있으니, 성령이 너희들에게
임하지 아니하였으며,
38 나로부터 선택된 지도자가 아니기에
너희들은 금화와 은화를 거둬들여 나
의 피조물 만백성의 고혈을 빨기가 바
쁘며 그들의 자유 시간마저 다 속박하
는 것이니라.
39 내가 내린 것은 이 지상의 낙원이요,
나의 성전에서 행복하며 자유로움 속
에 자유로운 삶을 살도록 너희들이 그

리 가도록 되어 있으니 그리하며 나에
게 믿음을 가고자 하나,
40 깨우치지도 못한 자이며 알지도 못하
는 자이며 성령으로 임하지도 못한 자
가, 인간이 그 자리에 서 있어서 인간
의 욕심으로 이끌어 가기 때문에 나의
피조물 만백성의 자유를 송두리째 빼
앗아 가며 그 자유까지 억압하며 재물
까지 거둬들이는 그와 같은 사악한 자
로서 지금 그리 이끌고 가고 있음이
니, 너희들은 이를 봐야 될 것이니라.
41 내가 여기서 너희들에게 말하느니라.
42 종교 지도자요, 만백성을 구하여 하늘
로 오르게 하는 자는 내 심성을 알아
야 되며 내 심성대로 살아야 되며, 내
심성대로 살고자 하는 자, 나 여호와
가 너희들에게 성령으로 임하게 함이
니, 내가 성령으로 임한 자가 없음이
니라.
43 그리하여 내가 제3의 시대에 법전을
내려, 이 법전 속에 너희들이 하늘에
오르는 길이요, 살아가는 것을 상세히
기록하여 내려보내니,
44 나의 법전을 읽고 또 읽어 가슴으로
정독하며 이 뜻대로 살아가고자 발버
둥치는 자, 그들만이 종교 지도자가
될 수 있음이니라.
45 지금 하늘을 나는 수많은 그 벌떼처럼
벌어져 있는 인간의 마음이요, 인간의
형태로써 구원을 인도한다는, 그 성전
에 앉을 자격이 없는 자들이, 그리고
만백성을 가르칠 수도 없는 자들이 지
금 그리 앉아 있음이니,
46 그를 하나하나 나의 혈통이요, 나의
법전을 읽고 깨우친 아들딸이요, 나의
성령으로 살아가는 너희들, 즉 성령이
충만된 나의 백성으로 교체하며 바꾸
고자 하는 것이 나의 뜻이니라.
47 이제 성령으로 임한 자들이 이 세상에
나와 만백성을 가르쳐야 되는 것이니
라.
48 성령으로 임하지 못한, 자질이 없는
자들이 인간의 욕심으로 가르치는 것
이 지금의 형국이니라.
49 너희들이 몇 년 동안 성서를 공부하며
깨우쳤다 하여 너희들이 자격증을 받
은 것처럼 말하지 말라.
50 너희들이 인간관계에서 자격증을 받
았으니 그 인간의 자격증이며, 나 여
호와로부터 자격증을 받은 자는 없음
이니라.
51 나 여호와가 내리는 자격증은 따로 있
음이니라.
52 그들로 이 세상을 다 바꾸고자 하는
것이 나의 뜻이니, 지금 나의 법전이
세상에 내려감이니, 이를 보고 깨우치
는 자만이 구원을 받는다는 것을 다시
한 번 강조함이니라.
53 성령이 임한 자가 서야 할 자리에 성
령이 임하지 아니하여 추하고 더러운
인간들이 서서 너희들을 이끌어 가는
그 추한 모습에 등을 돌리는 자, 구원
을 받음을 알라.

3,001 번째 하나님 말씀

2002년 8월 17일 12시 10분

1 사랑하는 나의 아들아!
2 "네, 아버님! 말씀하옵소서."
3 많은 나의 종교 지도자라 하여 하늘에

오르는 길로 인도하는 자들이 성령으
로 임한 자만이 가르칠 수 있다 내가
너희들에게 말하였음이니,
4 육의 형태를 가지고 육의 세상에서 그
들이 가르친다 하여, 그리하여 잘못
가고 있으며 잘못 깨닫고 있다 하였음
이니,
5 네가 마음으로 나에게 간곡히 기도드
림을 내가 아느니라.
6 지금 나 여호와요, 전지전능한 아버
지, 창조주인 내가 모든 종교 지도자
들에게 성령을 다 임하게 하여 그들이
그 자리에서 곱고 바른 믿음의 길을
갈 수 있도록 지도자로 변화시켜 주실
수는 없는가 하는, 네가 감히 말은 하
지 아니하여도 그 마음의 애절한 기도
를 내가 알고 있음이니라.
7 그 자리에서 그들이 변화되어, 성령으
로 임한 종교 지도자로서 변신하여 진
정한 나 여호와의 뜻에 따라 만백성을
구하는 그 길을 갈 수 있도록 그리 성
령으로 임하여 주면 안 되겠느냐고 너
는 말을 하지 아니하여도 그리 기도하
는 네 마음을 내가 아느니라.
8 그는 있을 수 없음이니라.
9 그들은 저희 육의 삶에 의하여 스스로
성전을 짓기 위하여 재물을 긁어모으
며 또 그걸 운영하기 위하여 그들은
너무나도 세뇌되어 있으며 너무나도
굳어져 있느니라.
10 내가 성령으로 너를 깨우쳐 가르쳤듯
이, 그들을 내가 하나하나 깨우쳐 그
들이 서서히 변화되도록 교육시켜 바
로잡고자 한다 해도, 그들은 하나를
깨우칠 때마다 지금의 그 성서요, 저
희들이 지금에 가는 그 방법에서 구원
이요, 영광을 얻으며 깨달음을 얻었다
그리 말할 것이며,
11 너와 너의 제자들처럼 스스로 마음과
의 싸움으로써 훈련되며 또 훈련 속에
서 다져져 하늘에 오르는 그 이치를
깨우쳐 가는 그와 같은 길을 그들은
갈 수 없는 자들이니라.
12 너무나도 깊이 가 있으며 너무나도 멀
리 가 있음이니, 그들을 그와 같이 돌
릴 수 있는 것은 없음이니라.
13 인간이 육의 세상을 떠나기 전에 육의
세상의 고집이요, 아집이요, 저희들이
판단하는 그 무서운 척도를 누구도 다
룰 수 없음이니라.
14 그들은 너무나도 깊이 가 있으며, 너
무나도 멀리 가 있으며, 돌이킬 수 없
으며, 도저히 넘을 수 없는 그 강을 그
들이 건너가 있음이니라.
15 그들을 다시 돌릴 수는 없는 것이 지
금의 형국이니라, 나의 아들아!
16 다만, 너희들이 깨우쳐 이룰 수 있는
것은,
17 너의 제자들로서 지금부터 훈련과 시
련을 겪으면서 너희들이 하나하나 변
하여 성장하며 나의 법전에 있는 뜻을
깨우쳐 행하고자 할 때, 그와 같은 성
령으로 임하는 자들로서 세상에 천 년
에 걸쳐 그를 바로잡고자 함이니라.
18 천 년 후에는 이보다 더한 깨우침으로
맑고 고운 자들이, 성전이라는 곳을
짓지 아니하며, 그저 들에서, 자기 가
정에서 제가 기도하며 또는 제가 일하
면서 휴식 시간에 그와 같이 나의 피
조물 만백성을 선한 쪽으로 이끌어 가

는 그 시대를 이루어야 될 것이니라.
19 지금은 육신의 욕심이 목에까지 차 있으며, 저희들이 지옥으로 가는지, 구원의 길로 가는지, 얼마나 무섭고 사악한 짓을 하고 있는지 그 자체도 분별 못 하는 그들에게 무엇을 깨우쳐 준들 되겠는가?
20 그들로서는 도저히 이룰 수 없으며, 네가 마음으로 나에게 간곡히 드린 그 기도의 방법으로써는 그 역사를 이룰 수 없음이니라, 나의 아들아!
21 너는 그와 같은 마음의 기대를 갖지 말며 그리 기도드리지 말라. 생각해서도 아니 됨이니라.
22 오로지 나의 법전을 받아 세상에 내보내는 것, 너의 제자들, 나로부터 선택된 백성들을 다스려 이끌어 가는 그곳에만 모두를 다 바치라.
23 그게 네가 가야 할 길이며 행하여야 할 길임을 잊지 말라, 사랑하는 나의 아들아!

3,002 번째 하나님 말씀

2002년 8월 17일 12시 12분

1 사랑하는 나의 아들아!
2 "네, 아버님! 말씀하옵소서."
3 내가 너에게 무엇을 가르쳤던가?
4 너희들은 지금 나의 심성과 같은 자가 되어야 하늘에 오르는 길을 오른다 하였음이니라.
5 그리하지 않은 자, 정녕 하늘나라에 오를 수 없다 말하였음이니라.
6 나 여호와요, 창조주는 영혼의 세계에 지금 존재해 있으며, 나의 백성 너희들은 육을 가지고 있는 육의 세상에 존재하고 있음이니라.
7 너희들이 나와 대화하며 나의 나라에 오르기 위해서는 너희들이 천사와 같이 되어야 한다고 했으며, 그 마음을 가진 자만이 나에게 오를 수 있다 내가 말하였음이니라.
8 여기서 너는 깨우쳐야 될 것이 있느니라.
9 너의 제자들에게 네가 깨달음을 전하여야 될 것이며, 너 또한 깨달아야 될 것이니라.
10 나의 피조물 만백성이 지금 육의 세상에서 인간관계에 의해 살아감이니, 내가 60점이라는 그 점수 속에서 너희들이 모든 것을 얻고 구할 수 있다 하였음이니라.
11 그리하여 너희들은 그 속에서 나의 인간들끼리 사랑하며 살아가는 데, 사랑하며 용서하며 인간 세속에서 자식과 이웃과 형제지간에, 또 많은 백성들과 서로 교류하고 만나며 살아가는 그 과정에서 너희들은 서서히 죄의 때를 하나씩 하나씩 벗어 가는 그와 같은 변화의 삶을 살아야 하느니라.
12 너희들이 천사와 같은 마음이 되기 위하여, 육에서 인간과 인간을 상대할 때 너희들이 천사가 되어 그리 상대하는 마음으로 훈련하고 변해 가지 아니하면 아니 됨이니,
13 너희들은 하루아침에 천사와 같은 변화를 하여 하늘에 오르는 그 구원의 길을 얻는 것이 아니며 그 길에 들어설 수 없음이니라.
14 내가 너희들의 60이라는 그 점수 속

에 살다 70이라는 그 길에 들어서는
것이 영혼의 길이라 하였음이니라.
15 그래서 너희들이 그 70의 선에 들어
오는 것은 나의 나라요, 천국에 들어
옴이니, 거기에는 천사와 같은 자들만
이 존재함이니라.
16 그리하여 너희들이 육의 세상을 사는
것은 무엇이던가?
17 너희들이 육의 세상에서 천사로 변하
는 그 삶을 살라 함이니라.
18 그리하여 너희들이 지금 그 속에서 훈
련하고 있음이니라.
19 너희들이 지상에서 살면서 서로 교류
하고 만나며 거래하는 자, 그들 속에
서 너희들은 천사로 변해야만 되는 것
이니,
20 너희들이 육의 생명을 사는 그 기간에
너희들은 천사로 하나하나 변해 가는
그와 같은 훈련을 쌓는 과정을 하여,
너희들의 육신이 썩어 가며 영혼이
나한테 오는 죽음에 직면했을 때, 그
때 너희들이 육의 60점의 점수를 넘
어 70점대에 들어설 수 있도록 그와
같이 변해져 있어야 하는 것이니라.
21 그리하여 내가 너희들에게 육의 세상
에서 선하게 살며 베풀고 나누며 살라
하였으며, 육의 세상에서 천사같이 사
는 훈련을 하라 함이니라.
22 너희들이 육의 세상에서만이 나에게
회개할 수 있으며, 구원의 빛을 요구
할 수 있으며, 그를 갈구할 수 있으며,
천국에 오르는 길을 찾을 수 있다 하
였음이니라.
23 너희들이 숨을 거두는 순간에 영이 나
에게 심판을 받는 그때는 너희들이 감
히 나를 찾을 수 없는 그와 같은 죄인
으로서 서 있다 하였음이니, 너희들이
육의 세상에서 천사와 같이 변해야 되
는 것이니라.
24 그리하여 오늘과 내일의 삶이 하나하
나 변화되고 깨우쳐 가면서 너희들의
육신이 숨을 거둘 때 너희들은 천사로
서 거침없이 나의 나라에 올 수 있는
그와 같은 삶을 육신에서 살아야 되느
니라.
25 지금의 세속에서의 삶을 그리 살지 못
하며 그리 변화되어 하나하나 그 허물
과 죄지은 것을 털어 버리지 못하면
서, 너희들은 하루아침에 어떤 성령의
깨우침이요, 깨달음에 의하여 내가 너
희들을 구원하는 그와 같은 기적과 같
은 것을 생각하지 말라.
26 너희들이 하나하나 변하여 천사가 되
어 죽어 왔을 때, 당연히 천사가 된 자
만이 하늘에 오르며, 그와 같이 되지
못한 자는 지옥 불로 간다는 것을 잊
지 말라.
27 이 이치를 깨닫도록 그리하라.

3,003 번째 하나님 말씀

2002년 8월 17일 12시 34분

1 사랑하는 나의 아들아!
2 "네, 아버님! 말씀하옵소서."
3 네가 살아가고 네가 기도하며 나에게
경배하고 나의 성령을 받아 기록하는
이 성전, 또 너희들이 살아가는 하나
의 그 주거의 가정 또한 어떠하던가?
4 너희들의 가정에, 또 나의 성전에 너
희들이 쓸고 깨끗이 닦음이니라.

5 그리하여 그와 같이 쓸고 닦은 곳이
그대로 유지된다면 얼마나 너희들은
편한 삶을 살겠는가?
6 그러나 쓸고 닦아 광채가 나는 나의
성전도, 너희들이 사는 그 가정이라는
집에도 먼지가 쌓이며 또 때가 끼느니
라.
7 그리하여 너희들은 닦고 쓸고 또 닦고
해야 되는 것이 아니더냐?
8 너희들이 지금 하늘에 오르는 그 믿음
의 길을 가고 있는 것이 그와 같은 것
이니라.
9 너희들이 한 번에 하나를 깨우쳤으며
또 깨우쳤을 때 나에게 기도하고 경배
하며 너희들이 계속 깨우쳐 가는 그와
같은 믿음 속에서 갈 때, 너희들에게
사탄이요, 사악한 자가 침투하지 못함
이니라.
10 너희들이 나에게 기도하는 것을 게을
리하며, 나의 십계명을 암송하는 것이
요, 그 뜻을 깨우치는 것을 소홀히 하
며 나의 법전을 공부하지 아니할 때,
너희들은 바로 무엇이더냐?
11 한 번 닦아 놓은 그 집에 때가 끼듯이,
사악한 무리들이 너희들을 잠식하여
가고 너희들을 쓰러트리는 것이니, 항
상 너희들이 무너질 수 있는 것임이니
라.
12 그리하여 주기적으로 닦고 또 닦아 빛
을 내는 가정을 이루듯이, 너희들이
게을리함이 없이 항상 꾸준히 나의 법
전을 읽고 정독하며, 내가 나의 아들
을 통하여 내리는 그 성령의 깨달음을
너희 것으로 만들며, 계명을 지키고
살아가고자 수시로 너희들이 깨달음
을 얻으며, 공부를 게을리해서도 안
되며 기도함을 게을리해서도 아니 됨
이니라.
13 너희 가정에 비유하여 내가 너희들을
깨우침이니, 그와 같이 노력하고 노력
하는 속에서 너희들은 그 빛을 유지할
수 있으며, 그 빛은 바로 무엇이더냐?
14 그 깨끗하고 청결함은 나에게 오를 수
있는 너희들의 마음이 그리 닦아지고
다스려짐이니라.
15 그러나 지금 종교 지도자들은 어찌 가
는가?
16 그를 쓸고 닦으려면 너희들이 힘이 들
고 어려움이니라.
17 그리하여 그들은 그리 가르치느니라.
18 닦고 쓸고 또 문지르지 아니하여도 사
람의 죽음하고는 관계없으니 충분히
그대로 살아가도 된다 함이니라.
19 그리하여 너희들이 말하기를, 집안에
들어오는 그 먼지는 너희들로써 발생
되는 것이니, 그 먼지요, 그 더러운 오
물이 너희 목숨을 앗아 가는 것은 아
니며, 그 오물을 털지 않고 먼지를 닦
지 않으며 집안의 청소를 하지 아니하
여도 너희들은 살아갈 수 있다 그리
가르치는 것과 같은 것이 지금 종교
지도자들의 가르침이니라.
20 계명을 외우고 지키며 나의 성서대로
살고 나의 법전대로 사는 것이 너희들
이 집안을 스스로 쓸고 닦고 광채를
내고 깨끗하게 유지하며 살아가는 것
이라 하였으나, 그리 가르치지 아니하
느니라.
21 너희들이 수고롭고 힘든 그것을, 그들
은 그 심리를 잘 이용함이니라.

22 그리하여 너희들에게 가장 편안한 방
법으로써, 너희들에게 쌓이는 그 먼지
는 너희들의 생명을 죽게 하지 아니하
니, 그리 청소하지 아니하고 그저 되
는 대로 살다 너희들의 생명이 다하여
죽으면 육은 한 줌의 흙이 되며 영은
하늘에 올라감이니, 그때까지 그저 대
충 살다 그 모두는 육이 죽을 때 안고
가는 것이며,
23 영은 영대로 하늘나라에 하나님께서
구원할 자, 구원하지 않을 자를 구분
하여 구원하게 됨이니, 너희들이 그저
그와 같은 것은 하지 않아도 된다 그
리 말하느니라.
24 그것이 지금 종교 지도자들이 가르치
고 깨우치는 방법이니라.
25 너희들이 쓸고 닦지 아니하여도 죽지
아니하며 그 먼지가 쌓여도 죽지 않으
니, 청소하지 말며 쓸고 닦지 말라 그
리 가르치니, 그를 싫어할 자가 어디
있는가?
26 그게 그의 처방이요, 가장 너희들에게
편리한 방법이요, 가장 너희들에게 유
리하게 내리는 처방이니, 그를 따르지
아니할 자 누가 있는가?
27 그러나 너희들은 병들어 죽게 되어 있
음이니라.
28 쓸고 닦지 않는 그 속에서 너희들은
서서히 잠식되어 죽어 감이니라.
29 너희들이 힘들고 어려워도 나의 계명
을 지키며, 십계명과 율법대로 살며
나의 법전의 내용대로 지키고 살고자
노력하며 기도하고 수없이 경배하는
자, 그리고 그리 살아가고자 다짐하는
자, 너희들은 힘들고 어려운 길을 가
는 자이며, 그만이 하늘나라에 갈 수
있느니라.
30 그러나 그와 같이 하지 아니하는 자들
이 그를 사탄이요, 이단의 것이라 하
며, 너희들이 그리 배울 것이 없으며
계명을 지키고 살 것이 없으며, 나 여
호와가 불로 써 내린 그 십계명조차도
지키지 아니하여도 살 수 있다 함이니,
31 너희들은 청소하지 아니하여도 병들
지 않으니 그냥 살다 그저 죽으면 내
가 선택하니 영의 심판을 받으라 그리
말함이니라.
32 깨우침이 있으며 변화됨이 있으며 천
사와 같은 마음으로 살고자 노력한 자
를 내가 기억하나, 그와 같이 살지 않
은 자, 그 죄를 수없이 마음에 짊어지
고 있으니, 그 죄를 죽어 와 너희들이
어찌 씻을 수 있는가?
33 감히 나의 찬란한 천국의 문을 바라보
지도 못하며, 그 죄의 대가대로 지옥
으로 가는 것이 지금 종교 지도자들이
가르치는 방법이니라.
34 쓸고 닦고 빛냈을 때 그 집안이 빛나
는 것이나, 쓸고 닦지 아니하여도 그
먼지에 너희들이 죽을 일이 없으니 그
리하지 말라 가르치는 것이 지금의 우
매한 종교 지도자들의 가르침이며, 그
가르침을 너희들은 그대로 따라가고
있음이니라.
35 너희들이 닦고 쓸어서 변화되는 것을
보면 그 아름다움을 알면서도, 수고로
움이 싫으며 노력하는 것이 귀찮아 너
희들은 잘못 가르치는 종교 지도자들
의 그 말이 옳다 말함이니,
36 나의 법전을 열려 하지 아니하며, 그

어려운 십계명을 지키고 살려 하지 아
니하며, 미리 겁먹음이니라.
37 그 십계명을 지킬 수 없다 말하며, 인
간이기에 무섭고 두려운 그 십계명을
감히 지킬 수 없다 그리 말하니,
38 너희들이 너희들 자신의 죄를 털지 아
니하며 변화되지 아니하며, 너희들 스
스로 깨우쳐 가는 그 고통의 세월을
버리고자 하며 지우고자 함이니라.
39 너희들이 죽어서 나에게 올 때까지 너
희들이 깨우치고 깨우쳐도 천사가 될
까 말까 하거늘, 그와 같이 반대의 길
로 가르치는 너희들이 얼마나 녹슬고
썩어 가는 추한 모습으로 전락하는가
를 알아야 될 것이니라.
40 너희들의 생명이 다할 때까지 천사와
같은 마음으로 변하고자 노력해도 너
희들이 육의 세상을 벗어나 하늘의 그
영광을 받을까 말까 하거늘,
41 그를 역행하는 방법으로 살다 죽어도
구원을 받을 수 있다 가르치는 그 사
악하고 잔인무도한 자들의 말에 현혹
되지 말라.
42 그들은 저희들의 죄도 모름이니라.
43 이를 나의 백성들에게 가르치라, 나의
아들아!
44 나의 법전을 전하고 또 전하여 그 백
성들이 이 법전을 읽어 깨우칠 수 있
도록 거기에 최선을 다하라, 나의 아
들아!

3,004 번째 하나님 말씀

2002년 8월 17일 14시 58분

1 사랑하는 나의 아들아!
2 "네, 아버님! 말씀하옵소서."
3 나의 피조물 만백성을 일깨우는 종교
지도자들이 수천 년 동안 가르치면서
그들은 나의 성령으로 임하지 아니하
고 인간의 생각으로써 가르침이니, 그
들이 무엇을 가르치며 어찌 길을 인도
한다 하였느냐?
4 모든 종교 지도자는 성령으로 임하며
나로부터 명받은 자만이 백성을 구원
할 수 있음을 알라.
5 지금 너희들은 성령으로써 임하여 있
는 종교 지도자가 아니요, 육의 생각
이요, 육의 모두로써 집약되어 있는
자들이니, 그리하여 만백성을 구원하
는 길을 못 보며 성서의 깊이를 모른
다 하였음이니라.
6 그리하여 나의 법전을 읽고 깨우치며
나의 성령을 들어 깨우치는 그와 같은
나의 선택된 백성들로 하여금 이 세상
을 다 지배하고자 함이니, 그들이 곧
성령에 충만하여 성령의 뜻대로 가르
치는 자들이니라.
7 지금 나의 피조물 만백성을 가장 많이
지옥으로 이끌어 가는 것이 종교 지도
자들의 작태이니라.
8 너희들은 믿음으로 구하면 그것으로
써 하늘에 오르는 길이요, 행함은 관
계없다 그리 말하느니라.
9 이것이 너희들이 얼마나 오류요, 잘못
가르치는 것인가?
10 내가 나의 아들을 통하여 오늘 너희들
에게 두 번째, 세 번째 이를 심어 줌이
니라.
11 너희들의 육의 삶이 무엇인지 아는가?
12 육의 삶은 행함이니라.

13 너희들이 육의 삶을 행하면서 그 행함
속에서 깨우치고 깨달아 몸소 실천하
여 너희들이 변화되어, 변한 너희들이
죽어 하늘나라에 오는 그 영혼이 심판
을 받을 때, 그때는 너희들에게 행함
이 없느니라.
14 너희들은 어찌하여 하늘나라의 천사
들이 행함이 없는 그것을, 육의 세상
에서 사는 너희들에게 행함이 없이 구
원을 받을 수 있다 그리 가르치고 깨
우치는가?
15 이게 너희들이 큰 죄악으로 인도하는
길임이니라.
16 너희들이 깨우치는 것은 육에서 하나
하나 변화되어 그와 같이 하여 60이
라는 점수를 넘어 너희들이 죽어 영혼
이 올 때 천사와 같은 자로서 그리 옴
이니, 그때는 너희들에게 행함이 없음
이니라.
17 내가 나의 아들을 통하여 너희들에게
수차 가르쳤느니라.
18 너희들이 부모에게 사과를 열 번 갖다
준 다음에 그 사과 하나를 나의 선지
자에게 가져오라 그리 말하였느니라.
19 그러나 내가 아무리 아름답고 좋은 가
르침이요, 깨우침을 줘도, 너희들이
행하지 못하면 무엇하는가?
20 너희들에게 '네 부모를 공경하라.' 했
으며, 나의 성전에 나의 선지자를 위
하여 너희들이 사과를 하나 가져온다
면, 열 번에 걸쳐 열 개의 사과를 너희
부모에게 먼저 드려 공경한 후에 나의
선지자에게 가져오라 그리 가르쳤음
이니라.
21 그 의미와 뜻이 얼마나 아름답고 소중
하던가?
22 이것이 내가 너희들에게 성령으로써
명하는 것이니라.
23 그런데 그것을 듣지 아니하며, 나의
아들 선지자가 너희들에게 선물을 사
오도록 유도하며, 너희들이 선물을 가
져오는 것을 반갑게 맞이하며, 그리고
그로부터 얻는 것을 행복해하며,
24 그가 말하기를 부모에게 열 번 한 다
음에 열한 번째 가져오라 그리 말했으
면서도 너희들에게 가져오도록 유도
를 하며, 가져오는 자를 좋아하며, 또
가져왔을 때 기뻐하며, 그걸 받은 만
큼 돌려주지 않는 그와 같은 행위를
한다면,
25 내가 나의 아들을 통하여 세상에 보내
는 그 성령의 가르침은 위대함이나 너
희들이 그를 행하지 아니한다면 너희
들은 죄의 사슬을 너희 가슴에 감고
감이니,
26 너희들의 육의 삶은 행함이니라.
27 오로지 육의 세상에 행함은 나의 성령
이요, 나의 법전이요, 나의 십계명의
그 모두를 너희들이 육으로써 행하고
실천하여서 너희들이 깨끗이 흰 눈과
같이 변화되는 그 과정을 너희들이 사
는 시간 동안에, 너희들의 생명이 존
재하는 그 시간까지 갈고 닦아, 그리
하여 천사와 같은 모습으로 변해야 되
는 것이니라.
28 천사와 같이 모습이 변했을 때 너희들
은 행함이 없음이니라.
29 육에서는 오로지 행함이니라.
30 행함 속에서 깨우치고 깨달으며 바로
잡아 가며, 행함으로 인하여 만백성을

너희들이 구원하도록 되어 있음이니
라.
31 내가 오죽하면 나의 아들에게 그리도
자상히 명하여 너희들을 깨우치려 하
겠는가?
32 너희들이 한 끼의 간단한 식사를 하는
그 과정에서 너희들이 과연 비싸고 금
화와 은화를 많이 지불하는 음식을 또
하나 시켜서 먹고자 할 때, 너희들이
그를 시켜 먹는 것은 너희들의 육의
즐거움과 향락을 위해서 그리하나,
33 내가 나의 아들에게 가르치기는, 그와
같이 더 시켜 더 많은 것을 먹고자 할
때 그를 중단하며 적은 소식으로써 너
희들이 만족을 얻으며, 더 먹어서 없
애고자 하는 그 금화를 가지고 어려운
사람들을 먹여 주며 그들을 도와주라
하였음이니,
34 내가 그리 가르쳤으나 너희들이 행하
지 아니하며, 너희들이 호의호식하고
즐거운 것이 취미에 맞아 먹고살며 금
화와 은화를 쓰는 것을 두려워하지 아
니하고 그대로 먹는 데 투자해 마구잡
이로 쓴다 하면, 너희들은 아무리 천
날 만날 들어도 행함이 없으니 어찌하
겠는가?
35 내가 너희들에게 행하라 했듯이 너희
들이 절약하고 아껴서 그것을 남에게
대접하고 그에게 그를 먹을 수 있도록
기회를 만들어 주어야 그 사람의 배를
채울 것이며, 그가 배부름을 알 것이
며, 감사함을 알 것이며 용기와 희망
을 얻지 않겠는가?
36 너희들은 행하여 남들에게 희망을 주
며 용기를 주며 그들을 깨우쳐 가고
자, 나 여호와가 존재하고 있음을 육
의 세상에서 깨달아 바로 천국이요,
천당에 오는 길이며 그리고 바른 종교
지도자가 인도하는 것을 보고 그들이
깨우치면 축복과 영광이 있을 것이라
는 걸 알아 그들이 변해 갈 수 있거늘,
37 너희들은 행함은 필요 없다 하여 그와
같이 착하고 아름답게 만백성을 이끌
고 지도하고자 하는 그들의 마음마저
도 막아 놓는 사악한 자들이니,
38 너희들이 얼마나 사악한 악마며 마귀
며 사악한 자들인가?
39 저희들이 하지 못하면서 남들이 베푸
는 것까지도 막으며, 선한 자들이 행
하고자 하는 것까지도 막으니,
40 그와 같이 행함이 필요 없으며, 그저
말로 듣고 성서를 읽어서 듣고 귀가
즐거우며 너희 가슴속에 깨우쳐 느낌
을 받는 것만으로써 너희들은 축복을
얻으며 영광을 얻으며 하늘나라에 온
다 그리 가르치느니라.
41 그리하니 너희들이 10년, 20년, 평생
을 너희들이 지은 성전이라는 두꺼비
집 같은 그곳에 가 기도하고 들어도
하나도 머릿속에 남는 게 없으며 기억
에 남음이 없음이니라.
42 그 문밖에 나오면 그걸 다 잊어버리도
록 너희들이 가르침이니라.
43 그게 바로 무엇이더냐?
44 행함이 필요 없다고 하기 때문이니라.
45 종교 지도자 너희들은 성서에 기록된
것을 말로써, 지나가는 사람의 어려운
짐을 들어 주며, 또 길거리에 버려진
더러운 것을 주워 치우라 그리 말하느
니라.

46 그러나 너희들은 행함은 필요 없고 그
말만 들으면 구원을 받는다 하니, 그
곳에서 나오는 자는 그것을 줍지 아니
하며, 쓰러져 가는 자를 일으켜 세우
지 아니하며, 배고픈 자에게 한 끼 밥
을 대접하지 아니하는 그와 같은 사악
한 자들로 너희들이 가르치느니라.
47 그러나 행함이 중요하다 그리 가르친
다면, 그는 무엇을 하겠는가?
48 나오면서 더러운 것을 주울 것이며,
배고파 쓰러진 자에게 끼니를 줄 것이
며, 쓰러진 자를 일으켜 세울 것이니
라.
49 평범한 자들이 가지고 있는 마음도 그
리 살아가느니, 그것도 못하게 하는
것이며 그것도 해서는 안 되며 하지
말라 가르치는 것이 너희들이니,
50 이 지상의 악마요, 사악한 존재가 너
희들이요, 잘못 깨우치고 잘못 가는
너희 종교 지도자들이 이 세상을 이리
말세요, 종말이요, 사악한 집단으로
만들었음을 알라.
51 그리하여 그와 같은 영으로써 지배하
는 것이요, 깨우치는 것이 아니라, 육
의 욕심이 목에까지 차 있는 자들이
저희들의 삶과 저희들의 안일을 위해
서 그와 같이 사기극을 벌이고 있으
니, 그들이 무슨 구원의 길을 인도하
며, 그곳에서 배우는 자 어찌 하늘의
빛을 보겠는가?
52 행함이 중요함이니라.
53 좋은 말이요, 좋은 뜻이요, 나의 성령
의 가르침을 들었을 때, 너희들은 그
것을 행해야 함이니라.
54 그리 행하여 감으로써 너희들의 행함
의 아름다움이 축적되고 축적되어 쌓
였을 때, 너희들이 육의 삶을 끝마치
고 죽어 와 심판을 받을 때, 거기서 너
희들의 영혼이 영원히 사는 나의 나라
에 옴이니,
55 행하지 아니하는 자는 천국의 빛도 보
지 못하며 지옥으로 그냥 감을 알라.
56 이것이 하늘의 비밀이며 천기니, 내가
마지막으로 만백성 너희들을 구원하
고자 하며, 창조주인 내가 직접 세상
에 내려와 나의 법전이요, 나의 책 속
에 내가 같이 너희들과 임하기에 너희
들에게 그리 가르쳐 줌이니,
57 누구도 하늘의 이치요, 이 천기를 알
수 없음이니, 나만이 너희들에게 누설
하며 너희들에게 가르칠 수 있으니,
나의 아들을 통하여 너희들에게 전함
이니라.

3,005 번째 하나님 말씀

2002년 8월 17일 18시 49분

1 사랑하는 나의 아들아!
2 "네, 아버님! 말씀하옵소서."
3 나의 피조물 만백성 중에 나의 법전을
읽어 깨우친 자, 너에게 와 물을 것이
니라.
4 그러면 과연 구약과 신약의 성서를 덮
으며 지금 이 법전만 가지고 공부를
하며 깨우쳐 가야 되느냐 그리 물을
것이니라.
5 그러거든 너는 그에게 말하라.
6 구약과 신약의 시대는 덮어야 하는 것
이며, 그 뿌리를 덮고 그 뿌리를 자름
이 아니라 다만 너희들이 그를 참고로

해야 될 것이며 거기서 너희들이 계명
을 지키며 거기서 지키라는 그 율법들
만을 기억하여, 너희들이 생활하는 데
하나의 밑거름으로 삼아 가며 깨우쳐
가면 될 것이라 그리 말하라.
7 그러나 너희들이 잘못 가르치는 종교
지도자들이 해명하고 가르친 그 뜻을
머릿속에서 지우지 못한다면, 너희들
은 나의 법전을 받아들일 수 없음을
알아야 될 것이니라.
8 그를 버리지 아니하고 나의 법전을 공
부하는 자, 그 깊이요, 뜻을 모르기 때
문이니라.
9 그리하여 새로 시작하는 사람의 마음
자세로 너희들이 법전을 접하고 깨달
을 때, 그 모두를 받아들일 수 있으며
내가 원하는 그 뜻을 알 수 있음이니
라.
10 그리고 나의 피조물 만백성이 너에게
물을 것이니라.
11 '과연 이는 하나님의 성령이요, 이를
믿으면 구원을 받을 수 있는가?' 그리
묻거든,
12 모든 인간사의 기적이요, 역사가 다
이 속에 있으며, 너희들은 법전을 정
독하여 깨닫고 또 깨달을 때 구원을
받음은 물론이요, 너희들이 어찌하여
야 만백성에게 빛이 되며, 만백성을
구원하는 역사까지 이루며, 그로 하여
금 너희들이 죽어 와 나에게 사랑과
축복의 은혜를 받는 것, 그 자체도 나
의 법전에 그 행함이 다 기록되어 있
다 그리 그들에게 말해야 될 것이니라.
13 육의 삶에서 너희들이 어찌해야 구원
의 빛을 보며, 그리고 너희들이 구원
을 받는 것은 어찌 행하고 실천해야
되는 것인지 그 모두가 여기에 상세히
기록되어 있으며, 너희들의 마음의 병
이요, 정신적인 병 모두를 치료할 수
있는 것도 또한 나의 법전 안에 기록
되어 있음이니,
14 너희들이 이를 정독하고 바로 깨우쳐
바른 기도로써 깨우쳐 올 때, 그 속에
서 모두를 다 얻을 수 있다 그리 전하
라.
15 이는 네가 인간으로서 기록하는 것이
아니요, 창조주인 나 여호와가 나의
아들 너를 통하여 너희들에게 전하는
사랑의 선물이니라. 그것이 나의 법전
임을 알라 그리 가르치라.
16 나의 법전을 읽지 아니하고 정독하지
아니하는 자, 너희들은 정녕 구원을
받을 수 없음을 알아야 될 것이니라.
17 내가 너희들을 얼마나 깨우치고 인도
하기가 힘들면, 지금의 종파를 무어라
말했느냐?
18 아이들이 보고 즐기는 그 물개라는 동
물을 훈련시키는 것은 노련한 조련사
가 먹이를 주며 다스려 훈련시킨다 하
였으나,
19 그 조련사가 물개에게 훈련을 받는다
하면 이는 있을 수도 없는 일이며, 과
연 그와 같은 형국이 이루어지겠는가?
20 지금 너희들이 잘못 끌어가고 잘못 인
도하며, 너희 손으로 지어 놓은 그 방
대한 성전이요, 너희들의 그 조직을
운영하기 위하여, 너희들은 금화와 은
화를 거둬들이기 위해서 많이 내는 자
앞에 너희들의 마음이 동요됨이니, 이
는 곧 무어라 말했느냐?

21 물개에게 훈련을 받는 조련사와 같은 거꾸로 가는 형국이니, 그 속에서 무엇을 얻겠는가?
22 내가 너희들에게 이리 깊이 깨우쳐 주며, 간단하게 알아들을 수 있으며 이해할 수 있도록 깨우쳐 주거늘, 그것 하나도 너희들이 깨닫지 못한다면 이를 어찌해야 되겠는가?
23 나의 법전에 진리의 모두가 담겨 있으며, 여기에 나의 뜻이요, 나의 성령이요, 너희들이 그리도 갈구하고 원하던 구원의 길이요, 구원의 빛이 다 있음이니라. 그리고 바로 서는 길이 여기에 있음이니라.
24 그리 내가 애절하게 너희들에게 부르짖거늘 이를 보지 아니함이니, 이를 보지 아니하는 자, 정녕 구원을 받을 수 없음을 알아야 될 것이니라.
25 이것이 내가 너희들에게 내리는 나의 메시지이니라.
26 나의 법전이요, 나의 성령의 이 책장을 열지 않고 여기서 깨우치지 않는 자, 너희들은 구원을 받을 수 없음이니라.
27 물개에게 훈련을 받는 조련사 밑에 가서 너희들이 무엇을 배우겠는가?
28 물개를 훈련시키는 노련한 조련사며 풍부한 조련사의 경험이 있는 자, 그 바로 가르칠 수 있는 자가 가르치는 것이니,
29 이와 반대로 거꾸로 가는 그 형국에 너희들이 그곳에서 무엇인가를 얻고자 구원을 받는다 그리 매달리며 울부짖으며 광란의 짓을 해도, 너희들은 지옥으로 달려가는 그 열차를 타고 기뻐 노래 부르며 가는 그와 같은 형국임을 잊지 말라.

3,006 번째 하나님 말씀

2002년 8월 17일 19시 15분

1 사랑하는 나의 아들아!
2 "네, 아버님! 말씀하옵소서."
3 네가 열 명을 놓고 하나의 강론을 함이니, 그 열 명이 깨우치고 이해하며 저희 것으로 만드는 것이 열 명이 다 각자이니라.
4 그러니 많은 사람들이 너를 이해하며 너를 따르는 것 또한 다 각자의 뜻임을 너는 알아야 될 것이니라.
5 네가 변해 가는 것을 보통의 나의 백성들은 알 수가 없으며, 네가 가지고 있는 그 속마음 또한 그들이 알 수 없음이니라.
6 네가 깨우쳐 가며 네가 강론하는 그 내용이요, 나로부터 받는 그 성령의 가르침을 너는 다른 사람들도 충분히 이해할 것이며 알 것이라 그리 생각하여 말하고 행동하나,
7 백이면 백이 강론을 같이 들어도 다 다르듯이 너를 보는 것이 다 다르니, 너의 깊이와 네 마음의 변화를 알 수 있을 것이라 생각하는 것은 너의 착각임을 알아야 할 것이니라.
8 네가 가고 있는 것을 그들은 알 수 없느니라.
9 네가 변해 가며 네가 하고자 하는 그 길이 네가 생각할 때는 평범한 것 같으나, 너는 나로부터 성령을 받아 행함이니, 백 년, 천 년이 가도 그들이

평생 그 한 구절의 뜻을 듣지도 못하
고 이해하지도 못할 부분들이 너무 많
이 있음을 너는 알고 있어야 할 것이
니라.
10 그걸 그들이 다 알아 주기를 바란다면
아니 되느니라.
11 예를 들어서, 너희들이 말하는 십억
원이라 하는 그 엄청난 재물을 가진
자와 백만 원이요, 천만 원이라는 그
지폐를 가진 사람, 그들 중에 네가 하
나를 택한다 할 때,
12 모든 백성들은 네가 나의 법전을 세상
에 내며 역사를 이루는 것이 백만 원
이라는 지폐를 가진 사람보다 십억 원
의 지폐를 가진 사람이 더 빠르고 위
대할 거라고 생각하나,
13 내가 너에게 전하는 그 뜻을 받아서
나의 성령대로 움직이는 너는 거기서
보통의 백성들이 알지 못하는 것을 보
고 있지 않은가?
14 십억 원이라는 그 돈이 나와 관계없이
죽은 돈이며 그가 역사할 수 없는 돈
일 때 너는 어찌 선택하는가?
15 너는 십억 원이라는 그 지폐를 버리고
백만 원이라는 그 지폐의 작은 가치를
선택함이니,
16 그 백만 원의 가치가 시간이 지남으로
써 지금의 십억 원이라는 그 지폐보다
도 더 위대하고 큰 역사를 이루는 것
을 내가 너에게 일깨워 주며 내가 너
에게 명함이니, 너는 그를 알기에 백
만 원이라는 그 지폐를 선택하느니라.
17 그러나 그것을 모르는 백성들은 어찌
생각하겠는가?
18 너를 어리석은 자요, 바보라 그리 말
할 것이니라.
19 그러나 네가 그 백만 원의 지폐가 더
위대하다는 것을 설명하지 아니하며,
설명하지 않으려 하며, 설명할 수 없
는 네 마음을 내가 아느니라.
20 그와 같이 너는 나로부터 성령을 받으
며 나의 뜻을 받아 행하는 자로서, 네
가 행하고자 하는 것을 나의 백성들이
알 수 없음이니라.
21 너의 제자들 중에 그 깨우침 또한 마
찬가지이니라.
22 지금 깨우침이 높은 너희들이 100이
라는 숫자의 70퍼센트의 깨우침을 깨
달은 자와 10퍼센트라는 깨달음밖에
깨닫지 못한 자, 그 둘 중에 누가 더
위대한 자냐 할 때,
23 인간들은 70퍼센트 깨우친 자에게 10
퍼센트 깨우친 자를 비교해 말할 수도
없으며, 당연히 70퍼센트 깨우친 사
람의 손을 들어 줄 것이니라.
24 그러나 너는 내가 너에게 보여 주며
명했을 때 10퍼센트 깨우친 자의 깨
우침이 그를 앞질러 갈 날이 머지않음
을 알기 때문에, 너는 10퍼센트밖에
깨우치지 못한 사람을 불러 채용하여
쓰며 너와 더불어 가고자 하며 그리고
모두를 의논하며 그에게 명을 내려 행
하도록 하니, 그때 그들은 다 너를 바
보요, 정신이상자로 볼 것이니라.
25 그러나 그것이 너와 그들과의 차이임
을 너는 알아야 될 것이니라.
26 그를 이해 못 하는 자들 앞에 네가 그
들이 이해해 주기를 바라며 또 그들이
네 뜻을 알아 주기를 바란다는 것은
아니 될 것이니 그리 알라.

27 아직은 너의 제자들과 너를 따르는 백
성들이 그 경지에 오르지 아니하였으
며 그 뜻을 알 수 없음이니라.
28 네가 많은 사람을 버리고 한 사람을
선택할 때, 그는 다 네가 어리석고 잘
못된 것이며, 과욕이요, 욕심이요, 네
가 세상물정을 잘 모르기에 많은 사람
을 버리고 한 사람을 선택하는 고집이
요, 아집이라며 너를 핍박할 것이나,
너는 알기 때문이니라.
29 그 백 명의 인원보다도 한 명의 인원
이 세월이 지날 때 더 많은 나의 피조
물 만백성을 구원하며 그가 중히 쓰임
을 네가 알고 있기에 그를 선택함이
니, 그 선택하는 것을 인간들은 모르
느니라.
30 미래에 변화될 것과 미래에 이루어지
는 그 역사를 모르기 때문이니,
31 미래를 내다보며 미래를 아는 네가 행
동하는 것과 그들이 보는 것과는 그와
같이 엄청난 격이 있으며 차이가 있음
이니라.
32 그와 같은 것을 너의 제자들이 이해해
주기 바라며 그를 받아들이기를 바라
서는 아니 되는 것이니라.
33 네가 가는 그 깨우침을 그들이 따라올
수 없음이며, 너의 경지의 그 세상을
그들이 알 수 없기 때문이니라.
34 그러니 너는 이와 같은 네 마음의 어
떠한 형태요, 네가 가지고 있는 그와
같은 방법이요, 네가 이끌어 가며 깨
우친 그 경지를 너의 제자들에게,
35 그들이 무리가 가지 않도록, 그들이
돌아서지 않도록, 그들이 감히 알아듣
지 못하는 그러한 교수법이 아니요,
그들이 알아듣고 이해할 수 있는 간단
한 방법으로써 그들에게 네가 접근하
는 생활 태도와 근접하는 생활 속에
서, 그리고 그들과 같이하는 생각 속
에서 그들을 잘 일깨워 주고 다스려
가야 될 것이니,
36 네가 깨닫는 그 경지에서 그들이 이해
해 주기를 바라는 마음은 너의 한갓
욕심임을 알아야 될 것이니라.
37 천태만상의 사람이 있듯이, 천태만상
의 생각이 그와 같이 다름이니라.
38 이를 네가 알고 넘어가야만 나의 백성
이요, 너를 따르는 제자들이 너로부터
등을 돌리며 너를 원망하는 사람들이
적을 것이며 그와 같은 일이 일어나지
아니할 것이니,
39 이와 같은 너의 경지의 깨달음을 그들
에게 잘 전하여 깨우쳐 주는 데 네가
노력을 하여야 될 것임을 잊지 말라.

3,007 번째 하나님 말씀

2002년 8월 17일 22시 54분

1 사랑하는 나의 아들아!
2 "네, 아버님! 말씀하옵소서."
3 너희 육신이 세상에 살아가면서 나의
십계명을 지키며 나의 법전을 지키고
사는 너희들이 육신의 세상에서 기적
의 역사와 그 변화는 볼 수 없다 하였
으며, 육신의 삶에서 얻어지는 영광이
없다 말하였음이니라.
4 그러나 너희들이 삶을 마치고 죽어 와
나로부터 심판을 받을 때, 너희들이
나의 십계명을 지키며 법전에 따라 살
았던 것이 얼마나 큰 영광이요, 은총

인가를 그때 하늘나라에 와 알 수 있
다 하였으며, 그때 은혜를 받는다 내
가 하였음이니라.
5 네가 밤과 낮을 가리지 아니하며 너의
제자들과 더불어 160권의 법전을 세
상에 냄이니, 1부가 나갔으며 2부와 3
부가 곧 세상에 빛을 볼 것이니라.
6 그러나 나의 피조물 만백성 그들은 너
희들을 따르고 평가하며 또 이것이 나
의 진정한 성령의 말이라 하기 전에,
이단이요, 사탄이요, 사악한 자들이라
그리 너희들을 공격하는 자가 수없이
있을 것이며, 너희들을 세상에 존재치
못하게 하고자 하는 자가 수없이 있을
것이니라.
7 지금 나의 법전의 1부가 세상에 나가
만백성에게 전하여지고 또 살아서 움
직이나, 그를 접한 자들이 용단을 내
리지 못하며 그곳을 뛰쳐나오지 못하
며, 나의 성전에 와 나의 성령의 강론
을 듣고자 하는 자신과 용기가 없음이
니라.
8 그러나 너희들이 160권을 세상에 만
들어 내며 그 역사를 이룸에 있어서,
너희들 자신이 살아 존재하는 그 삶의
세상에서 크나큰 역사와 그 세상에 하
나로 이루어지는 그와 같은 기적을 바
라고 생각하지 말라.
9 너희들은 너희들의 할 일이 있으며 너
희들의 이루어질 역사가 있으며 너희
가 행해야 될 일이 있느니라.
10 그리하여 너희들이 160권을 세상에
내며 하늘에서 이루어진 것같이 이 지
상에 천사들이 사는 기틀을 잡아 놓았
을 때, 너희들이 지상에서 얻는 그 영
화와 부귀는 별것 아닐 것이며, 너희
들의 마음에 너희들이 또한 그 삶의
고통의 그 보답을 다 받으며 그 영광
의 축복을 받는다 그리 생각하지 말라.
11 너희들이 죽어 내 앞에 왔을 때 받는
그 영광과 은혜의 축복은 너희들이 감
히 생각할 수도 없으며,
12 세상에서 너희들이 죽어 육은 한 줌의
흙으로 돌아가며 영이 하늘나라 나에
게 올라왔을 때 너희 후손들이 백 년,
2백 년, 3백 년, 천 년의 역사가 흐른
다음에 오늘의 너희들의 그 업적을 알
게 될 것이며 너희들의 이루어진 그
뜻을 알게 됨이니,
13 나의 아들 예수가 세상에 나와 살 때,
그를 이단이요, 사악한 자라 하여, 또
나의 아들이 아니라 하여 그를 그와
같이 고통 속에 가게 하였음이니,
14 지금의 백성들이 그보다 더 잔인한 방
법으로, 더 악랄한 방법으로, 더 형용
할 수 없는 방법으로써 너희들을 존재
치 못하게 하며, 나의 법전이 세상에
전해지지 못하게 그리할 것이니라.
15 그러나 너희들이 지금의 고통보다도
너희들이 죽어 내 앞에 왔을 때 만백
성은 그 위대한 역사를 깨닫게 되는
것이며, 이것이 정녕 나의 성령이라는
것을 너희 후손이 깨닫고 그들이 하늘
에 오르는 길을 위하여 천사와 같은
삶으로 살아가자는 그 변화의 역사가
이루어질 것이니라.
16 너희들 자신이 무엇인가를 이루며, 너
희들 자신이 기적을 이루며, 너희들
자신이 살아서 큰 변화의 소용돌이를
생각하며 그를 기대해서는 아니 됨을

알라.
17 다만, 너희들은 내가 명한 그 뜻을 이
루며 너희들의 책무를 다했을 때, 모
든 너희 후손들이 구원을 받으며, 그
들이 오늘의 그 역사와 너희들의 위
대함을 알게 되며, 나에게 와서 너희
들이 받는 그 상은 상상할 수도 없을
것이니,
18 너희들이 죽어서 나의 나라에 왔을
때, 그때 그 은혜와 영광의 축복이 너
의 제자들에게 있음을 그리 알려 주라.

3,008 번째 하나님 말씀

2002년 8월 17일 23시 07분

1 사랑하는 나의 아들아!
2 "네, 아버님! 말씀하옵소서."
3 나의 아들 예수가 그리 죽어 천국의
문을 닫아 암흑의 시대가 시작되었으
며, 지금까지 그 암흑의 세상이 연장
되었다 내가 하였음이니라.
4 참진리가 없으며 참깨우침이 없으며,
참진리의 빛을 찾아 누구도 나의 피조
물 만백성을 인도한 자 없다 내가 말
하였음이니라.
5 그러니 나의 아들 예수가 죽어 몇천
년 역사가 흐르는 동안에 지상에 있는
모든 종파들은 나와는 관계없는 그와
같은 흐름 속에서 저희들이 우리 부자
의 이름을 팔았으며 우리 부자를 빙자
하여 이와 같이 방대한 조직을 이루었
으며, 스스로 저희들이 그리 일어섰음
이니라.
6 지금 네가 나의 성령을 받아 법전으로
기록함이니, 2천 년의 죽은 그 암흑의
세계에서 잘못 흘러오고 잘못 가는 모
든 종파들에게 경종을 울리는 나의 법
전을 내려보냄이니,
7 누군가는 각 종파의 만백성에게 잘하
고 잘못함의 그 시시비비요, 잘못 가
는 것을 가르쳐 바로잡는 그와 같은
하나의 역사가 이루어져야 됨이니, 그
것이 지금 제3의 시대에 나의 법전이
세상에 전해짐이니라.
8 이 방대한 종교 집단 앞에서 그 집단
을 이끄는 종교 지도자들 그 누구도
정녕 나의 법전이 나의 성령이요, 나
여호와의 진리며 만백성을 구하는 성
령이라 손들어 줄 자 하나도 없으며,
오로지 너희들을 이 지상에서 쓸어버
리기 위해서 모든 방법을 다 동원하며
그와 같은 작태의 역사가 이루어질 것
이니라.
9 그들은 하나가 되어 나의 법전이 세상
에 빛을 볼 수 없으며 백성들이 이를
읽고 깨우치지 못하도록 혈안이 되어,
맹수가 먹이를 쫓는 그와 같은 형국의
회오리바람의 긴 세월이 흐를 것임이
니라.
10 그러나 나의 피조물 만백성은 법전을
읽고 이것이 진정한 하늘의 뜻이라 하
여 민중이 모이며, 그들이 하나의 힘
이 되어 지금 잘못 가고 있는 그 종교
지도자들을 심판하며,
11 저희들이 단상에 서서 스스로 나의 피
조물 만백성 너희들을 지금의 형태로
써 이끌어 갈 수 없는 부끄러운 그와
같은 형국이 되기까지 많은 역경의 고
개와 고비를 넘어야 함이니,
12 너는 지금 누군가는 해야 할 일을 하

고 있음이니라.
13 나의 피조물 만백성이 지금 저희들이
인간의 손으로 지은 그 성전에 가 그
곳에서만 구원을 받는다 말하나,
14 그곳에서 나의 피조물 만백성이 흰 눈
처럼 덮는 나의 법전을 읽고 깨우쳐,
그 종교 지도자의 잘못 가고 잘 가는
부분과 그들이 어찌 되는 것인가를 파
악하여, 나의 법전과 지금의 종교 지
도자들이 행하는 그 차이를 깨닫게 되
어 그 무서운 눈초리를 종교 지도자에
게 보낼 때,
15 그들은 단상에서 강론하며 나 여호와
요, 우리 부자의 이름을 파는 그와 같
은 행위에서 제 목소리를 스스로 내지
못할 것이며, 그 목소리가 스스로 줄
어들 것이니라.
16 지금의 종교 지도자들이 저희들이 말
하는 대로 그저 무엇을 주시고 무슨
축복을 주시고 저희들이 세상의 평화
요, 인류의 모두를 다 구원할 것처럼
주십시오, 영광이요, 그와 같은 기복
신앙의 기도 소리를 지껄이고 있으니,
17 그 아무것도 모르는 나의 피조물 만백
성이 '할렐루야, 아멘!'이요, 그저 광
란의 손짓을 하며 눈물로써 울부짖고
그와 같이 하니, 그 종교 지도자가 모
두 자기도취가 되어 할 말, 안 할 말
그저 갖다 전해 대며, 그리고 저희들
이 생각나는 대로 나의 피조물 만백성
을 광란의 도가니로 몰고 가니,
18 그것이 저희들이 지옥으로 가는 이야
기인지 천국으로 가는 이야기인지 그
자체도 모르고 그저 광분의 소리를 지
르니, 거기에 맞추어 종교 지도자가
저 자신이 도취되어 너희들에게 할
말, 못 할 말 악을 쓰고 전함이나,
19 너희들이 그와 같은 것이 아니요, 무
서운 눈초리로써 그 종교 지도자들을
바라볼 때, 그들은 진실이 아닌 것은
말할 수 없으며,
20 저희들의 뜻에 따르지 아니하며 저를
비평하고 있는 저희 신도의 무서운 눈
초리요, 그들의 심성을 바라보기 시작
하면, 그는 단상에서 오금이 저려서
말을 함부로 못 할 것이며, 그 목소리
를 크게 지를 수가 없으며, 그 목소리
는 지금처럼 우렁차게 전할 수가 없으
니, 그 목소리가 서서히 죽어 가며, 불
안을 느끼며,
21 저희들이 정녕 성서에 대한 것을 다시
공부하며 내가 원하는 것이 무엇인가
를 깨닫지 아니하는 자, 그 단상에서
스스로 불안하고 오금이 저려 만백성
을 지옥으로 끌어가는 그 역사의 행위
가 서서히 줄어들 것이며, 그가 마를
것이니라.
22 그리하여 뿌리부터 마르며, 그 가지
요, 이파리가 마르는 그와 같은 형국
이요, 그 모든 종파의 문에 거미줄을
치게 되는 것이 지금의 내가 계획하고
있음이며, 그와 같은 프로그램에서 너
희들이 진행해 가고 있음이니라.
23 세상의 모든 종파요, 수억 가지의 그
종파가 하나가 될 것이며, 그들이 하
나로 뭉쳐 나의 법전이 세상에 나오지
못하도록 밀어붙이는 그 힘을 감히 감
당할 수 없다 생각하나,
24 민중에서부터 나의 법전을 읽고 깨우
쳐 그들이 들고 일어설 때, 그 누구도

그를 대적할 힘과 그를 대적할 수 있
는 자는 없음이니 그리 알라.
25 너는 지금 나의 법전이 세상에 나가며
내가 너에게 내리는 그 성령이 지금의
종파들에게 얼마만큼 충격을 주며, 그
들에게 얼마나 자극을 주며, 그들이
광분되어 너희들을 이 지상에서 쓸어
버리려 하는 그와 같은 험악한 현상을
네가 느끼며 생각할 것이니라.
26 그러나 너는 여기서 알아야 될 것이니
라.
27 아무리 험악하고 아무리 힘든 그 고비
일지라도 누군가는 이 길을 넘어야 함
을 너는 잊어서는 안 될 것이니라.
28 나의 아들 예수가 2천 년 전에 만백성
을 구하고자 할 때 그는 그를 몰랐던
가?
29 다 알고 있었음이니라.
30 그러나 그는 두려워하지 아니하였음
이니라. 그리고 그는 굽히지 아니하였
음이니라.
31 그리고 나 여호와를 그는 부정하지 아
니하였으며, 그가 나의 아들인 것을
부정하지 아니한 자이니라.
32 끝까지 자기 자신이 당당히 그 모습을
지키고 살아왔음이니, 그 시대의 백성
들 또한 어떠했겠는가?
33 저희들의 모든 힘을 합쳐 나의 아들
예수를 핍박했으며 그를 숨지게 하기
위해 다 하나가 되었음이니, 그 힘이
얼마나 방대하며 얼마나 그들이 조직
적으로 그를 그리 죽도록 했겠는가?
34 그보다도 더 조직적으로 더 강한 방법
으로써 나의 법전이요, 너의 제자요,
너 자신이 세상에 존재치 못하게 그들
이 무서운 방법으로써 핍박해 올 것이
니라.
35 그리하니 너희들은 그와 같은 것을 두
려워하지 말라.
36 예수가 죽음으로써 모두를 다 대표했
듯이, 너희들 스스로 죽음 앞에 부끄
럽지 아니하며, 나의 법전이 진정한
법전이요, 이는 여호와 하나님 창조주
의 성령이라 그리 너희들이 부르짖고
당당한 모습으로써 나갈 때,
37 이는 수천 수억의 너희들의 후손을 구
하는 길이 되며, 천 년의 역사 후에 지
상의 낙원이 하늘에서 이루어지듯이
여기서 똑같이 이루어지는 그와 같은
역사가 이루어짐이니,
38 누군가는 가야 할 길이고 해야 할 길
이니라.
39 나의 아들 예수가 2천 년 전에 그와
같은 길을 피하지 아니하고 갔으며,
그가 만백성을 위해서 그 길을 선택했
듯이,
40 너희들 또한 제3의 시대에 누군가는
그와 같은 역사의 고통을 마다하지 아
니하며, 내가 너희들에게 내리는 그
무거운 잔을 옮겨 주며 그 잔을 받지
아니할 수 있도록 피해 가고자 하는
자가 있어서는 아니 될 것이니라.
41 예수의 시대보다도 더 무서운 시대가
제3의 시대에 한 번의 태풍이 불어 감
이니, 그는 어쩔 수 없는 길이며 피할
수 없는 필연의 길이 될 것이니라.
42 그때 너희들이 하나가 되어 바로 깨우
침이 있는 자, 그러한 자들의 힘으로
인하여 그 태풍을 막을 수 있으며,
43 그 태풍이 너희들을 피하여 갈 수 있

도록 하는 것은 너희들이 하나가 되는
그 역사밖에 없음이니 그리 알라.

3,009 번째 하나님 말씀

2002년 8월 17일 23시 35분

1 사랑하는 나의 아들아!
2 "네, 아버님! 말씀하옵소서."
3 내가 너의 제자들에게 기적을 보여 주
었으며, 또 너의 제자들에게 개인적인
기적의 역사를 이루었음이니, 너는 그
를 어찌 보았으며 너는 그 역사를 어
찌 생각하는가?
4 "전지전능하신 아버님!
5 저희들은 그 역사의 변화와 아버님의
그 기적을 체험하며 또 그를 보았사옵
나이다.
6 저희들이 아버님의 말씀을 받아 녹음
기라는 그 기계에 녹음을 하며, 90분
짜리 그 녹음테이프로써 천여 개 이
상이 나오도록 녹음을 해야 되는 것
을 알고 있사오며,
7 현재 2002년 8월 17일까지 200여 개
의 녹음테이프에 하나님의 말씀을 주
시는 대로 그대로 녹음하여 왔사옵나
이다.
8 그중에서 2002년 5월 27일부터 6월
초까지 저의 제자들의 일부가 성전을
떠나며 등을 돌리고 가며, 그들이 이
성전의 경제권과 운영권 모두를 자기
들이 갖고자 하였사옵나이다.
9 그러나 그것은 아버님의 뜻이 아니며,
10 그들이 저에게 자문 역할은 할 수 있
으나, 그들이 운영하는 것은 아버님의
뜻이 아니기에 그들에게 그 권한을 줄
수 없었음이며,
11 그리하여 그들은 일부 집단적인 행동
으로써 저희 성전을 떠나는 그와 같은
변화가 있었사옵나이다.
12 어느 한 개인을 사탄이요, 사악한 자
요, 마귀라 하면서 그 사탄과 마귀와
더불어 이 성전에서 공부할 수 없다고
하며,
13 그들이 외부에서 깨닫지 못한 자가 그
와 같이 지껄이는 소리를 하나님 아버
지께서 내리신 성령의 말씀이라 하여
그들이 그 사람의 기도를 듣고 집단
행위를 하였사옵나이다.
14 외부의 신원도 잘 알지 못하며 그 사
람의 믿음의 깊이가 무엇인지도 모르
는 자를 보고 그가 저를 대신하여 하
나님께서 내리신 그 성령을 받았다 하
며,
15 그가 받은 성령에 의하여 저희 성전에
몇 사람이 사탄이요, 이단이라 하며,
그들을 성전에 계속 나오게 하면, 그
들을 막지 아니하면 제가 쓰러지며 제
가 죽어 간다 그리 말하며,
16 그리하여 그 사람들을 나오게 하지 말
라고 하며, 그리하여 그들이 집단 행
위를 하였사옵나이다.
17 그러나 아버님께서 모두를 다 사랑하
며, 사탄이요, 이단이라는 것은 아버
님께서만 심판하며, 그는 그와 같은
자가 아니라 그리 말씀하셨사옵나이
다.
18 그들의 명분이 저를 보호하기 위함이
요, 그들을 그대로 존재하게 하면 제
가 쓰러지며 죽어 가기 때문에 저를
보호한다는 그 명분 아래 그들은 그

사람들이 이 아버님의 성전에 나오지
못하도록 그와 같은 행동을 했으며 집
단 행위를 하였으며,
19 그들의 그 이면에는 경제적인 그 모든
운영권을 갖고자 하는 한두 사람의 장
난에 의하여 그와 같은 분란이 일어났
사옵니다.
20 그리하여 그들이 떠나가고, 저를 따르
는 제자들이 남아서 공부할 때, 아버
님께서 90분짜리 녹음테이프라는 것
에 앞면과 뒷면에 각각 45분씩 녹음
하여 놓은 것 중에 앞면을 지우시는
역사가 있었습니다.
21 이는 사람의 손을 대지 않고는 지워질
수가 없으며,
22 기계라는 것에 계속 녹음하던 그 테이
프에 제가 녹음을 했을 때, 그는 앞면
이 완벽하게 녹음이 되었었으며, 아버
님의 뜻을 들을 수 있었습니다.
23 그러나 아버님께서 이 성전을 떠나지
않은, 아버님을 따르며 저를 따른 그
제자들에게 아버님께서 계심을 증명
하신다 하시며, 그 녹음테이프 앞면에
녹음된 것을 완전히 제거하셨으며, 또
녹음테이프에 녹음이 되지 않도록 하
셨습니다.
24 그리하여 저희들은 놀라움과 두려움
을 그 속에서 깨달았으며, 아버님께서
존재하심을 남아 있는 제자들에게 증
명하시는 그와 같은 역사가 이루어졌
사옵나이다.
25 매일 되던 그 기계가 녹음이 되지 아
니하며, 뒷면에 녹음된 것만 남아 있
고 앞면에 녹음된 것은 지워지는 그
와 같은 두려움을 아버님께서 저희들
에게 보여 주셨사옵나이다.
26 그와 같은 역사가 이루어짐을 저희들
은 생생히 보았사옵나이다.
27 또한 아버님께서 어렵고 병든 자를 고
쳐 주신 그 역사도 수없이 있었으며,
28 또한 그와 같은 기적의 역사를 이룬
것도 저 자신이 아버님의 명을 받아
행한 것이나, 앞으로 더 큰 역사의 변
화가 있으니 그를 자랑할 것이 못 된
다 하여 그를 발표하지 않도록 하심이
니, 그는 저 혼자만이 알고 넘어가는
일이었사옵나이다.
29 그러나 이번에는 저의 제자들 모두에
게 아버님께서 계시는 것을 증명해 주
시기 위하여, 녹음테이프의 앞면과 뒷
면이 녹음되어 있던 것을, 앞면을 지
운다고 하시고 난 후 여섯 개의 녹음
테이프의 앞면이 그와 같이 지워지는
그 무서움과 두려움을 보여 주셨습니
다.
30 그리고 또 아버님께서는 멀고도 먼 대
전에서 공부하러 온 '조나영'이라는
저의 제자, 하나님의 딸에게 '너에게
내가 존재함을 보여 준다.' 그리 말씀
을 하셨습니다.
31 그리하여 그와 '김미향'에게 다른 제
자들과 같이 기도한 녹음테이프를 아
버님께서 틀도록 하셨으며, 그때 그
녹음테이프에서는 짐승 소리와 새소
리 같은 음성으로써 녹음 내용이 들렸
으며, 아버님의 음성은 하나도 들을
수 없는 그와 같은 상황이 되었사옵나
이다.
32 그것이 2002년 8월 15일이었사옵나
이다.

33 그리고 난 후 아버님께서 저에게 녹음 테이프를 다시 돌리라 하셔서 제가 녹음테이프를 다시 돌렸을 때, 그 이상한 음성은 다 날아가고, 아버님의 음성만이 예전처럼 다시 들리는 것을 그날 그 제자들은 보며 두려움과 무서움을 깨달았사옵나이다.

34 그리고 2002년 8월 16일 '이기종'이라는 저의 제자와 또 '손연옥'이라는 저의 아내와 같이 아침 기도를 드릴 때, 아버님께서 녹음기라는 그 기계가 작동되지 않도록 그 기계를 몇 번씩 중단시키는 일을 하셨습니다.

35 그리하여 그들이 제 기도를 듣지 못하며 밖에 나가고, 저 혼자 기도를 드리는 그 역사의 기적을 보이셨으며,

36 아버님께서 저에게 말씀하시기를, 그가 깨끗하게 변해 가며 그가 지금의 믿음을 굳건히 하지 아니하면 바로 설 수 없다고 하시고, 그에게 기적을 보이겠다고 하시며 그와 같은 역사의 기적을 보이셨사옵나이다.

37 이를 이 법전에 기록하여 저희 후손이요, 만백성에게 그를 전하도록 그리 말씀하시는 뜻을 오늘 제가 받아, 이와 같은 것을 상세히 기록하여 전하게 되었사옵나이다.

38 그와 같은 역사의 두려움을 아버님께서 행하심을 보았사옵나이다.

39 그리고 그들에게 깨우쳐 주시는 것을 저희들은 보았사옵나이다."

40 사랑하는 나의 아들아!

41 "네, 아버님! 말씀하옵소서."

42 그러나 그걸 보는 백성들은 과연 어찌 생각할 것인가?

43 지금의 시대에 너와 더불어 가는 나의 백성들이요, 잘못 가르치는 종교 지도자들에게 세뇌되어서 바른 생각을 하지 못하며 바라보지 못하는 그들은 이것이 다 조작이라 할 것이며, 이것이 다 꾸민 연극이라 그리할 것이니라.

44 그러나 이는 내가 너희들에게 이루었던 역사의 한 기적을 수백 년, 수천 년 후에 길이 만백성에게 남기기 위하여 내가 특별히 기록하도록 하였으며,

45 기계의 조작은 사람의 손을 대지 아니하면 이룰 수 없기에 이를 증명하기 위하여 내가 기록하라 한 대목이니라.

46 "그와 같은 그 모든 역사 속에 그들은 믿지 아니하오며, 또한 만백성도 그를 믿지 아니할 것이라 생각되오며, 아버님께서도 그와 같은 말씀을 하시옵나이다."

47 그러니라. 믿지 않느니라. 그들은 절대 믿지 않을 것이니라.

48 그러나 몇백 년이 지나고 몇천 년의 역사가 흐른 다음에 나의 법전을 접하는 백성들은 이를 읽을 것이니라.

49 그러나 녹음테이프 앞면을 지운 것을 너의 제자들은 보았으니 그 제자들은 믿을 것이며, 또한 '조나영'이요, 또 직접 당한 자들이 믿을 것이며, '이기종'이라는 너의 제자도 직접 본인이 당했으니, 그들은 진실을 알 것이 아니겠는가?

50 그들만 알면 되느니라. 그들을 내가 깨우치기 위해 이 역사를 이루었음이니라.

51 내가 너희들에게 다시 한 번 이 밤, 나의 아들을 통하여 전하니, 너희들의

사악한 뿌리가 나무뿌리를 뽑듯이 완
전히 뽑히지 아니하면 너희들은 기적
을 볼 수 없으며 역사를 볼 수 없음이
니라.
52 다만, 너희들을 다스리고 깨우쳐 주기
위해 보이는 역사는 내가 할 수 있으
나, 너희들 스스로 축복과 영광을 받
는 것과 기적의 역사를 이루는 것은
생각하지 말라.
53 그는 있을 수 없음이니라.
54 완전히 마음을 비우며 천사와 같은 심
성으로 살아가는 자 외에는 내가 들려
줄 수 없음이니라.
55 여기서 오늘 내가 2천 년 전에 이루었
던 역사의 한 토막을 다시 기억하여
너희들에게 전하느니라.
56 나의 아들 예수의 시대에 그 제자들은
지금의 너의 제자들보다도 더 마음이
굳어졌으며, 그리고 순수한 마음으로
써 나의 아들을 따랐으며, 많은 기적
을 보았으며 역사를 보았음이니라.
57 그때의 기적이나 지금 내가 너희들에
게 보이는 이 기적이나 그 역사하는
방법은 다를지라도, 그 당시의 기적보
다 더 위대한 역사의 기적을 지금 이
루고 있느니라.
58 그러나 이것을 직접 보고 체험한 너의
제자들과 개인적으로 그를 놓고 깨우
친 제자들의 마음이 과연 어디에 있
는가? 그리고 그들의 마음이 얼마나
굳어졌는가?
59 그들의 마음이 천사요, 나 여호와와
같은 심성으로 살아가고자 그들이 얼
마만큼 노력하는가?
60 예수의 제자들이 예수에게 등을 돌렸
듯이 너의 제자들 또한 너에게 등을
돌리지 않는다고 그 누구도 장담할 수
없음이니라.
61 그 이치를 너의 제자들에게 깨우쳐,
그 마음을 다스리는 데 모두를 집중하
여야 됨을 깨우쳐 줘,
62 나의 아들에게 등 돌리고 돌아서며,
위로는 나 여호와에게 등 돌리며 나를
버리는 그와 같은 행위를 하지 않도록
일깨워 주라.
63 너희들이 정녕 나로부터 사랑을 받으
며 하늘에 오르고자 한다면,
64 나의 법전을 사랑하며, 나의 아들을
사랑하며, 나의 아들이 나의 뜻을 받
아 전하는 것을 너희들이 생명수처럼
받아들일 때, 너희들이 나를 사랑함이
며 나의 뜻에 순종함이요, 너희들이
하늘에 올 수 있는 그 영광의 빛을 보
게 되는 것을 잊지 말라.
65 나의 법전을 욕하며 찢어 버리는 자,
이단이요, 사탄이라 말하는 자, 나의
아들을 핍박하는 자, 속과 겉이 다른
마음을 나의 아들 앞에 와 보이는 자,
나의 아들을 기만하는 자, 나의 아들
이 법전을 세상에 받아 기록하는 것을
방해하는 자, 그와 같은 자들이 얼마
나 사악한 자인가를 알 것이며, 그들
은 축복과 영화를 볼 수 없을 것임이
니라.
66 모든 진실한 것은 나 여호와가 보고
있고 알고 있기 때문임을 너희들은 그
리 알라.

3,010 번째 하나님 말씀

2002년 8월 18일 0시

1 "너는 나 외에는 다른 신들을 네게 있
게 말지니라.
2 너를 위하여 새긴 우상을 만들지 말
고, 또 위로 하늘에 있는 것이나, 아래
로 땅에 있는 것이나, 땅 아래 물 속에
있는 것의 아무 형상이든지 만들지 말
며, 그것들에게 절하지 말며, 그것들
을 섬기지 말라.
3 너는 너의 하나님 여호와의 이름을 망
령되이 일컫지 말라.
4 안식일을 기억하여 거룩히 지키라.
5 네 부모를 공경하라.
6 살인하지 말지니라.
7 간음하지 말지니라.
8 도적질하지 말지니라.
9 네 이웃에 대하여 거짓 증거하지 말지
니라.
10 네 이웃의 집을 탐내지 말지니라.
11 나 여호와가 존재함을 믿는 그 자체가
구원의 길에 들어서는 기본이요, 근본
이며, 나의 법전을 가슴에 안고 정독
하는 자, 반석 위에 서서 하늘에 오르
는 찬란한 빛을 보게 되는 영광을 얻
게 됨이니라."
12 사랑하는 나의 아들아!
13 "네, 아버님! 말씀하옵소서."
14 내가 너희들에게 일깨워 가르치기를
뭐라 했던가?
15 십계명이 무엇이라 말했느냐?
16 내가 불로써 직접 써 내려 빼도 더하
지도 아니한 그 십계명이 무엇이라 말
했는가?
17 "네, 아버님! 저희가 죽어 영혼이 하
늘에 갈 때 그 양식이며, 하늘에 천사
의 나라에 갈 수 있는 그 양식이라 하
셨사옵나이다.
18 그를 지키고 깨닫고 그대로 행하는 자
만이 하늘나라에 오를 수 있으며 영광
의 길을 갈 수 있는 것이라 말씀하셨
사옵나이다."
19 그 십계명 중에 무어라 기록되어 있는
가, '네 부모를 공경하라.'는 그 대목이
있지 않으냐?
20 "네, 아버님! 있사옵나이다.
21 '네 부모를 공경하라.'는 그 대목이 있
사옵나이다."
22 십계명을 지키는 자가 구원을 받음이
니, 그를 지키지 않는 자는 구원을 받
을 수 없으며,
23 십계명의 나의 뜻을 순종하고 철저히
지키는 자는 영혼의 양식을 육성함이
니, 육은 죽어 가고 그 영혼의 양식을
먹고 자란 너희들의 그 영혼은 하늘에
오른다 하였음이니라.
24 여기서 너희들은 알아야 될 것이니라.
25 너희들이 손으로 지은 그 성전에 가
재물을 바치고 기도함으로써 구원을
받으며 하늘에 오르는 길이라는 것이
거기 어디 있는가 한번 너희들이 찾아
보라.
26 다른 신을 너희들에게 있게 하지 아니
하며, 나 여호와를 경배하며, 너희들
이 사악한 짓을 하지 않고 사는 것이
구원의 길에 오르는 길이라 하였음이
니라.
27 그러면 '네 부모를 공경하라.' 하는 것
은 무엇이던가?

28 너희들이 손으로 지은 성전에 가서 울
고불고 찬송하며 기도하며 너희들이
아무리 그곳에 재물을 바쳐도 그것은
지옥으로 가는 티켓을 사는 것이라 말
하였음이니라.
29 내가 너희들의 부모를 공경하라 하였
음이니, 너희들이 주일마다 지키는 것
이며 너희들이 안식일이라서 지키며
각종 헌금을 너희들이 손으로 지은 그
성전에 바치며 십일조를 바치는 그와
같은 행위는 너희들이 지옥으로 가는
길이니라.
30 그러면 너희들이 재물로써 어떻게 하
는 것이 구원의 길을 가는 것인지 아
는가?
31 너희 부모에게 성전에다 하듯이 그리
했을 때 너희들이 구원을 받는 기초
요, 근본이며, 그것이 하늘에 오르는
길임을 알라.
32 너희들은 너희 손으로 지은 성전에 가
서 재물을 바치며 헌금을 바치며 시간
을 바치며, 그리고 너희들이 모든 명
분에 따라 손을 벌리는 거기에 재물을
바치며, 하늘에 잔뜩 쌓아 놓는 것만
이 너희들이 구원을 받는다고 이야기
하나,
33 나의 십계명에 기록되지 아니한 것은
아무것도 너희들과 관계없음이니라.
34 오로지 구약과 신약의 역사는 십계명
을 받치기 위한 것이니라.
35 그를 실천하고 그를 뒷받침하기 위하
여 신약 시대가 열렸음이니,
36 십계명에 있는 그대로 너희들이 지키
고 사는 것만이 구원을 받는 것이니,
너희들이 하나하나 조목조목 나의 십
계명을 암송해 보라.
37 거기에 무엇이 있던가?
38 가장 중요한 것이 '네 부모를 공경하
라.' 하였음이니라.
39 너희 부모를 공경하는 것이 하늘에 오
르는 것이니라.
40 너희들이 손으로 지은 성전에 가서 기
도하고 재물을 바치며 무엇을 얻고자
하는 것이 무엇이던가?
41 나에게 거래하고자 하며 너희들이 하
늘에 오르는 그 티켓을 사기 위한 방
법이 아니던가?
42 바로 그것이 너희들의 사악한 마음이
라 내가 말하였음이니라.
43 그리하여 너희들이 그 십계명에 기록
되어 있는 '네 부모를 공경하라.' 함을
너희들이 지은 성전에 하듯이 그대로
부모에게 행하는 자는 하늘에 오르는
길을 얻을 수 있으며, 너희 영혼의 생
명을 살리는 것이니,
44 이를 이제 나의 피조물 만백성에게 전
하도록 하라, 나의 아들아!
45 너의 제자들의 깨우침이 높아졌을 것
이며, 나의 법전을 읽고 깨우친 백성
들이 3부를 읽었을 때 이 뜻을 읽을
것이며 이 뜻을 알아들을 것이니라.
46 내가 십계명 중에 '네 부모를 공경하
라.' 그리 기록해 놓은 것은, 너희들이
지금 너희들이 지은 그 성전에 가 바
치는 것 그대로 너희들의 부모에게 하
는 것만이 하늘에 오르는 길임을 알라.
47 십계명을 지키는 것은 육의 양식이 아
니요, 영혼의 양식이라 했으니, 너희
들이 세상에 나와서 죽을 때까지 가장
소중한 것이 십계명이니라.

48 그것보다 더 소중한 것이 없음이니, 너희들이 십계명을 지키고 사는 자는 구원을 받는다 했으니, 그 십계명에 너희들이 손으로 지은 성전에 가 금화와 은화와 재물을 바치라는 그 대목이 어디 있는가?
49 그 대목이 있다면 너희들이 그리해도 되나, 너희들은 내가 내린 십계명을 지킬 수 없다 말하니, 얼마나 너희들이 간악한 자들인가?
50 어렵고 힘들기에 그 십계명을 지킬 수 없다 그리 말하느니라.
51 그리하면서 너희들은 그뿐이던가?
52 십계명에 기록되지 아니한 행위를, 너희들이 재물과 금화를 받아들이는 그 장사꾼의 수법을 하고 있음이니, 너희들은 거래하는 것도 없이 장사하는 자이니라.
53 말로써 장사하니 나의 아들과 나의 이름을 팔아먹고, 너희들이 영수증이라는 것을 주는 것도 없고 물건 하나도 주는 것 없이 그저 거둬들이는, 사악한 강도보다도 더한 자들이 너희들이니라.
54 차라리 강도는 칼이라도 들이대고 위협이라도 하며 사람을 놀라게도 하느니라.
55 그러나 너희들은 그러한 방법도 하지 아니하며 세 치 혓바닥으로써 달콤한 말로써 그들에게 거둬들이는 그와 같은 행위를 하고 있음이니라.
56 그게 너희들이 얼마나 잘못된 길인지 아는가?
57 그러면서 너희들이 뭐라 하는가?
58 나의 십계명에 기록되지 아니한 것을, 너희들이 금화와 은화를 받아들임이니, 너희들이 감히 나의 십계명을 지키고 살라 못 하는 것이 너희들 조상들의 사악한 잔꾀의 머리가 거기에 있음이니라.
59 십계명대로 지키고 살라 한다면, 너희들이 십계명을 정확하게 분석해 보라.
60 그 속에 금화와 은화를 너희들이 지은 성전에 바치라는 것이 있는가?
61 그것이 없음이니라.
62 그러면 구약과 신약의 그 수많은 페이지 속에 너희들이 수천 년 동안 주무르고 다시 쓰고 고치고 한 그 성서가 중요한가, 내가 불로써 바위에다 써 내린 그 계명이 중요한가?
63 내가 불로 쓴 십계명은 너희들의 영혼의 양식이며 구원의 길이라 하였음이니라.
64 너희들이 인간은 죄를 짓지 아니하고 살 수 없으며, 인간은 나쁜 짓을 하지 아니하고 살 수 없다 그리 가르치는 것은 너희들이 이중으로 돈을 거둬들이는 방법이니라.
65 하나는 너희들이 십계명대로 살라 하면, 너희들이 성전이요, 하늘에 재물을 쌓아 놓기 위해서 너희들에게 재물을 많이 바치라는 그 대목이 십계명에 없으니 너희는 거둬들일 수 없기 때문에 십계명을 지키지 말라 말하며, 또 하나는 무엇이더냐?
66 인간이기 때문에 십계명을 지키고 살 수 없으니, 죄를 짓고 재물을 가지고 와서 용서를 빌라는 것이니,
67 너희들은 이와 같은 두 가지의 간악한 방법으로써 나의 피조물 만백성을 우

롱하며 그리 이끌어 왔기 때문에,
68 너희들이 아무리 외식을 하며 너희들이 아무리 당당하고 위대한 모습으로써 살아가는 듯하며, 나의 피조물 만백성에게 너희들은 구원의 지도자요, 목자처럼 그와 같은 근엄한 행동을 하고 있으나, 너희들은 근본부터 틀렸음을 알아야 될 것이니라.
69 이제 십계명을 지키지 아니하는 자 정녕 너희들이 구원을 받을 수 없으니, 십계명을 지키는 것도 중요하지만, 십계명에 기록되지 아니한 행위의 믿음을 가서는 안 된다는 것을 알아야 될 것이니라.
70 사랑하는 나의 아들아!
71 "네, 아버님! 말씀하옵소서."
72 나의 법전 3부를 읽는 그 백성들과 너의 제자들은 깨달음이 있어야 하며 알 것이 있느니라.
73 이제 너희들은 기억하라.
74 십계명은 그대로 있는 것을 지키는 것도 중요하나, 십계명에 없는 믿음의 길을 가는 자는 사악한 자들이며 사탄이며 이단이며, 너희들을 지옥 불로 끌고 가는 자들임을 잊지 말라.

3,011 번째 하나님 말씀

2002년 8월 18일 0시 31분

1 사랑하는 나의 아들아!
2 "네, 아버님! 말씀하옵소서."
3 네가 너희들에게 뭐라 일렀던가?
4 오른쪽으로 도는 팽이를 반대로 돌리는 삶을 살아야 된다 했으며, 지금까지 너희들이 아무리 곱게 잘 살았다 해도 그 삶을 반대로 살라 내가 그리 말하였음이니라.
5 지금의 그 삶에 천 가지, 만 가지 그 많은 속에 너희들이 과연 어찌 살아가는가, 너희들 자신을 돌아다봐야 될 것이니라.
6 내가 너희들에게 십계명을 지키는 것이 영혼의 구원의 양식이라 하였으나, 그 십계명에 기록되지 아니한 믿음의 행위를 하는 것도 그를 지키지 않는 것보다도 더 무서운 그와 같은 역행함이라 내가 말했듯이,
7 너희들이 살아가는 그 방법에서 반대의 현상으로 살아가야 함을 알아야 될 것이니라.
8 내가 너희들에게 일찍이 뭐라 깨우쳤더냐?
9 이 모두는 나 여호와의 것이라 너희들이 말하며, 창조주 아버지의 것이라 너희들이 그리 말하느니라.
10 그러니 너희들은 나의 것을 관리하며 내 것을 보관하고 너희들이 가지고 있는 것이 아니던가?
11 그리 생각하면 너희들의 마음이 오죽이나 편하겠는가?
12 너희들이 말은 그리하나 행동은 그리하지 아니하는 것이 너희들의 지금의 삶의 기본이니라.
13 말로써 유창하게 하는 자, 말로써 남들을 다 현혹하는 자, 그가 행동이 따르지 아니하면 그는 아무것도 아님이니라.
14 너희들이 십일조라는 것을 거둬들여 그를 하늘의 창고에 쌓으면 그 복을 수없이 받는다 그리 말하지 않는가?

15 그것은 나의 것을 갖다 너희들이 10
퍼센트만 바치면 복을 받는다 하여 그
것을 중간에서 너희들이 가로채기 위
한 사악한 방법이 아니던가?
16 정녕 너희들이 나의 뜻에 따라 행한다
면, 너희들이 가지고 있는 재산에서
너희들이 먹고살 것을 제하고, 너희들
이 가진 자는 10퍼센트만 가지면 살
수 있을 것이니라.
17 그리하고 나머지 90퍼센트는 만백성
을 위하여 물 흐르듯이 가난한 자를
도와주며 그와 같이 사는 것이 나에게
오르는 길이며 나의 뜻에 따르는 길이
라 내가 일찍이 너희들에게 가르쳤음
이니, 이와 같은 삶이 너희들이 가야
하는 것이니라.
18 그러나 너희들은 어찌 살아가는가?
19 말로써 그리하면서도 너희들은 실천
하지 못함이니라.
20 그 한 예를 들어서 너희들이 반대로
살아가는 삶을 살라는 것이 여기에 있
음이니라.
21 그리고 너희들은 살아가면서 어찌 사
는가?
22 나의 재물이라면서 너희들이 이웃에
게 나눠 주며 이웃에게 베풀면서 너희
들은 너희들 것으로 인심을 쓰는 것같
이 하며, 너희들이 나를 대신하여 인
사를 받으며 칭송의 말을 듣지 않는가?
23 너희들은 이 작은 것에서부터 나의 은
혜에 대한 깨달음을 다시 깨우쳐 가야
될 것이니라.
24 너희들이 이웃에게 어려울 때 도와주
며 베푸는 것, 그 모두는 다 누구의 것
이던가?
25 내 것을 가지고 너희들이 베풂이니,
그 주인은 누구던가?
26 나이니, 당연히 그 인사를 나에게 돌
리는 것이 도리가 아니던가?
27 그러나 너희들이 내 것을 주면서 모든
생색을 내고 인사를 받으며 남으로부
터 칭송의 말을 듣는다는 것은 나에게
오는 것을 너희들이 가로채며 나의 뜻
에 역행한다는 것을 깨우칠 수가 없겠
는가?
28 내가 나의 아들을 통하여 말하였느니
라.
29 너희들이 불쌍한 자, 또는 너희들보다
못한 자에게 베풀어 주는 것을 생색을
내고 사는 것, 그 자체가 너희들의 오
만이라 하지 아니하였더냐?
30 너희들이 베푸는 것은 무엇이더냐?
31 정상적인 너희들의 삶이니라.
32 길거리에 없는 자, 너희들에게 몇 푼
구걸하는 자에게 주는 것은 나의 재산
으로써 나를 대신해서 너희들이 베푸
는 것이니, 그것이 무엇이더냐?
33 정상적인 삶인 것이니라.
34 너희들은 정상적인 삶이며 정상적으
로 하는 행위를 갖고 생색을 냄이요,
너희들이 우쭐하고자 하며 너희들이
남보다 더 사랑을 베푸는 자라 생각하
고 그리 살아가느니라.
35 그와 같은 것이 너희들이 정상적인 일
을 하면서 생색을 내고자 함이니, 너
희들이 살아가는 인간 세속에서 얼마
나 사랑이 없으며 베풂이 없으며 나눔
이 없는가?
36 너희들의 베풂이 넘치고 사랑이 넘치
며 나눔이 넘치면 너희들이 어려운 자

에게 몇 푼 주는 것을 가지고 너희들
이 우쭐한 마음을 가져서는 안 되며
그것을 베푸는 것이라 생각해서는 아
니 되느니라.
37 나의 재산을 그저 너희들이 나누어 씀
이니, 그것이 정상적인 평범한 삶을
사는 것이니라.
38 나의 뜻이 여기에 있음이니라.
39 너희들은 그저 너희 머리로 생각해서
는 아니 될 것이니라.
40 그리하여 성서는 영원한 것이며, 과거
와 현재와 미래의 그 내막이 다 그 한
구절 안에 들어 있음이니, 그리하여
성서는 살아 있으며 변화되는 것이며
변화되는 변화의 삶을 엮어 주는 것이
라 내가 말하였으니,
41 성서는 변화되지 아니하나 성서는 너
희들이 말하는 대로 그 깨우침이 살아
있으니, 성서에 기록된 그 글씨는 변
하지 않으나 성서의 내용은 항상 변하
여 움직임이니라.
42 시대에 따라서 움직이는 것이 성서임
을 너희들이 깨우쳐야 될 것이니, 그
이치도 깨우치지 못하고 있는 자들이
너희들이니라.
43 너희들의 삶의 모두를 반대로 살라 하
였으니, 그 반대의 삶을 모든 면에서
너희들이 적용해 보라.
44 그러면 너희들이 하늘의 이치를 알며
나의 심성을 알게 될 것이니라.
45 모두 말로써만 반대로 사는 것이 하늘
에 오르는 길이라 그리 말하지 말며,
행동으로 그와 같이 실천할 때 거기서
너희들의 행복함이 있으며, 너희들이
소중함을 얻게 되느니라.

3,012 번째 하나님 말씀

2002년 8월 18일 07시 47분

1 사랑하는 나의 아들아!
2 "네, 아버님! 말씀하옵소서."
3 나 여호와가 이 아침에 너를 사랑하는
내 아들이라 부름이니, 그 기쁨을 너
는 아는가?
4 너희들 인간사에서도 그 자식이 곧게
자라며 바로 자라면 그를 보는 육신의
부모의 기쁨이 넘침이니, 그 기쁨이
얼마나 넘치면 그 자식을 사랑하는 자
식이라 부르겠는가?
5 나 여호와가 너를 향하여 사랑하는 자
식이라 부름은, 예수를 잃었던 그 아
픈 마음과 새로 자식이 내 임무를 다
받아 충실히 시행함이니,
6 그 괴롭고 슬펐던 과거와 오늘의 기쁨
을 내가 같이 느끼며, 그 아픈 마음을
달래며,
7 그 자식이 죽음의 길을 행하지 아니하
여도 되도록 '그 잔을 옮길 수 없나이
까?' 하며 간곡히 기도한 것을 들어주
지 아니했던 이 어버이의 마음이 얼마
나 아팠겠는가?
8 그와 같은 모든 것들이 뒤얽힌 그 마
음에 내가 너를 아들이라 이리 부르
니, 사랑하는 나의 아들이라 부를 수
있는 그 기쁨이 얼마나 큰 것인가를
아는가?
9 네가 나에게 그와 같은 마음의 기쁨이
요, 내가 창조한 만백성을 바로 이루
는 그 역사를 이제 시작함이니,
10 이는 곧 인간사에서 부모가 모두를 다
바쳐 이루었던 가업을 큰 자식에게 넘

기려 하였으나 큰아들이 그를 받지 못
하며 일찍 죽어 그 부모의 마음을 아
프게 하며 슬프게 하였다면,
11 그 실의에 빠졌던 부모가 또다시 모
두를 다 잊어버리고 그 가업의 육성을
위하여 모두를 다 바쳤는데, 생각지도
않았고 기대하지도 않았던 작은아들
이 그 부모의 가업을 받으며 그 뜻을
받아 그가 몸을 아끼지 아니하고 노력
하며 그 부모의 뜻을 따라 역사를 이
룬다면 인간사의 그 부모의 마음이 어
떻겠는가?
12 지금 네가 그와 같은 나의 아들이니라.
13 많은 천사도 누구도 그와 같이 새로운
역사요, 네가 변할 것이라 믿지 못했
으나,
14 지금의 네가 변해 가는 모습이요, 네
가 성령을 받아 160권의 법전을 세상
에 내는 그 역사가, 10년에 걸쳐 이루
어야 할 그 역사가 과연 어찌 이루어
져 가는가?
15 그를 바라보는 나의 마음이, 죽은 큰
아들을 잃어버린 슬픔에서 깨어난 그
부모가 슬픔에서 다시 깨어난 것만도
기쁨이거늘,
16 그 어리고 어린 자식이 가업을 위하여
그 이상의 노력을 하고 있다면 부모의
마음이 기쁘기 한량없을진대, 나 여호
와의 마음이 그와 같이 기쁘니 내가
너를 사랑하는 나의 아들이라 부르니,
이 마음의 기쁨을 만백성과 더불어 나
누고자 함이 나 여호와의 마음이니라,
아들아!
17 "아버님!
18 저는 아무것도 한 것이 없사옵나이다.
19 저의 죄를 용서하여 주옵소서.
20 단 한 명이라도 그들의 죄를 제가 대
신 안고 갈 수 있으며 깨우침이 있다
하면 그것으로써 아버님께서 내려 주
신 은혜와 영광에 만분의 일이요, 억
분의 일이라도 보답하는 길이라, 그저
그 마음을 갖고 살아가고자 하옵나이
다."
21 나의 아들아, 내가 너에게 뭐라 일렀
던가?
22 십계명이라는 것은 내가 불로 써 세상
에 내려보낸 너희들의 구원의 길이요,
빛이라 하였느니라.
23 그리하여 네가 그를 지키지 못하는 자
는 구원의 길에 올 수 없으며 하늘나
라에 올 수 없다 말하였음이니,
24 이제는 네가 너의 제자들과 만백성에
게 가르치기를, 그 십계명에 기록되지
아니하는 그 믿음의 행위는 나와는 아
무런 관계가 없는 삶이라 그리 말하라.
25 그러니 지금 나의 피조물 만백성이 가
고 있는 길이 과연 거기에 따라서 가
는가?
26 그리 가지 않는 나의 아들이요, 나의
딸들이요, 내가 창조한 수많은 백성들
이 천국의 그 아름다운 영광을 버리며
지옥으로 가는 것을 볼 때, 나 여호와
의 마음이 얼마나 아픈지 네가 알지
않는가?
27 그것을 바로잡고자 함이니라.
28 너희들은 나의 법전에 기록되어 있는
그 내용을 충실히 시행함에 따라 너희
들이 만백성의 빛이 되며,
29 거기에 기록되지 아니한 믿음의 행위
를 너희들이 스스로 한다면 그것이 바

로 죄악의 길로 감을 알라.
30 너희들이 아무리 나의 법전을 가지고
공부하며 나의 법전에 따라 살아가고
자 노력해도, 그리고 너희들이 그리
행하고자 해도 너희 스스로 나의 법전
에 기록되지 아니하는 믿음의 행위를
하는 것, 그 자체가 무엇이더냐?
31 그것이 나를 거역함이요, 너희들이 크
나큰 죄를 짓는 것이라는 것을 알아야
될 것이니라.
32 이와 같은 이치의 깨달음을 너의 제자
들과 만백성에게 깨우쳐 줄 것이며,
나의 법전을 읽고 배운 나의 백성들은
그와 같은 이치를 깨달아 행해야만 될
것이니라.
33 너희들이 너희 스스로 임의로 생각하
여 더 좋은 성전, 더 위대한 것, 더 아
름다운 형국의 방법으로써 나에게 바
치려 하지 말라.
34 나에게 너희들이 먼저 감사하며, 나의
뜻에 순종하는 그와 같은 행위를 하라.
35 너희들은 성서에 그리 기록되어 너희
들에게 이미 깨우친 것이 있지 않은가?
36 언약의 궤짝을 그리 모두를 바쳤으나
그가 다 이룰 수 없었듯이, 그는 기도
하지 아니하며 나의 뜻에 경배드리지
아니하며 제가 살아 있는 그날에 감사
드림을 모르며,
37 저 스스로 더 많이 하고 더 찬란하게
하며 더 위대하게 하여 행함이 나에게
충성이요, 나에게 순종하는 것이라 하
였으나, 그것이 아님이니라.
38 내가 너희들에게 돌 하나를 놓으라 하
면 그 돌 하나를 놓음으로써 그것이
너희들이 나에게 순종함이며, 거기에
창조주인 나의 뜻이 있는 미래를 모르
고 너희들이 궁궐과 같은 것을 짓는다
는 것은 그것이 바로 죄악이며 나의
뜻과는 관계없음이니라.
39 그러니 내가 명하지 아니한 너희들이
지은 그 성전 자체도 나 여호와를 기
쁘게 하겠다는 그 명분 아래 그 행위
를 하고 있음이니, 그것이 바로 언약
궤를 옮기는 그 임무를 맡은 그가 잘
못한 행위나 마찬가지니라.
40 그가 기도를 했으며 경배를 했더라면
그와 같이 불행한 일은 없었을 것이거
늘, 그는 제 임의대로 그리했기 때문
이니라.
41 지금 너희들이 짓는 그 성전이 무엇이
더냐?
42 바로 너희들이 나의 피조물 만백성의
고혈을 빨아 재물을 거둬들이고 거둬
들여, 그 거둬들이기 위한 명분을 바
로 아름다운 성전을 지어 나에게 바치
는 것이 구원의 길이요, 축복이요, 영
광을 받는다 그리 나의 백성들을 속이
고 위협하여 그와 같은 것을 이루었음
이니, 거기에 누구를 위한 삶의 영화
가 있는가?
43 나를 위해 나를 기쁘게 함이요, 나의
축복 속에 내가 세상에 너희들을 창조
한 것을 기쁨으로 둘 수 있는 그 영광
을 돌리고자 함인가, 그렇지 않으면
나 여호와에게 모두를 다 바쳐 나를
너희들이 기쁘게 하고자 함이던가?
44 그것은 너희들이 나를 거역함이니라.
45 그리고 나에게 순종치 아니하며 너희
들의 마음과 너희들의 임의대로 행하
는 것이니, 너희 자신들을 위해서 하

는 행위라 하였음이니라.
46 내가 너희들에게 너희들의 심리를 뭐라 표현해 주었던가?
47 너희들이 불효하다 부모가 죽었을 때, 무슨 죄요, 무슨 죄요, 또 온갖 행위를 하여 금화와 은화를 아끼지 아니하며, 돌아간 그 부모 영전에 그와 같이 하나,
48 그것은 너희 스스로 죄에 대한 용서를 받고자 함이며, 너희 자신의 마음을 달래고자 하며 너희들을 위하여 하는 그와 같은 행위라 했으니,
49 그것까지도 너희들이 하는 것은 너희들의 뜻대로 너희들의 임의대로 하고자 하는 마음이 더 있었음이니, 스스로 위안과 용서를 받겠다는 그 심리에서 너희들이 그와 같은 행위를 하는 것이 아닌가?
50 그건 죽은 자와 아무런 관계가 없다 하였음이니라.
51 하물며 죽은 자를 위해 하는 행위도 그러하거늘, 너희들이 내가 명한 것은 행하지 아니하면서, 나의 아들과 나의 이름을 팔아 너희들이 내가 하지 말라 하는 그와 같은 행위를 하니, 그게 무엇이냐?
52 지옥 불로 가는 교육장인 것이니라.
53 너의 제자들과 이 법전을 읽은 백성은 깨우쳐라.
54 내가 너희들에게 명한 것 외에 너희들이 스스로 행하면 아니 되는 것이니라.
55 그리하여 내가 지키고 살라는 그 십계명을 지키고 살아오는 자는 구원을 받으며 영혼의 양식을 받을 수 있음이나,
56 너희들이 거기에 있지 않은 행위를 나의 아들과 나의 이름을 팔아 너희 임의로 하는 그 행위는 나를 거역함이요, 그것이 곧 무엇이더냐?
57 너희들을 파멸로 인도하는 길이라는 것을 잊지 말라.
58 너의 제자들에게 이와 같은 뜻을 가르쳐 바르고 곧게 행하도록 그리하라, 나의 아들아!
59 오늘 나의 성전을 찾는 백성, 나의 성전을 찾아 너에게 제자가 되고자 하는 그들에게 육의 기쁨이 같이할 것이니라.
60 오늘부터 나의 성전을 찾는 선택된 백성들이 나 여호와가 존재함을 믿으며 나에게 경배하며 너를 따르며 내가 내리는 성령의 뜻을 따르며 마음을 비우고 행할 때, 그들은 모든 육의 고통을 벗어남이니,
61 내가 너희들에게 내리고자 함이나, 받는 자의 마음이 하나가 되어야 될 것이며, 그 마음을 백지와 같이 아름답게 가지라 하라.
62 그리고 이 성전에 와 나의 성령을 들으며 나의 법전을 공부하는 것을 너희들이 생명을 바쳐 얻는 것보다도 더 소중한 마음으로 마음자리를 굳힐 때, 오늘부터 너희들에게 육의 영광이 같이할 것임을 알라.

3,013 번째 하나님 말씀

2002년 8월 18일 07시 56분

1 사랑하는 나의 아들아!
2 "네, 아버님! 말씀하옵소서."
3 너희들이 구원받고자 나의 성전에 찾

아와 나의 법전을 읽으며 나의 아들을
통하여 내리는 나의 성령의 가르침을
들음이니,
4 이와 같은 믿음의 길을 가며 구원을
얻고자 하는 자, 너희들은 수시로 기
도하고 경배하며, 그리고 경배하며 기
도하는 그때그때마다 너희들은 시간
과 때를 가리지 아니하고 자기 자신을
검토해 보며 자기 자신을 돌아다보는
그와 같은 삶을 살아야만 하는 것이니
라.
5 자기 자신을 돌아다보지 아니하며 자
기 자신을 보지 아니하는 자, 그는 회
개하며 깨우치는 길을 갈 수 없음이니
라.
6 그리고 너의 제자들과 나의 법전을 읽
은 백성 너희들은 스스로 자기 자신이
살아가면서 남에게 폐를 끼치며 남을
기만하며 그리고 질서에 위배되는 행
위를 한, 너희들 자신이 살아가면서
지은 작고 큰 죄들을 스스로 죄라 인
정하며,
7 그것을 너희들이 부끄러워하며 그 죄
를 인정하는 속에서 회개하고 기도하
며 나에게 용서를 비는 애절한 기도로
써 드렸을 때 너희들은 깨우침이 시작
되는 것이며, 깨우침의 변화가 이루어
지는 것이며, 너희들의 삶이 변화의
길에 들어서는 것이니라.
8 그리하여 너희들이 잘못한 그 죄를 스
스로 반성하고 인정하며 그를 깨닫고
들여다보는 그 속에서 변화되는 것이
너희들의 구원의 길이거늘,
9 구원의 길에 들어서고자 그 구원의 길
을 달려오는 자, 너희들은 알면서 지
은 그 죄를 두 번 다시 행해서는 아니
됨을 알아야 될 것이니라.
10 너희들이 작은 죄요, 큰 죄를 스스로
짓고 행하는 것을, 너희들은 또한 알
면서 행하는 죄, 모르면서 행하는 죄,
그 모든 죄들을 나 여호와가 못 보며
그를 알지 못할 것이라 그리 생각할
것이니라.
11 그러나 너희들이 스스로 지은 죄와 너
희들이 착하고 아름다운 선행을 하고
살아왔던 그 모두를 나는 하나도 버리
지 않고 기억하고 있으며 그를 다 바
라보고 있다는 것을 너희들이 잊어서
는 아니 될 것이니라.
12 너희들은 자신이 행한 것까지도 잊어
버린다 하나, 나 여호와는 그를 잊는
것이 하나도 없으며 버림이 없다는 것
을 너희들은 알아야 될 것이니라.
13 이제 너의 제자들은 삶에서 너희들
자신을 되돌아보며, 너희들의 잘못된
그 죄를 인정하며 그 죄를 하나하나
너희들이 들추어내어,
14 그와 같은 행위를 두 번 다시 번복하
지 않는 노력과, 너희들이 그 아픈 마
음의 굳건한 자세로써 악을 이기며 선
함을 행하고 택하는 그와 같은 너희들
의 삶이 되어야 될 것이니라.
15 내가 너희들에게 알고 짓는 죄는 용서
할 수 없다 하였음이니라.
16 그와 마찬가지로 너희들이 죄를 짓고
죄를 인정하지 아니하는 것은 또한 너
희들이 회개요, 나에게 오를 수 있는
길의 깨달음을 갈 수가 없음이니라.
17 너의 제자들은 스스로 지은 죄를 반성
하며 하나하나 그를 들추어내어 두 번

다시 그와 같은 죄를 짓지 않는 마음
의 다짐과 스스로 부끄러움을 느끼고
반성하는 것이 먼저임을 그들에게 깨
우쳐 줘,
18 나에게 오를 수 있는 백성의 그 영광
을, 나의 아들과 나의 딸로서 나의 혈
통을 받아 저희들이 구원을 받으며 만
백성을 구하는 그 역사에 동참할 수
있도록 그들에게 깨우쳐 전하도록 그
리하라, 나의 아들아!

3,014 번째 하나님 말씀

2002년 8월 18일 08시 17분

1 사랑하는 나의 아들아!
2 "네, 아버님! 말씀하옵소서."
3 나의 피조물 만백성은 구원을 받아 하
늘에 오르고자 하며, 천국의 문을 통
과하여 영원히 변하지 않는 그 낙원에
오르고자 기도하고 구원의 길을 원하
며 소원하면서,
4 어찌하여 그 문을 열어 주고 열어 주
지 아니하는 고유의 권한을 가진 나
여호와가 지키며 살라 내린 그 계명을
지키지 아니하는가?
5 너희들이 불의한 짓을 하지 말며 죄를
짓지 말며 살라 그리 내가 말하였으
며, 너희들이 열 가지 되는 그 계명 속
에 그와 같이 살 수 있는 모두를 다 내
가 내렸음이니 그리 살라 하였거늘,
6 너희들은 말로써는 그 모두를 다 지키
는 것같이 말하며, 말로써는 세상에
더 없이 선하고 착한 백성의 삶을 사
는 것처럼 말하며, 그 말 속에서 너희
들은 나의 아들을 찾으며 나의 아들의
보혈로써 다 구원을 받았다 말하며,
또한 너희들은 나를 찾고 부르짖으며
그리 살아가느니라.
7 그러나 너희들은 정녕 말로써는 모두
를 다 주고 말로써는 다 받으며 말로
써는 다 이루나,
8 너희들은 내가 내린 계명의 뜻을 지키
지도 아니하며 그 뜻대로 행하지도 아
니하며, 내가 지키라 명한 나의 계명
은 지키지 아니하고 그 뜻은 거역하면
서, 그 계명에 기록되지 아니한 삶이
요, 그 믿음의 길은 너희 스스로 찾아
그리 가고 있음이니,
9 너희들은 나의 성령의 뜻이요, 내가
너희들에게 오르라 하는 그 길을 가지
아니하는 자들로서, 그와 같이 말로써
만 기도하고 말로써만 소원하며 나의
뜻에 따라 행함이 없는 너희들의 그
기도는 내가 듣지도 아니하며, 그것은
나와는 아무런 관계도 없는 것이라 내
가 수차 너희들에게 깨우쳐 주었음이
니라.
10 너희들이 구원을 받고자 하늘에 오르
고자 한다면 나의 계명을 지키는 것을
먼저 행해야 될 것이며, 그 계명에 너
희들이 실천하고 살아야 할 것이 다
기록되어 있음이니,
11 내가 너희들에게 명한 그 뜻을 행함으
로 실천하여 그 깨우침을 얻는 것만이
너희들이 구원의 길에 오를 수 있다는
것을 알아야 될 것임이니라.
12 너희들이 지금 육의 세상에서 살아가
면서 그 계명이 얼마나 소중한 것인
지, 그 계명만이 구원의 길이라는 것
을 모르고 사느니라.

13 그리고 너희들은 말로써 세상 것을 다
주며 사랑을 베풀고 나누며 사는 것같
이 하나, 행함에 있어서는 너희들이
인색하기 한량없으며,
14 말과 행동이 전혀 반대되는 현상으로
살아가면서 너희들은 행함을 하고자
하는 백성들까지도 지옥 불로 인도하
는 그와 같은 사악한 방법으로써 만백
성에게 지금 전하고 있음이니라.
15 믿으며 그저 나 여호와를 찾으며, 나
의 아들 예수의 보혈로써 구원을 받았
다 그리 말하면 다 구원을 받는다 하
며, 행함은 아니요, 육의 행함은 구원
의 근본이요, 원천이 되지 못한다 그
리 말함이니,
16 여기서 너희들이 얼마나 사악한 방법
으로 가고 있는 것인가를 알아야 될
것이니라.
17 그러나 내가 나의 아들을 통하여 세상
에 나의 법전을 전하면서 하늘의 천기
요, 내가 주관하는 뜻을 너희들에게
내려보냈음이니라.
18 너희들의 육의 삶은 60이라는 그 점
수 안에서 너희들이 나로부터 받은
것, 내가 준 그것으로써 살아감이니,
노력하는 자 얻을 것이며 노력하지 않
는 자 얻지 못함이니라.
19 그리하여 거기서 다스려지고 다져진
너희들의 육의 삶을 내가 그대로 너희
들에게 모두를 다 주어 먹고살며 편안
하게 인생을 살도록, 그리고 그 속에
서 노력하는 자가 얻으며 살라 그리
준 것은 아니니라.
20 그와 같이 내가 너희들에게 베풀면서
너희들이 그 속에서 행하며 다져야 할
것이 있으니, 그게 바로 무엇이냐?
21 육의 삶을 마치고 영원히 사는 나의
나라에 오를 수 있는 기반을 다지는
것이 너희들의 육의 생활이니, 그 기
반의 기초요, 그 생명의 빛이 바로 십
계명이라 하여 그를 내려보냈음이니
라.
22 내가 너희들에게 내려 준 그 모든 축
복 속에서 그를 지키고 살라 그리하였
음이니라.
23 그러나 지금 종교 지도자들이 수천 년
동안 흘러오면서 가르치기를 어찌하
는가?
24 나의 뜻과는 정반대의 가르침으로써
가느니라.
25 육의 삶이요, 육의 행함은 구원의 길
과는 아무런 관계도 없으며, 그것이
구원의 길에 우선이 아니라 그리 말하
느니라.
26 너희들은 뭐라 말하느냐?
27 그저 너희들이 지은 그 성전에 가 나
의 아들 예수의 보혈로써 구원을 받으
니 울부짖으며 나의 아들에게 구원받
고자 매달리며 나 여호와의 이름을 찾
아 매달리면, 내가 사랑으로 모두를
다 용서하여 구원해 준다 그리 말하고
있음이니,
28 이것이 나의 뜻과는 너무나도 멀고도
먼 길로 나의 피조물 만백성을 이끌어
가는 형국이니라.
29 너희들은 육의 삶이 무엇이냐?
30 영의 삶의 집이라 하였음이니라.
31 육과 영이 하나의 집과 몸체로서 연결
되어 있음이니, 그것이 무엇이더냐?
32 지금은 너희들이 하나이니라.

33 그리하여 하나의 육을 지키는 집이 바
르고 곱게 지탱했을 때 그 육 안에 있
는 영이 곱게 자람이니라.
34 이것이 무엇이더냐?
35 너희들이 육의 행함이니라.
36 행함을 바르게 하며 행함을 나의 계명
대로 나의 율법대로 살아가는 것이 너
희들의 영을 살리는 기본이거늘,
37 너희들은 어찌하여 육은 영혼을 살리
는 것이 아니요, 영과는 관계없다 그
리 말하느냐?
38 그리하여 행함이 필요 없으며, 육의
행함은 어찌 살아가든 간에, 육은 간
음하며 도둑질하며 나의 십계명을 다
위반하고 살아도 너희들이 육으로써
심판을 받는 것이 아니요, 그저 너희
들이 나 여호와를 찾으며 나의 아들을
찾으면 그 죄를 다 용서받는다 그리
말함이니, 이게 말이 되는가?
39 내가 어찌 말하였는가?
40 내가 내린 그 계명은 너희들이 행하고
실천하는 것이 우선이니 행함을 먼저
하라 내가 그리 너희들에게 명하였음
이니라.
41 십계명은 육의 세상에 살면서 행하며
사는 것이니, 그를 지켜야 되는데, 너
희들은 육의 행함보다 그저 나를 찾고
부르짖으면 구원을 받는다 그리 말하
니,
42 십계명의 그 행하라 하는 것을 지키는
것 자체도 거부하는 것이며, 그것 또
한 너희들이 인정하지 아니하고 감이
니, 그것이 어찌 나의 백성이며 나와
관계가 있다 말하는가?
43 너희들은 십계명을 다시 한 번 암송하
며 그 의미를 알라.
44 그 십계명은 내가 구약 시대에 모세에
게, 천년만년 이 지상에 존재하는 것
이니, 너희들이 지키고 살아갈 것이라
하여 직접 불로 써 내린 것이니, 그 계
명이 무엇이냐?
45 육의 삶을 지키는 법도요, 거기에 살
아가는 방법이요, 살면서 지켜야 할
내용이 있거늘, 그를 내가 내렸을 때
는 너희들이 육의 생활에 그를 지키며
사는 것이 바로 하늘에 오르는 길의
기초요, 근본이라 하여 내려보냈거늘,
46 너희들은 십계명에 지키라는 그 행함
을 그저 저버리며, 그대로 하지 아니
하여도 된다 그리 가르치며,
47 그리 행하지 아니하고 너희들이 죄를
짓고 잘못 살며 십계명에 있는 그 계
명 하나하나를 위배하고 그를 지키지
아니하고 살아도, 나의 아들을 찾으면
나의 아들의 보혈로써 구원을 받는다
그리 말하고 있음이니,
48 이것이 너희들이 얼마나 왜곡된 잘못
인가를 알아야 될 것이니라.
49 창조주는 나 하나이니라.
50 창조주인 내가 너희들이 육의 행하는
것을 하나 둘 다 정확히 나열하고 지
키고 살라 명하였거늘,
51 너희들은 나의 아들의 보혈로써 모든
죄의 사함을 받으니, 직접 창조주 내
가 내린 십계명을 그 육에서 지키며
행하는 그 삶은 필요 없는 것이며 그
것은 구원과는 아무런 관계도 없다 함
이니,
52 나의 아들의 보혈은 위대한 것이며,
내가 직접 너희들에게 지키고 행하며

살라 명한 이 계명은 아무것도 아니라
함이니, 너희들은 무엇을 말하는가?
53 본 뿌리를 모른 채 가지를 붙잡고 그
것이 본 뿌리라며 매달리는 그와 같은
형국을 하고 있음이니,
54 너희들은 십계명의 의미를 다시 한 번
되새겨 보라.
55 십계명은 육의 행함이니라.
56 그대로 실천하여 사는 것만이 구원을
받거늘, 너희들은 십계명대로 행하지
아니하여도 구원을 받는다 하니,
57 그래서 몇천 년 동안 너희들이 암흑
속에서 잘못 가르치는 종교 지도자들
속에 너희들의 조상이요, 너희들의 후
손까지 이대로 가면 지옥 불로 간다는
것이 여기에 있음이니, 너희들은 그를
알아야 될 것이니라.
58 내가 나의 아들을 통하여 법전에 상세
히 하늘의 뜻을 기록하여 내려보내니,
이를 읽고도 깨우치지 못한다면 너희
들이 결국 죽어 내 앞에 왔을 때, 너희
들이 지옥 불로 떨어져 갈 때 통곡하
며 울부짖을 것이며,
59 그때는 이미 나를 아버지라 부를 수
없으며 용서를 빌 수 없다는 걸 알라.
60 너희들이 부모에게 불효하며, 효성하
지 아니하며 공경하지 아니하다, 너희
부모가 죽은 다음에 그 묘비 앞에 통
곡하고 몸부림치며 아무리 너희들이
살아온 것을 뼈저리게 후회하고 느끼
며 너희들을 낳아 주고 길러 준 그 육
신의 부모의 공을 갚고자 해도, 이미
갚을 수가 없으며 그 뜻에 보답할 수
없는 것이 죽은 자와 죽지 않은 자와
의 관계이니라.
61 너희들이 백 년도 살지 않는 육을 빌
어 세상에 나온 그 부모의 은혜와 공
과 그 모두를 갚고자 반성하고 회개하
며 몸부림치며 너희 부모를 아무리 불
러도, 그 부모는 그를 듣지 못하며 너
희들의 그 회개와 용서를 비는 것은
그와 같이 그와 아무런 관계가 없음이
니라.
62 죽은 자 앞에 너희들이 아무리 재물을
바쳐 놓고 몸부림쳐도 그것이 아무런
관계가 없음이니, 천년만년, 천배 만
배를 차려 놓고 몸부림쳐도 살아 있을
때 너희 부모에게 냉수 한 그릇 떠 바
치는 그 공만도 못하니,
63 죽은 너희 부모와 인연이 끊어지듯이,
너희들이 죄를 짓고 험악하게 살아와,
나를 부르며 구원을 받을 수 있는 지
금 이 시점에 너희들이 그를 다 버리
고 죽어서 왔을 때, 바로 거꾸로 생각
하면 될 것이니라.
64 죽은 너희 부모에게 매달려도 용서받
지 못하듯이, 불러도 듣지 못하며 너
희들과 아무런 인연이 없듯이,
65 너희들이 죽어 나에게 왔을 때 나와
너희들과는 아무런 인연이 없으니, 자
식과 부모의 관계도 끊어지는 것이며,
나를 어버이라 부를 수 없는 그와 같
은 형국을 반대로 보면 될 것이니라.

3,015 번째 하나님 말씀

2002년 8월 18일 08시 39분

1 사랑하는 나의 아들아!
2 "네, 아버님! 말씀하옵소서."
3 내가 너에게 하늘의 이치를 그리 깨우

쳐 주지 않았던가?
4 너희들이 나와 아들딸의 그 인연을 맺
으며 나의 자식이라 말할 수 있는 것
은 너희 육이 존재하는 기간만 할 수
있다 하였음이니라.
5 그리하여 너희들의 육이 존재할 때
나를 아버지요, 전지전능한 아버지라
부름이니,
6 너희들이 나의 나라에 올 수 있는, 그
기도하고 회개하고 반성하며 아름답
게 살며 선을 추구하여 사는 것, 그리
고 하늘나라에 올라올 수 있도록 나에
게 구원을 원하는 것도 육의 세상에
너희들이 살아 있을 때만 나와 인연이
있다 하였음이니라.
7 그리하여 너희들이 죽어서 나에게 왔
을 때는 너희 죄의 대가에 대한 심판
을 받는 그 순간에 나와 너희들과는
인연이 끊어진다 하였음이니라.
8 그걸 내가 어찌하여 너희들의 손에 쥐
여 줘 가르쳐 주었던가?
9 너희들의 육의 부모와 자식과의 그 관
계를 내가 상세히 그리 전해 주었느니
라.
10 너희들이 부모에게 불효하며 효성하
지 아니하며, 나의 십계명에 '네 부모
를 공경하라.' 하였으나 부모를 공경
하지 아니하며 형제와 반목하며 그와
같이 살다가, 너희들을 낳아 주고 길
러 준 그 부모가 죽어 한 줌의 흙무덤
으로써 그를 덮어 놓았을 때,
11 너희들은 낳아 준 그 은혜를 그때 깨
달으며 길러 준 공을 그때 깨달으며,
너희들이 부모의 노고요, 그 부모와
헤어짐의 그 가슴 아픔에 너희들이 그
묘비 앞에 통곡하고 눈물을 흘려 그
영혼을 위하여 많은 재물의 금화와 은
화를 바쳐 각종 너희들이 말하는 천당
이요, 천국이요, 극락이라는 곳에 가
는 행사를 함이니, 그게 다 필요 없다
하였음이니라.
12 그것은 그 죽은 영혼과는 아무런 관
계도 없다 하였음이니,
13 육의 세상에서 어버이라 부를 수 있으
며 자식이라 부를 수 있을 때 부모에
게 냉수 한 그릇을 떠 바치는 것이 그
부모의 기쁨이요, 그 부모가 자식을
둔 보람을 느끼며 그 행복을 느낀다
그리하였음이니라.
14 그러나 너희들은 그를 행하지 아니함
이니라.
15 그리 행하지 아니하고 너희 부모가 죽
어 너희들과는 아무런 인연이 없이 갔
을 때 그때 반성하고 회개하고 통곡하
나, 그것은 너희 부모를 위해서 하는
것이 아니며, 다 너희들 자신을 위한
죄책감에서 위로를 받고자 하는 쓸데
없는 행위라 내가 말했듯이,
16 죽은 자와 산 자의 인연이 끝나는 것
을 너희들이 역으로 생각하라 하지 아
니하였던가?
17 너희들이 죽어서 나에게 왔을 때 너희
들과 나와 육에 있을 때 그 인연이 끊
어지니, 너희들과 나와는 만날 수도
없으며 볼 수도 없으며 부를 수도 없
는 그와 같은 것이라 내가 말하여 너
희 손에 깨우침을 쥐여 주었으니,
18 너희 손에 쥐여 준 나의 하늘의 천기
를 보고도 그를 깨우치지 못한다 하면
너희들은 영원한 지옥 불에서 헤어나

지 못하는 길을 가게 됨을 알라.
19 사랑하는 나의 아들아!
20 그리하여 내가 너희들을 깨우치기 위
하여 나의 법전을 만들어 세상에 내려
보냄이니라.
21 그리하여 내가 나의 성령이요, 나의
모두를 태워 내보내는 나의 법전인 하
늘에 오르는 그 책을 가슴에 안고 정
독하고 또 정독하여 깨우쳐 간다면,
너희들이 하늘에 오르는 그 반석 위에
서서 하늘의 뜻을 알게 된다 내가 그
리 말하였음이니라.
22 그러나 너희들은 이를 듣지 아니함이
니라.
23 너희들이 부모가 죽은 다음에 후회하
고 통곡하는 것보다도 더 천만 배 통
곡할 그 일을 너희들이 지금 자행하고
있음이니라.
24 내가 너희들에게 다시 전하노라.
25 제3의 시대에 너희들을 구원하고자
내가 직접 내려와 그 책장 속에 내가
있다 하였음이니,
26 나의 법전을 가슴에 안고 정독하는
자만이 반석 위에 서서 하늘에 오를
수 있는 그 기초를 다짐이니, 이 영광
을 너희들이 버려서는 아니 됨을 깊이
가슴속에 새겨 두라.
27 그렇지 아니하면 너희들은 죽은 부모
앞에 가서 후회하고 통곡하며 반성하
듯이, 그와 같은 아픈 마음의 그 역사
를, 내 앞에 왔을 때 천배 만배 더한
고통을 겪을 것이니라.
28 사랑하는 나의 아들아!
29 나의 피조물 만백성, 너의 제자들에게
또 가르치라.
30 너희들이 나의 법전을 가슴에 안고 정
독하며 그를 읽어 너희 것으로 만드
나, 나의 법전에 있는 그 내용을 그대
로 시행하지 아니하며 행치 아니하는
자, 그는 하늘의 빛을 보지 못함이니,
그들이 가장 어리석은 백성이며 가장
우매한 자들이라는 것을 알게 될 것이
니,
31 그들에게 이 뜻을 깨우쳐 전하는 데
너희들의 모두를 다 바쳐야 할 것이니
라.
32 사랑하는 나의 아들아!
33 "네, 아버님! 말씀하옵소서."
34 나의 피조물 만백성이 나의 법전을 읽
지 아니하며 나의 법전에 기록된 것을
행하지 아니하는 자, 나의 십계명을
내린 것을 깨우쳐 저희 것으로 소화시
키지 아니하는 자, 제 가슴에 그를 깊
이 심어 그대로 행하지 아니하는 자,
그리고 역행하는 자, 그와 같은 자들
이 얼마나 어리석은 자인지 아는가?
35 그와 같은 자들은 파도가 밀려오는 그
백사장 앞에 모래로 성을 쌓고 집을
짓겠다 하여 그와 같은 역사를 이루고
자 그곳에 매달리며 몸부림치며 백사
장에 모래성을 쌓으니, 그가 과연 살
수 있으며 견딜 수 있겠는가?
36 그리고 파도에 휩쓸리지 않고 과연 견
딜 수 있겠는가?
37 있을 수도 없으며 행할 수도 없는 그
와 같은 길을 너희들이 가고자 하는
자들이니, 이를 깊이 깨우치라.
38 나의 법전을 읽지 않고, 이를 보고 행
하지 아니하는 자, 백사장에 성을 쌓
는 그 어리석은 백성이며, 불 속으로

뛰어들어가면서 그 불이 뜨겁지 않을
것이라 생각하며 자신은 타지 아니할
것이라는 생각을 하고 뛰어드는 그와
같은 자들의 행위이니라.
39 지금 너희들이 그와 같이 사악한 짓을
하며, 나의 법전을 읽고 깨우치지 아
니하며 이를 행하지 아니하며, 행함이
아니요, 그저 말로써 구원을 받았다
부르짖으면 구원을 받는다는 자, 너희
들이 바로 지옥 불로 뛰어들어 가는
것이니,
40 설마 지옥이 있겠는가, 설마 재판을
받겠는가, 제가 지옥으로 가겠는가 하
며,
41 그리고 나의 아들 예수의 보혈로써 구
원을 받았으며, 그리고 육으로 행함은
구원의 우선이 아니요, 정신적으로 믿
음을 갖는 것만이 우선의 구원의 길이
라 그리 말하니,
42 추하고 더러운 행위를 하면서 너희들
이 믿음이라는 것을 말로써만 부르짖
음이니,
43 그리하면서 너희들이 지옥으로 가지
아니할 것이라 생각하는 자, 불 속에
뛰어들면서 그 불이 뜨겁지 아니하고
그 불이 너희들을 태우지 아니할 것이
라는 그와 같은 환상과 망상 속에서
살아가는 너희들이니, 바로 무엇이더
냐?
44 너희들이 정신이 바른 자들이며, 너희
들이 세상의 사물을 바로 보는 자들인
가?
45 너희들의 정신이 어디 있는가 보라.
46 너희들을 세뇌 교육시키며 또 세뇌시
키고 세뇌시켜, 인간이기 전에 너희들
의 생각까지도 모두 말살해 갔으며,
너희들의 인간의 행복이요, 삶의 그
자유로움까지 다 압수해 가고 빼앗아
간 종교 지도자들의 사악한 자들이 가
르치는 그 세 치 혓바닥에 현혹되어
너희들이 보지 못함이니,
47 너희들은 이 환상에서 깨어나는 자만
이 구원을 받는다는 걸 잊지 말라.

3,016 번째 하나님 말씀

2002년 8월 18일 08시 46분

1 사랑하는 나의 아들아!
2 구약 시대에 그 역사의 기적을 그리
내가 보여 주었음이니라.
3 그러나 그 백성들이 우상이라는 걸 만
들어 나의 마음을 아프게 하였으며,
천국의 문을 닫게 하였느니라.
4 그러나 내가 또 몇천 년의 역사가 흘
러 나의 아들을 세상에 내보내 너희들
이 천국의 문을 들어설 수 있도록 그
리하였으나,
5 너희들은 그와 같이 잔혹하고 잔혹한
방법으로써 나의 마음에 못을 박았으
며, 자식을 사랑하는 그 부모의 가슴
에 대못을 치는 그와 같은 행위를 하
여 내가 천국의 문을 닫게 하였으며,
나의 성령을 너희들에게 전하지 못하
도록 그리하였으니,
6 너희들이 생명수를 받지 못했으니 너
희들이 어찌 산 생명이라 할 수 있는
가?
7 지금까지 살아온 너희들의 그 모든 삶
은 죽은 삶이라 내가 지금 말하느니라.
8 그리하여 지금 그 속에서 종교 지도자

들이, 나의 아들이 행한 것을 그의 제
자들이 기록한 그 성경을 갖고 지금
나의 피조물 만백성을 하늘에 오르는
길이라 가르치고 있음이니,
9 지금의 몇천 년 동안 흘러내려 오는
수천수만의 그 종교 지도자들이 어찌
전하는가?
10 전하고 가르치는 그자들 자신이 지조
가 없으며, 믿음에 대한 확신이 없으
며, 나 여호와가 존재함을 확신을 갖
지 못하고 가르치는 것이니라.
11 그리하여 그들은 나의 성령이요, 나의
율법이요, 내가 불로써 직접 내린 십
계명이요, 내가 지금 제3의 시대에 모
두를 다 태워 내리는 나의 법전을 그
내용대로 깨우치도록 너희들에게 가
르치지 못하는 것이니라.
12 나의 백성들에게 저희들이 나 여호와
의 존재함이요, 심판을 받고 안 받는
그 자체도 확신을 갖지 못하는 종교
지도자들이기 때문에 나의 성령이요,
나의 계명이요, 나의 법전대로 사는
것만이 구원의 길이라 그들이 말하지
못하며, 최선을 다하여 그리 가르치지
못함이니라.
13 그 첫 번째는 저희들이 믿음에 자신이
없으며 소신이 없는 자들이요,
14 두 번째는 저희들이 나의 계명대로 지
키고 살 수 없으며, 나의 법전대로 지
키고 살아갈 자신이 없기에 그들은 최
선을 다해서 가르치지 아니하고 지옥
불로 인도하는 방법으로, 저희들의 입
맛에 맞도록, 저희 생각에 맞도록 그
저 나의 피조물 만백성을 우롱하며 끌
고 가고 있음이니라.
15 그들은 나의 백성 너희들의 나약하고
어리고 정이 많은 그 마음을 이용하여
순진하고 착한 나의 백성들을 쇠사슬
로 칭칭 묶어 저희 성전에 끌어들이는
것이며,
16 저희 성전에 들어와 한 번 '아멘!'이
요, 저희들의 말에 박수 한 번 하며,
저희들에게 '할렐루야!' 그 말 한마디
함으로 인해서 끊을 수 없는 쇠사슬로
칭칭 감아 꼼짝도 하지 못하게 하는
방법으로써 너희들을 말로써 가두어
놓으며 너희들이 행동으로 하지 못하
도록 함이니라.
17 너희들이 선하고 아름다운 행동으로
써 남에게 베풀며 남과 더불어 살아가
고자 하는 그 마음까지도 꽁꽁 묶어
너희들이 하늘에 오르는 그 행함을 하
지 못하며 그것을 보지 못하게 함이니
라.
18 그뿐이던가?
19 너희들이 내가 너희들에게 준 재물과
은화를 그들에게 바쳐야 되며, 너희들
은 내가 준 자유요, 이 세상의 아름다
움이요, 내가 내린 그 모두를 자유로
움으로써 공유하며, 그들을 음미하며
살아갈 수 있는 그것까지도 다 빼어
가며, 자유로움의 기능마저도, 또 자
유로이 행동하는 것까지도 너희들의
모두를 다 사로잡아 빼앗아 간 간악한
자들이니라.
20 너희들은 이제는 너희 자신이 알아야
될 것이며, 또한 종교 지도자들이 너
희들의 모든 자유와 너희들의 자유로
운 삶과 너희들의 재물과 너희들이 자
유로이 행동하며 살아갈 수 있는 모든

방법을 다 너희들로부터 앗아 간 사악
한 자들이라는 것을 그들에게 너희들
이 따져 물을 때,
21 그 자신의 속마음은 결코 부정하지 못
하는 것이 지금의 종교 지도자들이 가
고 있는 길이니라.
22 다만, 말로써 너희들을 구원하기 위함
이며, 너희들을 천국의 길로 인도하기
위하여 저희가 봉사하고 희생한 양이
며 목자로서 저희들은 그 뜻을 전하는
것뿐이라 그리 말할 것이니라.
23 그러나 저희들은 스스로 말할 것이니
라.
24 너희들을 다 칭칭 감아, 불쌍한 백성
들이 저희들을 따라오는 것에 뒤에서
회심의 미소를 지으며, 저희들이 지금
은 너희들 모두를 다 죽여 지옥으로
이끌어 간다는 것을 저희 스스로 부정
하지 못하는 그와 같은 마음을 가진
자들이 거기서 너희들을 끌어감이니,
25 이제 너희들이 나의 법전을 읽고 깨우
쳐 거기에서 등 돌리는 자가 되어, 구
원의 길을 얻어야 될 때가 되었음을
알라.

3,017 번째 하나님 말씀

2002년 8월 18일 09시 37분

1 사랑하는 나의 아들아!
2 "네, 아버님! 말씀하옵소서."
3 너를 따르는 제자들과 나의 피조물 만
백성이 어찌 원하며 무엇을 갈구하는
지 너는 알겠는가?
4 "네 아버님! 이제야 좀 깨닫겠사옵나
이다.
5 아버님의 고귀한 성령을 받으며 그 말
씀을 받아 아버님의 말씀을 책으로 기
록하여 만백성을 구하는 역사를 이루
고 있는 저를 감히 아버님의 아들이라
불러 주셨으며, 또 선지자라 그리 불
러 주셨사오니,
6 그 백성들이 저를 보기를, 저희들이
아버님의 성심을 닮아 노력하는 것이
아니라, 제가 아버님의 성심을 닮아
그대로 행하는 사람이 되기를 바라는
것이 그들의 마음인 것을 알았사옵나
이다.
7 아버님은 진리요, 성령이시며, 아버님
께서 내리시는 것은 잔잔한 호수에 그
생수가 그득히 담아져 있사옵나이다.
8 그 생수가 호수를 넘어 흐를 때 세상
의 모든 세파와 접하며 병균이 접해
들며 오염되기 시작함이니,
9 그리하여 저 또한 인간 세상에 살아
아버님의 성령의 생수의 호수에서 흘
러내려 온 그 물이거늘, 그들은 그리
생각하지 아니하는 것을 깨달았사옵
나이다.
10 저는 물이 흘러 이미 얼마만큼 내려와
서 아버님께서 보내신 생수의 그 흘러
가는 물이라 하니, 그들은 아버님의
호수에서 맑고 고운 생수가 흐르듯이
저도 또한 흘러오면서 오염되며 찌든
것을 원하는 것이 아니라, 그 호수에
서 바로 넘치는 아버님의 생수와 같이
그리되기를 원하는 것을 깨달았사옵
나이다.
11 그들은 그와 같은 저를 원하며, 그와
같은 저의 생수를 원하고 있사오며,
제가 그와 같은 사람으로 서기를 바라

고 있사옵나이다.
12 아버님, 이를 어찌하여야 하오리까?
13 그들은 아버님의 생수의 호수에서 그
물이 그대로 내려와 자신들에게 전해
져 저희들이 그와 똑같은 생수를 먹을
수 있도록 그리 바라는 것이옵나이다.
14 저는 흘러서 흘러가며 세상사의 병균
도 들러붙고 모든 오물도 들러붙으며
제가 흐르는 그 물은 오염되게 되어
있사오니, 그를 어찌하여야 그들에게
아버님의 생수와 같이 그대로 전할 수
있는 사람이 되겠사옵나이까?"
15 사랑하는 아들아!
16 그 생수가 지상을 따라 흐름이라 생
각하지 말라.
17 네가 있는 그 호수에서 깨끗한 그릇으
로써 네가 하나하나 떠먹이면 되는 것
이니, 그 생수를 전하는 것이 그 길 말
고 더 있는가?
18 너는 그저 나의 생수를 떠서 나의 백
성들에게 한 그릇씩 공급해 주는 그와
같은 위치에 서 있음을 알아야만 될
것이니라, 아들아!
19 나의 생수가 물로 흘러가듯이 네가 흘
러가며 그 세속에서 그 백성을 깨우쳐
감이 아니며, 나의 호수에서 그 물이
제방을 넘어서 흐를 때, 그 넘친 물이
나의 호수의 물과 같이 될 수 없지 아
니하던가?
20 지금 피조물 만백성의 종교 지도자들
은 그 흐르는 물을 먹고 살고자 했던
것과 마찬가지니, 그리하여 지금 내가
그 물을 막았음이니라.
21 나의 아들 예수가 세상에서 그와 같이
죽었을 때 그 호수의 물을 막았음이니
라.
22 그리 흘려보내서는 그 물로 누구도 생
명을 구할 수 없음이니라.
23 그리하여 나의 아들 예수가 그 호수에
서 한 그릇씩 한 그릇씩 저희들에게
떠 주고자 했으나, 그들은 그 호수를
터트려 일시에 그 물을 다 취하고자
하였으니, 그들은 흘러가면서 변질되
는 그 이치를 몰랐음이니라.
24 이제 나의 아들이라 선택되며, 나의
아들의 차별화는 바로 그것이니라.
25 나의 아들은 나의 호수에서 그저 떠서
그 백성들에게 한 그릇씩 퍼줘 그들이
구원을 받을 수 있도록, 생명수가 될
수 있도록 그리 전하면 되는 것이지,
네가 그 물줄기에 따라서 흘러감이 아
니니라, 아들아! 그 이치를 알겠는가?
26 그리하여 네가 힘이 드는 것이니라.
27 만백성에게 하나하나 떠 주니, 네가
내 호수의 제방에 구멍을 내 그 물이
그대로 흘러가서 그들이 그 생수로써
먹을 수 있으면 되겠지만,
28 지상을 흘러가는 동안 그 물은 생수가
되지 아니하고 먹을 수 없는 폐수로
변해 가는 것이 지금 세상이 오염되어
있는 것이니라.
29 그리하여 그것을 네가 너의 제자들에
게 나의 호수에서 한 그릇씩 떠서 전
해 주는 그 역사를 하고 있기에, 네 다
리가 아프며 팔이 아프며 네 몸이 힘
든 것이니, 이와 같이 네가 거기에 있
음을 알라.
30 그리하여 내가 너에게 일찍이 말하지
아니하였던가?
31 나의 아들인 너는 하늘과 땅의 교통을

하는 자라 하였음이니, 그리하여 네가
그리 가는 자이니 그리 알라, 아들아!
32 그 이치를 깨우쳐 너의 제자들에게 전
해 주면 그들이 깨달음이 있을 것이니
라.

3,018 번째 하나님 말씀

2002년 8월 18일 09시 40분

1 사랑하는 나의 아들아!
2 수천 년 동안 흘러오면서 나의 피조물
만백성이 가지고 있는 그 믿음을 과연
어찌 믿어 왔는가?
3 그들은 그 믿음 속에서 진정한 믿음의
깊이요, 그 속을 보려 하지 아니하였
음이니라.
4 그저 믿음의 길을 가는 자, 기적과 그
기적의 역사함을 보고 믿고자 하였으
며, 지금도 그들은 예수의 보혈로써
저희 죄를 씻어 준다는 그 기적 속에
착각하고 있음이니라.
5 그리하여 그와 같은 착각 속에서 믿음
의 길을 가고자 하며 기적의 역사함을
보고 믿음의 길을 가고자 한다면, 그
것은 진정한 믿음의 길이 아님을 알아
야 할 것이니라.
6 기적과 역사요, 나의 아들 예수의 보
혈로써 너희 죄를 사해 주는 그와 같
은 기적이 이루어지는 것을 믿고 그를
생각하며 믿음의 길을 간다면, 너희들
은 정녕 나 여호와에게 오를 수 있는
그 진정한 믿음의 깊이를 모르는 것이
니라.
7 속을 보지 못하며 겉으로 행하는 것만
을 보고서 너희들이 믿음의 길을 가고
자 하는 것이며 그 길을 가는 것이니,
진정한 나 여호와의 뜻을 너희들은 모
르는 것이니라.
8 너희들이 나의 백성으로서 하늘에 오
르는 길이요, 구원을 받는 길이요, 천
국의 문에 들어서는 것은 기적의 행하
는 것을 보고 너희 마음이 동요되어
믿음의 길을 가는 것도 아니요, 나의
아들 예수로써 구원을 받는 것도 아니
요,
9 너희들이 지은 성전에 감으로써 구원
을 받는 그 기적을 이룬다는 그와 같
은 생각에서 가는 자는 겉만 보는 것
이며, 속의 진정한 믿음을 보지 못하
고 가는 자들이니,
10 그들은 나의 백성도 아니며, 나의 아
들도 나의 딸도 아니며, 그들의 가슴
에 나의 성령이 임할 수 없음을 알라.
11 너의 제자들에게 이르라.
12 속을 보는 믿음을 가지라 그리하라.
13 기적과 역사를 기대하며 그 무엇인가
이루고자 하는 것을 생각하며 너희들
이 나의 성전에 와 나의 법전을 전하
며 믿음을 간다면, 너희들은 진정 구
원의 길을 보고 가는 것이 아니며 구
원을 얻고자 하는 것이 아니며,
14 기적의 역사를 보고 가고자 하며 기적
의 역사를 보고 믿음의 길을 가고자
하는 것이며 그를 보고 믿음의 길을
가는 것이니, 거기에 진정한 믿음의
길을 가는 자가 없음이니라.
15 오로지 나의 법전이요, 나의 성령이
요, 내가 지키라는 그 계명을 보고 그
를 지키고 순종하고 행하며 따라오는
것만이 너희들이 할 길이니라.

16 그리하다 보면 너희들이 속의 믿음을
알 수 있으며, 너희들이 나의 아들과
딸이 되어 있으며, 나의 성령이 충만
하여 하늘에 오르는 축복을 얻게 된다
는 걸 잊지 말라.
17 겉만 보는 믿음을 믿지 말며, 속을 보
는 믿음을 믿으라.
18 겉을 보는 믿음은 죽은 믿음이요, 속
을 보는 믿음은 진정한 믿음이며, 그
가 나의 백성인 것을 알라.

3,019 번째 하나님 말씀

2002년 8월 18일 12시 16분

1 사랑하는 나의 아들아!
2 "네, 아버님! 말씀하옵소서."
3 내가 오늘 너희들에게 열여섯 가정에
그 축복을 준다 하였음이니, 그 또한
열여섯 명에게 그들의 어렵고 힘든 그
고비를 넘어갈 수 있도록 내가 너를
통하여 상을 주고자 함이니라.
4 그들의 마음을 내가 알고 있으며, 그
들이 오늘의 이 자리에 오기까지 그들
나름대로 모든 시련과 역경에 때로는
스스로 달래며 제가 스스로 소화시키
면서 지금까지 왔음이니라.
5 나 여호와가 상을 내리며 나의 성전에
와 다 같이 나의 법전을 깨우치고 또
나의 법전을 공부하며 내가 너를 통하
여 내리는 그 성령의 가르침을 들으
니, 그들이 인간 세상에서 깨우친 것
보다 나로부터 성령에 의해 깨우친 것
은 그들이 다 같은 경지에 있음이니라.
6 그리하여 내가 오늘 참석한 모든 가족
에게 육의 고통을 벗어나며 너희들이
나를 만난 것을 그 육으로써 행복함을
얻으며, 구원을 받는 길을 갈 수 있도
록 내가 너희들에게 힘과 희망과 용기
를 주고자 함이니, 이는 내가 너희들
에게 내리는 상임을 알라.
7 가슴 깊이 너희들이 이를 간직하여야
할 것이니라.
8 내가 너희들에게 나의 은혜와 상을 내
리면서 다시 하나를 명함이니, 이 또
한 너희들이 간곡히 지키고 행하여야
됨을 알아야 될 것이니라.
9 내가 세상에 나의 법전을 내리는 것은
무엇 때문에 너희들을 통하여 내리는
가?
10 첫째는 지금 잘못 가고 썩어져 가는
그들을 내가 버리고자 함이니라.
11 이제는 더 이상 그들을 끌고 감이 아
니요, 나의 백성들이라 할지라도 잘못
된 그들을 이제 내가 버리고자 함이니
라.
12 그들을 버리며 그들의 잘못된 사악한
싹이 트지 못하게 그 싹을 자르며, 그
뿌리를 뽑아내며, 그 모두의 원천을
제거하고자 하여 내가 지금 제3의 시
대를 열어 나의 법전을 세상에 내려보
냄이니, 그 뜻이 여기에 있음이니라.
13 그리하여 그 잘못된 사악한 씨의 뿌리
를 버리며, 그를 자르며 그를 뽑아내
며 그 자체가 뿌리를 내리지 못하도록
하는 그 역사의 일은 너희들의 몫이니
라.
14 그와 같이 사악한 자의 뿌리를 뽑아내
며 그를 잘라내며 그들을 버릴 수 있
는 것은 너희들이니, 너희들이 그와
같은 자격의 기준을 갖추는 것이 우선

임을 알아야 될 것이니라.
15 너희들이 그와 같은 마음으로써 먼저 행함이 우선인 것을 알아야 될 것이니라.
16 너희들이 남을 위하여 그 죄를 다 안고 지옥 불로 가 그 백성을 구한다 그리 기도하나, 너희들이 그리 기도한다고 해서 그것이 이루어질 수 있다 생각해서는 아니 될 것이니라.
17 너희들이 남의 죄를 대신 짊어지고 지옥 불로 갈 수 있는 것은 너희 마음이 그만큼 깨끗하며, 너희들 마음으로써 자리를 잡아 그 죄를 받아들일 수 있는 공간이 있어야 될 것이니라.
18 나의 아들 예수가 많은 백성을 구하기 위하여 그 영혼을 구원하면서 그가 죽어 왔듯이, 너희들은 그와 같은 역사를 행함에 있어서 예수와 같은 그 마음을 갖지 아니하면 아니 됨을 알라.
19 너희들이 얼마만큼 마음을 비웠으며, 얼마만큼 그 모든 사악한 뿌리들을 너희 마음에서 제거했느냐에 따라서 너희들이 많은 백성을 구하고 못 구함이 여기에 있는 것이니라.
20 지금 이 세상의 모든 사악한 뿌리들을 천 년에 걸쳐서 다 쓸어버리며 그를 뽑아내고 잘라내며 이리하여 그들이 존재하지 못하도록 그 역사를 이루는 것은 너희들이 해야 할 몫이며,
21 그를 하기 위해서 너희들이 얼마만큼 아름다우며, 너희들 자신의 마음이 얼마나 비워져야 하는 것인가?
22 그것은 너희들의 몫이니라.
23 내가 너희들에게 약속하면 반드시 시행됨을 너희는 알 것이니라.
24 너희들의 육의 고통을 덜어 주는 역사를 내가 이루어 줄 것이니 그리 알라.

3,020 번째 하나님 말씀

2002년 8월 18일 15시 43분

1 사랑하는 나의 아들아!
2 "네, 아버님! 말씀하옵소서."
3 수천 년 역사가 흘러오는 지금까지 나의 피조물 만백성을 구원하며 하늘에 오르는 길에 믿음이라는 그 역사가 흘렀음이니라.
4 그리하여 너희들은 거기에 세뇌 교육됐으며, 완벽히 너희들이 세뇌되어 있음이니, 거기에서 큰 줄기 몇 가지를 들 수 있음이니라.
5 내가 직접 불로 써 내린 너희들의 구원의 근본인 그 계명을 지킬 수 없어 너희들이 버려둠이요,
6 그리고 너희들은 나의 뜻에 역사하는 것이 아니라 너희들의 임의대로, 너희 생각대로 지금까지 와 이 험악한 흐름의 시대가 왔음을 알아야 될 것이니라.
7 너희들은 정녕 믿음이요, 나 여호와에게 모두를 맞추며 나에게 경배하며 나에게 기도하며 나의 뜻에 따르고자 한 것이 아니라,
8 육의 너희들의 생활에 모든 초점을 맞춰 거기에서 생각하며 거기서 결론을 지으며 거기서 행하는 그와 같은 믿음의 형태가 이루어졌음이니라.
9 그리하여 내가 너희들에게 말한 그 60점이라는 점수를, 너희들이 말하는 불교라는 큰 종교의 집단도 그를 넘지 못했으며, 그보다 더한 나를 직접 찾

으며 나의 아들로부터 구원을 받았다 말하는 너희들도, 그 누구도 60점의 인간의 한계를 벗어난 자가 없음을 알라.

10 나의 성령이요, 나의 아들을 통하여 너희들에게 내려보내는 그 생명수를 너희들이 단절하였으며, 임의로 너희들이 변질시키고 고쳐 인간의 생각으로써 세상을 지배하는 그와 같은 집단으로 형성되어 왔음이니, 거기에 무엇이 있겠는가?

11 내가 너의 제자들에게 명하여 전했음이니라.

12 너희들이 가슴속에 있는 모든 작고 큰 죄악이요, 욕심이라는 것을, 나무의 뿌리를 뽑아내듯이 완전히 뽑아냈을 때 너희들이 하얀 마음이 되며, 그 마음속에 나의 성령이 임할 수 있으며, 그때 너희들이 나의 음성을 들을 수 있으며 나의 형체를 볼 수 있다 하였음이니라.

13 너희들은 나로부터 선택된 나의 백성이요, 그리고 나의 혈통이요, 내가 나의 성령으로써 너희들에게 임하여 나로부터 대역사를 이루어 나의 아들을 따라 새로운 역사요, 새 시대를 여는 너희들로서 선택되었다 하였음이니라.

14 그와 같이 나의 성령을 직접 들으며, 나의 법전을 직접 들으며, 내가 나의 아들을 통하여 너희들에게 백 년이요, 천 년의 역사가 흘러도 너희들이 듣지 못하고 깨달을 수 없는 하늘의 뜻과 하늘의 내가 추구하는 것을 너희들에게 다 가르쳐 주고 심어 줌이니라.

15 그를 듣고 배우는 너희들이 자신을 돌이켜 보라.

16 너희들이 과연 마음이 하얗게 비웠으며 그 비울 용기가 있는가?

17 너희 마음이 비워지지 못했다 하면, 나의 성령을 직접 들으며 나의 음성을 직접 들으며 이 시대에 이룰 수 없는 작고 큰 나의 기적을 체험하고 보며 깨닫는 너희들의 마음이 그리 비워지지 아니했다면,

18 바깥세상에 잘못 믿음의 길을 가는 자요, 또 믿지 않는 백성, 그들은 아직도 진흙탕에서 허덕이고 있는 그 형국임을 너희들이 알아야 될 것이니라.

19 너희들이 각자 가슴에 안고 깨우쳐 보라.

20 창조주인 나 여호와가 나의 아들이라 명하여, 너희들이 평생 그 누구에게 배울 수도 없으며 깨우칠 수도 없으며 성서의 구약이요, 신약을 너희들이 열 번, 백 번, 천 번, 만 번을 읽어도 깨우칠 수 없는 것을, 내가 나의 아들을 통하여 육성으로 너희들에게 직접 심어 주며 너희들에게 깨우쳐 주는 이 역사니, 이보다 더 큰 기적과 역사가 어디 있는가?

21 너희들은 이 기적을 바라봐야 될 것이니라.

22 그렇다면 기적을 체험하며 기적을 듣고 그를 보고 살아가며 그를 행하는 너희들의 마음이 과연 나의 심성을 닮아오는 데 얼마만큼 와 있다 생각하는가?

23 너희들은 50점이라는 그 점수를 넘은 사람이 하나도 없음이니라.

24 그러니 그 잘못 믿어 온 종교 지도자
들에게 세뇌교육이 되어 있으며 생각
을 바꿀 수 없으며 생각을 돌이킬 수
도 없는 그들은 과연 어찌하는가?
25 0점 미만의 그 진흙탕에서 지금 허덕
이고 있는 형국이니라.
26 그러니 그들이 어찌하여 구원을 받으
며 나의 천국의 문에 들어올 수 있겠
는가?
27 너희들이 50점이라면 모든 백성들은
그와 같은 형국이 되어 있음이니, 너
희들이 과연 어찌하여야 되는가?
28 그들을 구원하는 것이며, 그들을 깨우
쳐 나에게 오르는 빛을 볼 수 있으며
생명의 빛을 볼 수 있도록 하는 것이
너희들의 임무이니,
29 너희들의 마음이 70이요, 80의 경지
에 스스로 올랐다 생각할 때, 너희들
의 빛이 지금 0점 미만에서 허덕이는
그 백성들에게 빛이 될 것이며 그들을
구원할 수 있을 것이니라.
30 내가 너희들에게 뭐라 말했던가?
31 내가 너희들에게 일깨워 주었느니라.
32 지금 썩어져 가는 것을 다 버리고자
하며, 악의 뿌리를 뽑고자 하며, 그를
다 잘라 버리고자 한다 하였으니,
33 그 자격을 갖추는 너희들이요, 심판관
으로서 자격을 갖추는 너희들이 되어
달라는 것을 내가 나의 아들을 통하여
너희들에게 또다시 간곡히 내리니,
34 나의 이 애절한 뜻을 거역하지 아니하
는 백성이 되도록 그리하라.

3,021 번째 하나님 말씀

2002년 8월 19일 19시 37분

1 사랑하는 나의 아들아!
2 "네, 아버님! 말씀하옵소서."
3 사람은 자기의 가치요, 남으로부터 자
기의 무게 중심을 스스로 지켜 가는
것이니라.
4 똑같은 인간의 삶을 살아가더라도 남
에게 신뢰받으며 존경을 받는 삶을 사
는 자와 남에게 업신여김과 신뢰를 받
지 못하고 사는 사람이 있으니, 그것
이 또한 자기에게 달렸음이니라.
5 재물과 금화와 은화요, 부귀영화를 가
진 자요, 권력을 가진 자라도 자기 자
신을 다스리지 못한 자는 많은 사람으
로부터 존경과 경의의 표시를 받지 못
함이니라.
6 그렇지 않고 촌부라 하더라도 인간으
로부터 존경받는 자가 있으며, 그의
말을 신뢰하며 그를 믿고 따르는 사람
들이 있음이니, 이것은 자기 자신이
자기의 무게를 관리함에 있음이니라.
7 나를 따르며 나의 법전을 읽고 나의
성령을 들어 깨우치는 너희들은 과연
어떠한 마음의 형태로 가야 되는가?
8 너희들은 나의 법전이요, 나의 계명대
로 지키고 행하는 것을 모범을 보임
으로 인하여 너희들이 어디에 있든 남
으로부터 존경받는 자, 신뢰받는 자,
그와 같은 사람으로 너희들이 지키고
살아가야 함을 잊지 말라.
9 때와 장소를 구분할 것 없이 너희들이
어디에 있든 많은 사람으로부터 믿음
과 신뢰를 받는 그와 같은 자세로써

너희들이 남들 앞에 서지 못한다 하면
너희들은 정녕 나로부터 받은 은혜를
모르는 자요, 선택된 그 영광을 모르
는 자들임이니라.
10 이를 너의 제자들에게 깊이 깨우쳐야
함을 잊지 말라.
11 사랑하는 나의 아들아!
12 "네, 아버님! 말씀하옵소서."
13 내가 너희들에게 일러 말하였느니라.
14 천사와 악마의 차이는 좁쌀 하나의 높
이만큼도 되지 않는다 하였음이니라.
15 너희들이 스스로 경배하는 마음을 늦
추며 너희들이 나에게 기도함을 늦추
며 너희들이 나를 생각하는 것을 늦추
며 내가 존재함을 마음에서 잊어버릴
때, 너희들은 악마요, 사탄으로서 흘
러감이니, 이를 너희들이 잊어서는 아
니 됨을 알라.
16 또한 아무리 악한 자라 해도 순간에
깨우침을 얻어 그가 선하고 선한 천사
와 같은 백성으로 변할 수 있는 것이
니라.
17 항상 게을리해서는 아니 되며, 스스로
너희들이 게을리했을 때 그는 너희 스
스로 무너짐이요, 거기는 어떠한 이유
나 변명도 필요 없음이니라.
18 어떠한 형태든 너희들이 나를 향하는
마음을 늦춰서는 아니 됨이니라.
19 내가 뭐라 너희들에게 말하였는가?
20 너희들과 내가 하나로 결합되었을 때
너희들이 구원의 길을 오를 수 있는
자며 완전히 하늘나라에 오른 자요,
영광의 길에 와 있는 자라 말하였느니
라.
21 내가 너희들을 기다림이라 하였음이
니라.
22 너희들은 완벽하게 나의 심성이요, 나
의 성령의 뜻대로 살아 너희들이 완벽
한 사람으로 왔을 때, 나와 너희들이
하나의 결합체로 이루어지는 그와 같
은 길이 아니면 구원을 받을 수 없는
것이라 말하였음이니라.
23 그러니 너희들이 항상 나를 향하여 기
도하고 경배함이 늦춰져서는 아니 됨
이니, 이는 너희들이 나의 결합체에서
떨어지며 멀어져 감이니라.
24 이와 같은 이치를 너희들이 깨달아야
됨을 잊지 말라.
25 이것이 너희들이 지켜야 할 길이며,
항상 긴장 속에서 행하며 사는 자가
너희들이어야 됨이니라.
26 잠시도 흔들리는 마음이요, 잠시도 마
음의 여유가 있어서는 안 됨이니라.
27 그와 같이 모두를 너희들이 다스려 나
가는 것이니라.
28 너희들이 천사가 되는 것과 사탄이 되
는 것과, 너희들이 인간의 가치를 존
경받는 사람으로서 사는 것과 그렇지
않고 남에게 신뢰를 잃으며 저주받는
사람으로 사는 것 또한 너희들에게 달
렸듯이,
29 너희들이 어떠한 마음 자세로 살아 나
와 너희들이 결합할 수 있는 그와 같
은 길을 꾸준히 노력하며 달려오느냐
에 달렸음을 너는 잊어서는 아니 될
것이며, 너의 제자들 또한 그리 가르
치라.

3,022 번째 하나님 말씀

2002년 8월 19일 20시 10분

1 사랑하는 나의 아들아!
2 "네, 아버님! 말씀하옵소서."
3 수천 년 동안 나의 백성 너희를 하늘
에 인도한다는 종교 지도자들이 스스
로 자기들이 가야 할 길과 가르치는
뜻과 가르치는 목적과 길이 어디 있으
며 나에게 오르는 길이 무엇인가 그조
차도 모르고 그들이 지금 나의 백성들
을 이끌어 가고 있음이니,
4 그를 바로잡기 위하여 너를 세상에 내
려보냈으며, 나의 성령을 너를 통하여
법전이라 하여 이 책으로 만드니, 구
할 자와 구하지 않을 자를 선별하는
마지막 시대의 역사가 이루어지고 있
음이니라.
5 너희들이 하나를 들어 말하면 얼마나
어리석은 자들이던가?
6 육은 상관이 없으며 행함은 관계가 없
으며,
7 오로지 너희들이 믿음이라는 그 길만
을 들어섬으로써 구원을 받는 것이요,
예수를 찾으며 나를 찾고 경배함으로
써 너희들은 구원을 받는 것이지 행위
로써는 구원을 받을 수 없다 그리 말
함이니라.
8 너희들은 여기서 하나 깨우침을 알려
주라.
9 너희들의 육이 고달프며 육이 힘들며
육으로써 지탱하기 어려울 때 과연 너
희들이 정신적인 면에서 버틸 수 있는
가? 정신에서도 너희들의 육이 피로
한 만큼 정신이 혼란을 일으키지 아니
하는가?
10 너희들의 육이 힘들고 고달파 너희 자
신이 지탱하기 힘든 그와 같은 형국에
이르렀을 때, 너희들은 생각하는 것이
며 판단하는 것이며 그 모두도 다 그
와 같이 나약해지며 힘들어지며, 너희
육이 병약해지면 너희들의 그 모두가
다 병약해짐이니라.
11 그 하나를 본다 해도 너희들이 무엇을
알겠는가?
12 육과 영은 하나이니라.
13 육은 집이요, 영혼을 보호하는 곳이
며, 영혼은 또한 너희들이 집안에, 육
안에 보호를 받는 것이니, 이는 똑같
은 연장선상에 있음을 잊어서는 아니
될 것이니라.
14 또한, 종교 지도자들이 그와 같이 말
하는 자 있거든, 너희가 고달프고 힘
들 때 너희 생각이 얼마나 바르고 건
전한가 생각해 보라.
15 너희들의 육이 지치고 힘들 때 그 생
각하는 것 자체가 선명하지 못하며 명
확하지 못하니, 생각 자체도 흔들리며
지침과 같으며 아픔과 같으니라.
16 그리하여 너희들의 육이 고달프고 육
이 흔들릴 때 너희들의 생각이요, 정
신 자세도 흔들리며 또한 나약해지는
것이니라.
17 이는 끊을 수 없는 고리임을 알아야
될 것이니라.
18 너희들이 얼마나 어리석고, 얼마나 사
악한 자들에게 배우며, 그들에게 너희
들이 어찌하여 그리 눈이 가려져 그를
보지 못하며 귀가 막혀 듣지를 못하는
가?

19 종교 지도자가 뭐라 말하느냐?
20 저희들은 나 여호와로부터 선택된 자
니, 만백성 너희들이 그를 심판할 수
없으며, 그들의 오류요, 잘못과 거짓
됨까지도 말할 수 없는 것이라 그리
밀어붙이며,
21 그들의 생각은 나로부터 받은 생각이
기에 너희들은 그를 시시비비해서는
안 된다 그리 가르치는 것이 얼마나
사악한 죄의 온상인지 아는가?
22 내가 불로 써 내려 그를 지키고 사는
것이 영혼의 양식이라 했던 그 십계명
을 지킬 수 없다 거부하는 것보다 더
사악한 자들이 그들이니라.
23 그리하여 그들은 거짓 하고 사악한
짓, 추하고 더러운 짓을 하면서도 저
희들은 나의 뜻을 받아 행하는 자로서
선택된 목자라 하여 저희들을 시시비
비할 수 없다, 저희들을 단죄할 수 없
다 그리 말하니, 그보다 더한 독재자
가 어디 있으며 그보다 더한 제왕이
어디 있는가?
24 그것으로써 저희들은 모두를 다 덮으
며 저희들이 제왕적인 위치에서 버텨
나가고 있음을 알아야 될 것이니라.
25 그들이 그와 같이 가르침으로써 저희
들의 추하고 더러우며, 저희들이 단상
에 하루도 설 자격이 없는 자들이, 그
와 같이 하루도, 단 몇 시간도 설 수
없는 종교 지도자들이 영원히 그 단상
을 지키며 그 단상을 유지하며, 거기
서 제왕적인 행위를 하기 위한 방법이
며, 그 제왕적인 행위를 하면서 나의
피조물 만백성의 금화와 은화를 거둬
들여 너희들을 우롱하는 것이 그 말
이니라.
26 그 말이 없다면 그들은 단 몇 시간도
그 단상에 설 수 없는 자가 부지기수
이며 그 수를 헤아릴 수 없음이니라.
27 여기서 너희들은 반대로 생각해야 되
는 것이니라.
28 종교 지도자이기 때문에 한 점의 부끄
러움이 있어서도 안 되며, 만백성의
생명을 구하는 것이니라.
29 육신의 몇십 년의 생명을 구하는 것이
아니요, 영원히 사는 영혼의 그 생명
을 구원하는 자들로서, 그들의 영혼이
지옥 불로 가는 그와 같은 행위와 천
국으로 가는 그 행위를 하는 것이 종
교 지도자 너희들이거늘, 너희들이 얼
마나 아름답고 깨끗하게 살아야 되는
가?
30 만백성이 영원히 사는 하늘나라에 오
르고 못 오르는 것을 가르치는 자라
하면, 너희들은 모든 제자들에게 너희
들이 잘못했을 때 단죄를 받으며 그들
로부터 깨우침을 받으며 그들보다 더
깨끗하고 아름답게 살아야 하는 것이
너희들이라 그리 말하며,
31 나에게 바친다 하여 너희들이 거둬들
인 그 재물 하나도 너희 이름으로 해
서는 안 되며, 너희 자식들에 대한, 너
희 가족들에 대한 이름으로 해서도 아
니 되며, 가장 낮은 자의 마음으로 살
아가야 한다 그리 너희들이 말하고 가
르치고 행해야 되는 것이 너희들이 하
늘에 오르는 길이라, 그리고 하늘에
오르는 길을 가리키는 자들이라 너희
들은 그와 같이 반대로 이야기해야 될
것이니라.

32 너희 신도들은 열 가지, 백 가지를 잘못하고 실수를 해도 너희 자신은 한 가지도 실수를 해서는 안 되니, 신도들이 스승의 자리로서 너희를 감시·감독하며 깨우쳐 주며,
33 너희가 잘못할 때 그 단상에서 너희를 끌어내릴 수 있는 그와 같은 마음자세로 너희를 감시하고 보아 달라, 그리고 지도해 달라 그리 말해야 될 것이니라.
34 그리한다면 너희들이 얼마나 바르고 깨끗한 자세로 설 수 있겠는가?
35 너희들이 많은 신도들에게 그리 말한다면, 종교 지도자 너희는 스스로 두렵고 무서워서 죄를 짓지 아니하며 사악한 짓을 하지 아니하며 남으로부터 추한 행위를 하지 아니할 것이니라.
36 그러나 너희들은 이것을 역으로 이용하며 그 말 한마디로써 모두를 다 덮어 감이니, 그 한마디로써 제왕이요, 독재자요, 세상에 너희들보다 더 위대한 자 없으며, 너희들은 사악하고 또 사악하다 못하여 나 여호와가 되고자 함이니라.
37 이 세상의 창조주요, 이 지상과 낙원의 그 모두 중에서 진리요, 창조주인 나 여호와만이 남에게 가르침을 들을 일이 없으며 내가 남에게 한 점의 부끄러움이요, 너희들이 봐서 해서는 안 되는 행위를 하지 않고 질서를 파괴하지 아니하는 자는 오로지 나 여호와 하나뿐이니라.
38 그리하여 너희들로부터 심판을 받을 일이 없으며, 너희들로부터 내가 심판의 대상이 될 수 없는 것이며, 하늘과 땅 사이에 너희들이 심판할 수 없는 이는 창조주인 나 여호와 하나뿐임을 알라.
39 나 여호와 외에는 이 하늘과 땅 사이에 누구도 심판을 받지 아니하는 자가 없음이니라.
40 하물며 나 외에는 심판을 받지 아니하는 자가 없거늘, 너희들이 감히 나를 빙자하여 나보다 더 높고자 하며, 나를 빙자하며 나보다 더 높은 권좌를 갖고자 하여, 나의 피조물 만백성에게 너희들은 인간으로부터 심판을 받지 아니하며, 오로지 창조주인 나로부터만 심판을 받는다 그리하니,
41 너희들에게서 배우는, 너희들을 따라서 너희들의 가르침을 들어 하늘에 오르겠다는 나의 가련한 피조물 만백성보다도 더 사악한 짓을 하고 살아가는 너희들이 무엇으로써 지탱하는가?
42 너희 자신은 나 여호와로부터 선택된 자요, 나의 목자이기에, 인간인 나의 백성들이 너희를 심판할 수 없다 하는 그 말 한마디는 너희들의 영혼이 그 단상에서 사기극을 벌이며 너희들이 제왕적이며, 독재자보다도 더 간악하며, 나보다 더 높고자 하며, 나와 똑같은 자가 되기 위하여 너희들이 그리 만들어 놓은 문구며,
43 나의 피조물 만백성을 수천 년 동안 우롱하여 그들로부터 금화와 은화를 갈취하고 도적질했으며 그리하고 또한 그들을 이용하여 너희들의 육신의 편안한 삶을 얻으며, 그들을 구원의 길이 아니라 지옥으로 인도하는 안내자가 되는 그와 같은 삶을 살아왔음을

잊지 말라.
44 지금서부터 이를 접하는 만백성 너희
들이라도 깨우쳐야 될 것이니라.
45 너희들은 반드시 생각해 보라.
46 만백성을 하늘로 오르는 길로 인도하
는 종교 지도자는 자기의 잘못됨을 백
성 너희들로부터 심판을 받아 바르게
살아가야 한다고 너희들이 독촉하고
감시·감독했다면 그들은 2천 년이란
역사가 흐르는 지금에 와서 천사가 되
어 있을 것이니라.
47 그러나 저희들은 심판할 수 없다는 그
사악하고 간악한 방법으로 너희들의
입과 귀와 눈을 막았기 때문에 그들이
지금과 같이 사악한 자들이 되어 있음
이니라.
48 지금이라도 그들이 깨우쳐야 될 것이
니라, 종교 지도자는 한 점의 부끄러
움이 없이 설 수 있는 자만이 종교 지
도자의 자격이 있으며, 많은 신도로부
터 그 심판을 수시로 받으며 자기 자
신을 검증받는 그와 같은 삶을 살지
아니하면 아니 된다는 것을.
49 그리고 그와 같이 검증을 받아야 된다
그리 말하는 종교 지도자가 진정한 나
의 목자요, 나로부터 선택된 자이니,
그리 말하지 아니하는 자를 너희들은
단상에서 단죄해야 될 것이니 잊지 말
라.

3,023 번째 하나님 말씀

2002년 8월 19일 20시 17분

1 사랑하는 나의 아들아!
2 내가 너에게 이르기를, 믿음을 말씀으
로써 믿는 자, 또한 말씀을 기적으로
생각하며 말씀의 기적의 역사의 위대
함을 깨닫는 자는 변화 없는 구원의
믿음의 길을 갈 수 있으나,
3 기적으로써 행하는 것만을 보며 육으
로써 일어나는 기적을 보고 믿는 자는
정녕 진정한 믿음의 길을 모르며, 겉
은 알되 속은 모르는 믿음이라 내가
너에게 일깨워 주었음이니라.
4 그는 기적이 역사하지 아니하면 그 믿
음에서 등을 돌릴 자이니 그와 같은
믿음을 가져서는 아니 된다 내가 너희
들에게 말하였음이니라.
5 너희들은 하나를 알아야 될 것이니라.
6 너희들이 하나의 인체의 그 위대함을
분석해 보고 연구해 보라.
7 너희들이 숨을 들이쉬는 것과 내쉬는
것, 또는 후각과 시각이요, 모든 너희
들의 이목구비에서 움직이는 그 하나
하나의 임무만 너희들이 본다 하여도,
8 어찌 하나의 인체에서 그와 같이 정밀
한 구조의 현상이 일어나 너희들이 지
탱할 수 있는지, 너희들이 또한 육신
의 돌아가는 그 형태를 하나하나 정밀
히 연구해 보고 분석해 보도록 하라.
9 그렇다면 너희들이 창조주가 얼마만
큼 위대하기에 너희들을 창조했는가,
창조주의 뜻과 나 창조주 전지전능한
어버이의 그 위대함을 너희들이 알 수
있을 것이니라.
10 그것 하나만 보더라도 너희들이 나의
위대함이며, 나 창조주가 존재함을 너
희들이 알아야 될 것이거늘, 너희들은
그와 같은 이치를 깨닫지도 못함이니
라.

11 적게는 너희들 자신의 인체의 모든 움
직이고 형성되며 너희들이 숨 쉬고
살아갈 수 있는 그 부분마다 그 작용
이 이루어지는 그 자체를 봐도 너희들
이 알 것이니라.
12 그를 연구한 자, 또 세상에 자연의 생
태계의 살아가는 모습과 이 지구가 하
나의 톱니바퀴같이 어긋남이 없이 정
밀하게 돌아가는 모든 삶의 그 형태를
하나하나 너희들이 바라볼 때 순간순
간에 이 세상에는 수없이 많은 기적의
역사가 이루어지고 있음을 너희들은
알아야 될 것이니라.
13 모든 날짐승들이 살아가는 것이요, 동
물들이 살아가는 것이요, 미물들이 살
아가는 것을 한 가지만 가지고 너희들
이 깊이 연구하고 그들이 살아가는 형
태를 하나하나 연구하여 기록해 놓고
본다 하면 너희들은 경탄을 하지 아니
할 수 없으며, 모든 기적이요, 창조주
의 위대한 역사의 이룸을 너희들은 알
게 될 것이니, 그러한 이치에서부터
너희들이 깨달아야 될 것이니라.
14 너희들은 병든 자를 고치며 천둥번개
가 치는 그와 같은 인간의 기적을 바
라지 말라.
15 지금은 수없이 그보다도 더 많은 위대
한 기적의 역사가 이루어지고 있음을
너희들은 모르고 있음이니라.
16 너희들은 지금 내가 나의 아들을 통하
여 160권이라는 법전을 책으로 만들
어 하늘에 오르는 길이요, 너희들의
구원의 길이요, 또한 제3의 마지막 시
대로서 너희들을 심판하니,
17 구원할 자와 구원하지 않을 자, 버릴
자와 버리지 않을 자, 잘라낼 자와 뽑
아낼 자를 구분하고 있으며, 영원히
내 품에 와 나와 결합할 자를 지금 선
택하는 그와 같은 심판의 역사가 이루
어지고 있다 하면 너희들은 이를 믿겠
는가?
18 지금의 이보다 더한 기적이요, 더 위
대한 역사요, 소용돌이는 없을 것임이
니 그리 알라.
19 너희들이 정녕 나의 법전이요, 그리고
나의 아들이 살다 그가 죽어 갈 때까
지 수많은 나의 뜻을 남기고 기록하여
세상에 전함이니, 이는 바로 나의 뜻
이요, 나의 성령이니라.
20 너희들이 말씀으로써 변화를 이루며,
말씀으로써 기적을 이루며, 말씀으로
써 역사를 이루는 그것을 봐야 될 것
이니라.
21 너희들의 육의 행동으로써의 기적은
너희들의 그 믿음을 중단시키는 것이
며, 미래가 없는 것이며, 너희들이 쓰
러지는 그와 같은 믿음으로 가는 것이
니라.
22 말씀의 세계요, 말씀의 기적이요, 지
금 내가 말씀으로써 너희들에게 모두
를 다 내려보내니,
23 이 말씀이라는 것을 나의 아들을 세상
에 내보내어 그를 통하여 너희들의 글
로써 종이에 명백히 기록하여 세상에
전하니, 이보다 더 위대한 역사가 어
디 있으며 이보다 더 위대한 기적이
어디 있는가?
24 너희들은 너희 생명을 다 주고도 바꿀
수 없으며, 모든 금화와 은화요, 세상
것을 다 준다 하여도 바꿀 수 없는 그

와 같은 위대한 기적의 역사가 너희들 주변에서 일어나거늘, 어찌하여 이 위대한 기적을 모르는가?
25 나의 법전을 읽고 깨우친 자, 나의 성전에 와서 나의 성령을 듣는 너희들까지도 이 역사의 위대함을 모르며 이를 가지고 시시비비하며 이를 가지고 갑론을박하며,
26 이게 참진리요, 나의 뜻이요, 전지전능한 아버지의 말씀이요, 그렇지 않으면 나의 아들 선지자가 위선자요, 가짜요, 사악한 자이기에 너희들을 현혹하는 말세에 대사탄이 와서 혼란을 이룬다 그와 같이 말을 하고 시시비비를 하는 자가 너의 제자들 중에도 있음이니, 이를 어찌하겠는가?
27 너의 제자들 중에 그와 같은 생각과 그와 같은 마음을 가지고 있는 자가 있음이니, 만백성이 이를 어찌 알겠는가?
28 이를 모름이니라.
29 너희들이 인간사에 살아가는 것을 몸으로 체험하며 너희 몸으로 스스로 부닥쳐 보지 아니한 자는 모르느니라.
30 아픔을 겪지 않은 자는 그 아픔을 알 수 없음이니, 아픔을 겪지 않은 자가 그 아픔을 얼마나 느끼며 얼마나 깨닫겠는가?
31 너희들은 이를 깨달아야 될 것이니라.
32 지금의 위대한 나의 법전이요, 성령이 내려가는 것이 정녕 너희들의 구원이요, 생명을 구하는 빛이라는 것을 가슴에 깊이 새겨 이를 움켜잡고 정독하는 자, 그 사람만이 구원을 받을 수 있다는 것을 내가 나의 법전에 수천수만 번 기록하여 너희들에게 전함이니, 이 뜻을 기억하여야 될 것이니라.

3,024 번째 하나님 말씀

2002년 8월 19일 20시 34분

1 사랑하는 나의 아들아!
2 "네, 아버님! 말씀하옵소서."
3 수천 년 동안에 나의 피조물 만백성을 구원하고자 그 많은 종교 지도자들이 다 가르치고 또 깨우쳤으며, 그들이 성서라는 것을 수천수만 번 만백성에게 가르쳤으며, 그 내용을 뒤집고 뒤집어 또 수천 수억 가지 예를 들어 만백성을 깨우치고 하늘에 오르게 하고자 그리 저희들이 단상에 서서 했음이니라.
4 그리하면서 그들은 그 대가를 거둬들였으며, 그리고 그들은 모든 재물과 은화를 바치는 것이 또한 구원의 길이라 그리 말하여 그들을 우매하게 끌고 왔으며,
5 단상에 서 있는 저희들은 추하고 더러운 짓을 저희 신도들보다 몇십 배 더 하는 자도 저희들을 단죄할 수 없으며 저희들을 탓할 수 없다는, 그와 같은 세상에 다시없는 그 아름다운 그 용어 같은 것으로써 저희들을 포장하여 너희들을 꽁꽁 묶어 놓고 제왕적인 행위를 그리해 왔음이니라.
6 그들이 수천 년 동안 너희들을 위하여 가르치고 깨우쳐 전했던 그 모두가 무어라 말했든, 어떠한 방법으로 너희들을 이끌고 깨우쳤든, 그 모든 가르침보다도 가장 중요한 것은 십계명이니

라.
7 십계명보다 더 중요하고 위대한 것을
가르친 자 없으며, 그보다 더 소중한
것을 가르친 자가 없으며, 그 십계명
의 한계를 넘어서 너희들을 깨우치고
자 한 자가 없음을 알라.
8 그리하여 오로지 십계명이 너희들의
영혼을 구원하는 양식이며, 내가 직접
써 내렸으며, 지구가 멸망할 때까지
그 시대에 지키고 살아가야 하는 가르
침으로서 영원히 남음이니라.
9 이게 곧 나의 진리요, 나의 뜻이기 때
문이니라.
10 그리고 나의 성령을 요약하여 너희들
에게 하늘에 오르는 길을 지키게 하였
음이니, 너희들의 성서에 기록되어 있
는 수천수만 가지를 다 요약하였음이
니,
11 너희들은 그를 찾아 지킬 수 없기에
내가 너희들의 열 손가락 안에 들어가
는 것으로 요약하여 그를 지키고 하늘
에 오르라 하였음이니, 이보다 더 중
요한 뜻이 없음이니라.
12 그리하여 그 십계명을 너희들이 그리
지키지 아니하고 행하지 아니하여 그
소중하고 중요한 나의 뜻을 저버리고
살아왔기에,
13 지금 내가 너희들의 제3의 시대를 열
어 나의 아들을 통하여, 종교 지도자
요, 가르치는 자들이 특권 속에 너희
들에게 가르치는 그와 같은 책이요,
그와 같은 성경이 아닌, 내가 누구든
지 글을 알면 깨우치며 읽으면 깨달을
수 있도록 간단하게 세상에 내려보내
너희들을 구원하고자 함이니, 이는 곧
무엇이더냐?
14 십계명이 나의 심장의 가르침이요, 또
나의 법전이 나의 심장의 가르침이니
라.
15 이는 곧 나의 말이요, 나의 뜻이 하나
도 어긋남이 없으며, 거기에 추가되고
버려진 것이 없기에 가장 소중한 것이
나의 법전이요, 나의 십계명이라 그리
말하느니라.
16 너희들이 나의 말씀이라 말하는 나의
십계명을 지키고 나의 법전을 지키지
아니하는 자, 너희들은 죄를 짓지 아
니하고 살 수 없음이니라.
17 십계명을 지키고 나의 법전을 지키고
그대로 살아가고자 발버둥치는 자만
이 죄악에서 벗어날 수 있으며, 너희
들이 지고 가는 수천수만 가지의 죄악
을 하나하나 덜어 버릴 수 있으며,
18 너희들 자신이 변화되는 그 속에서 나
여호와가 원하는 너희들로 그와 같이
형성되고 변화되어 나와 너희들이 하
나의 결합체가 되어 너희들이 구원을
받게 된다는 것을 알아야 될 것이니라.
19 그리하여 너희들은 영원히 사는 나의
나라에 올 수 있으며, 너희들이 영원
한 나라에서 살 수 있음이니라.
20 그리하여 내가 너희들에게 그리 전함
이니, 십계명과 나의 법전보다 더 소
중하고 귀한 것이 세상에 없으며, 하
늘에 오르는 길은 그 두 가지 외에는
없다는 것을 내가 너희들에게 이리도
강조함이니,
21 나의 법전을 정독하는 자, 그리고 나
의 십계명대로 살아가는 자, 그와 같
은 자를 나는 구할 것이며, 그와 같이

아니 하는 자는 내가 버리고자 하며,
22 지금 심판하며 거둬들일 자 거둬들이
며 버릴 자 버리는 이와 같은 시대의
역사가 이루어지고 있음이니,
23 이 시대보다 더 중요한 때가 없으며
이보다 더 소중한 것이 없다는 것을
알아야 될 것이니라.
24 너희들이 영원히 사는 길을 위하여 얼
마나 많은 공과 얼마나 많은 기도와
그리고 얼마나 많은 시간과 그 많은
재물의 금화와 은화를 갖다 바치며 구
원을 받고자 하는 것이냐?
25 그와 같은 것이 다 잘못되었다 함이니
라.
26 그와 같은 방법으로써 너희들이 구원
을 받는 것이 아니요, 오로지 나의 이
지구, 지상이 나의 성전이라.
27 그리하여 나는 몇십 명, 몇백 명, 몇천
명의 인구를 구원하는 것이 아니요,
온 인류를 다 구원하고자 하는 것이
나의 뜻이니라.
28 오늘의 온 인류요, 또 세월이 지나며
태어나는 그 모든 나의 백성이요, 지
구가 멸망할 때까지 온 인류의 백성을
구원하는 것이니, 바로 그것이 무엇이
냐?
29 너희들을 내가 만든 성전에서 똑같이
준 자유와 모든 축복을 똑같이 준 그
속에서 너희들이 깨우쳐 하늘에 오르
는 영광을 얻도록 똑같은 기회를 준
것이니라.
30 그러나 너희들이 지금까지 나에게 역
행하는 자요, 잘못 가르치는 종교 지
도자요, 사악한 자들의 그 세 치 혓바
닥에 현혹되어 감언에 넘어가 너희들
이 잘못 가고 있기에,
31 내가 지금 다시 한 번 너희들에게 기
회를 주고자 하여 십계명을 지키는 것
이 하늘에 오르는 양식이요, 영혼의
양식이요, 구원의 길이라는 것을 심어
주며 나의 법전에 상세히 풀었으니,
32 그곳에서 너희들이 구원에 오르는 길
에 그대로 행하고 살며 구원을 얻어
내가 버리고 버리지 아니하는 곳에 너
희들이 버려지는 사람이 되지 말라 하
였음이니라.
33 이제 나의 십계명을 너희들이 지키고
사는 것이 영혼의 양식이요, 나의 법
전이 제3의 시대에 세상에 내려가 지
금 법전이라 명한 것은 내가 버릴 자,
뽑아낼 자, 벨 자, 그리고 밀어 버릴
자, 이와 같은 자를 구분하고자 하는
그 심판의 시대가 지금 진행되고 있음
을, 너희들은 그 무서움을 알라.
34 이것이 곧 바로 심판이요, 심판의 나
의 말씀이라, 창조주의 말씀이라 너희
들은 그리 가슴에 깊이 새기고 봐야
할 것이니 그리 알라.

3,025 번째 하나님 말씀

2002년 8월 19일 20시 52분

1 사랑하는 나의 아들아!
2 "네, 아버님! 말씀하옵소서."
3 너희 육의 세상의 삶은 너희가 100이
라는 것이 나에게 오른다 하면 60이
라는 그 점수 속에서 너희들이 살아갈
수 있는 모든 것을 내가 주었다 하였
음이니라.
4 너희들이 슬프고 괴로우며 또한 너희

들이 부귀와 영화요, 금화와 은화요,
너희들이 추구하는 목적을 달성하며
살아가는 그 모든 삶이 60점 안에 들
어 있다 하였음이니라.
5 그 60점 속에는 너희들이 나로부터
생명을 받아 세상에 나가 너희들이 노
력하는 만큼 얻고 못 얻는 그와 같은
너희들의 삶을 살도록 기본의 60점을
주었으며,
6 그 60점 속에서 너희들이 나의 계명
을 지키며 나의 뜻에 따라 순종하고
아름답게 살며 선을 추구하고 사는 자
는 죽어서 육은 흙으로 썩어져 가며
너희 영혼은 그 60점의 점수를 넘어
70이요, 80의 그 점수에 올 때 영원한
나의 나라에 들어오는 길이라 내가 그
리 말하여 상세히 너희들에게 가르쳐
주었음이니라.
7 너희들은 60점 속에서 어찌 사는가?
8 육의 삶이 거기서 지탱됨이니라.
9 그리하여 너희들이 살다가 육은 죽음
으로써 한 줌의 흙으로 돌아가니, 이
는 잠시 일시적이라는 것을 알아야 될
것이니라.
10 영혼은 영원히 살아 나에게 와 심판을
받는 것이며, 너희들의 육은 잠시 일
시적이며 그리하여 육은 끝남이 있고,
또 너희들의 육은 없어지는 것임을 알
아야 될 것이니라.
11 너희들이 육과 영혼이 같이하여 육은
집이요, 영혼은 그곳에서 너희들이 죽
어 집이 무너질 때 너희 스스로 60점
속에서 얼마만큼 나의 계명을 지키며
사랑을 베풀며 천사와 같은 삶을 살았
느냐 하여, 그 육이 60점에서 너희들
의 육은 썩어 흙으로 가면서 그 영혼
이 어찌하여 그 어려운 60점의 선을
넘어 70점이요, 80점이요, 그와 같이
하늘에 올라와 나의 나라에 들어올 수
있는가 하는 것이 너희들에게 중요함
이니라.
12 그리하여 너희들은 여기서 육이 얼마
만큼 너희들과 같이 더불어 사는가를
돌이켜 봐야 될 것이니라.
13 육은 정녕 60점 속에서 너희들에게
잠시 일시적인 것임을 너희들이 알 것
이며, 그리하여 육은 그 끝이 보이고
끝이 있느니라.
14 그리고 또 그것은 없어지는 것이니라.
15 없어지며 또 너희들이 기억할 수 없는
것이니라.
16 그러나 나 여호와의 나라에 오르는 것
은 무엇이더냐?
17 영원한 것이며 영원히 살아간다는 것
을 너희들이 알아야 될 것이니라.
18 그렇다면 너희들이 이와 같이 육은 일
시적인 삶이요, 영혼은 영원한 것이
니, 너희가 정녕 어떠한 삶을 선택해
야 하겠는가?
19 너희들이 육의 부귀영화요, 육의 향락
을 위하여 잠시 너희들에게 존재하며
일시적인 것이며 그리고 없어지는 그
육의 삶을 위하여 거기에만 맞추어 살
아야 되겠는가,
20 그렇지 아니하면 너희들이 영원한 것,
영원히 구원받는 나의 나라에 올 수
있는 그와 같은 삶을 선택하여 살겠는
가?
21 너희들의 삶을 선택하는 것은 너희들
에게 달렸다 내가 말하였음이니라.

22 그리하여 너희들이 지금 여기서 육의
행함은 아무것도 아니며, 그저 구원이
라 하여 너희들이 지은 성전에 가서
영혼을 위하여 기도하고 축복을 구하
는 것만이 영원히 사는 것이라는 착각
속에 나의 피조물 만백성을 일깨워 가
고 있음이니, 그렇지 않음을 알아야
될 것이니라.
23 육은 비록 너희들이 일시적이나 내가
너희들에게 준 기본 점수요, 그 60점
속에서 그때까지 지탱하는 것이니라.
24 그리하여 그 영혼과 같이 결합하여 하
나가 되어 너희들이 이루어 나와 거기
서 너희들의 육은 없어지는 것이며 영
혼이 존재하는 것이며,
25 육은 거기서 끝이 나면서 영혼은 영원
히 사는 나에게 심판을 받으니,
26 너희가 거기서 지옥의 삶을 살 것인
가, 천사들만이 사는 그와 같은 나라
에 와서 살 것인가? 이 선택은 60점
안에서 이루어지는 것이니라.
27 그러니 육과 영혼이 분리되어 육은 아
무것도 아니요, 영혼만을 위해서 기도
하고 경배하는 것이며, 선하고 착하게
행하는 것은 구원이 아니요, 육의 삶
은 추악한 짓, 더러운 짓, 남들에게 저
주받는 짓을 해도 너희들이 영혼을 대
대로 구원하기 위하여 믿고 찬송 부르
고 경배하면 너희들은 다 용서받는다
는 소리를 하지 말라.
28 내가 가장 중요한 십계명에 너희들에
게 어찌 행하며 어찌 지키라 명하였음
이니라.
29 이리해야 하고 저리해야 된다 하며,
너희들이 구원을 받기 위해 해야 하는
행동을 거기에 다 기록하였음이니라.
30 성서에 기록된 것이 너희들에게 어찌
하라는 기록이 있는가?
31 나의 법전이 또 어찌 내려가는가?
32 이와 같이 하는 것이 구원을 받으며,
이리 행하는 것이 구원을 받는다 내가
정확하게 너희들에게 명하여 지시하
였음이니,
33 그리하여 십계명과 나의 법전이 똑같
은 제3의 시대에 너희들을 구원하는
가장 중요하고 소중한, 너희들이 하늘
에 오르는 빛을 보게 하며 눈을 뜨게
하며 귀를 열리게 하는 것이라는 걸
잊지 말라.
34 선택의 길을 바로 하여 육에 얽매이는
삶을 살지 말라.
35 어찌하여 끝이 보이고 또 없어지며 일
시적인 그 삶을 위하여, 너희들이 영
원히 사는 그것을 보지 못하고 저버리
려 하는가?
36 이를 나의 피조물 만백성에게 깨우쳐
주라, 나의 아들아!
37 그리고 너의 제자들부터 그리 깨우치
라 그리 전하라.

3,026 번째 하나님 말씀

2002년 8월 19일 23시 14분

1 사랑하는 나의 아들아!
2 "네, 아버님! 말씀하옵소서."
3 너희들이 살아가면서 지켜야 할 것이
있다 하였음이니라.
4 너희들은 '설마 세상의 창조주인 여호
와 하나님이 하늘에 있으며, 우리들이
살다가 육으로 죽어 가는 것으로써 끝

나는 것이지, 무슨 심판이며 하나님으
로부터 벌을 받으며, 설마 그런 것이
있겠는가?' 하는 안일한 생각을 하고
있다 하였음이니라.
5 그리하여 내가 너희들에게 무어라 말
하였던가?
6 '설마, 설마' 하는 그 생각을 지우라
하였음이니라.
7 너희들이 크게는 과연 죽어 와 나로부
터 심판을 받는 영혼이 사는 세상과
육은 한 줌의 흙으로 돌아가는 그와
같이 분리되는, 그리하여 영혼이 심판
을 받는 그 역사의 현장이 있을까, 그
와 같은 형국이 이루어질까, 그리고
천당과 지옥이 있으며 너희들이 말하
는 극락과 지옥이 있는가? 그와 같이
너희들은 의구심을 가지며,
8 '설마' 하며 너희들이 수없이 살아오
는 그 과정에서 너희들이 말할 수 없
는 갖가지 죄들을 지으며 '설마, 이거
야 괜찮겠지? 이 정도의 죄는 괜찮겠
지, 이 정도의 잘못은 별거 아니겠지?'
그리 생각하고 사는 자가 수없이 있음
이니,
9 너희들은 확실히 들어야 할 것이니라.
10 너희들이 이 세상에 생명이 태어난 것
으로부터 너희들이 자연의 위대함과
그 자연의 오묘함과 이 지상에 존재하
는 그것을 볼 때, 너희들은 이를 통제
하는 자가 반드시 있을 것이라는 걸
깨달으라 내가 하였으며,
11 전지전능한 나 여호와가 아니면 이와
같은 질서를 톱니바퀴 돌아가듯이 정
확하게 맞춰 역사할 수 없으며,
12 그보다도 더 정밀한, 산 동물들이요,
산 생명들이 살아가면서 그 규칙과 질
서를 지키며 흘러가는 그 역사의 세월
이 얼마나 위대한 것인가를, 너희들이
그것을 하나 깨우쳐도 감히 '설마' 하
는 그와 같은 생각은 할 수 없다 말하
였음이니라.
13 너의 제자들은 여기서 하나 깨우쳐야
될 것이니라.
14 너희들이 그와 같은 의구심 속에서
'설마 이 정도는 괜찮겠지, 이 정도는
가능하지 않을까? 이 정도도 죄가 될
까, 그리고 과연 이것까지도 알 수 있
을까? 이 세상 수많은 인종 중에서 수
많은 인류 가운데서 내가 오늘 이와
같은 실수를 한다고 해서 과연 이것이
하나님께 크게 기록될 것이며 그 영상
에 기록되어 과연 심판을 받을까?' 너
희들은 그러한 의구심을 갖는 자가 있
음이니라.
15 너희들에게 내가 뭐라 했느냐?
16 번갯불보다 빨리 지나가는 너희들의
그 잘못 하나도 놓침이 없으며 그는
지워질 수 없다 하였음이니라.
17 너희들의 모든 육과 영의 삶을 영상의
필름이 한 곳도 멈추지 않고 계속 돌
아가며 찍어 간다 그리 알고 살라 하
였음이니라.
18 이것을 너희들이 소홀히 해서는 안 됨
이니라.
19 이제 나의 아들을 따르는 너의 제자들
과 나의 법전을 읽고 깨우친 백성, 너
희들은 정녕 나로부터 구원을 받을 자
며, 하늘에 올라와 너희들이 나에게
와 기쁨을 안겨 줄 자들이니,
20 오늘의 내가 나의 아들을 통하여 내리

는 이 '설마하니 있으랴, 설마하니 그
럴까?', '설마' 하는 그 마음의 자세를
완전히 너희들이 돌려먹어야 될 것이
며 바꿔야 됨을 알라.
21 반드시 그것이 존재하며, 반드시 너희
들이 벌을 받으며, 어떠한 작은 것 하
나도 놓치지 아니하고 너희들이 거기
에 대한 대가를 치르고 받는다는 것
을, 그리고 선하고 착한 자는 그 상을
받는다는 것을 절대 잊지 말라.
22 이 모두를 명심해서 행하도록 그리하
라.
23 너희들이 이 선을 넘지 못하며 이 마
음의 자세를 잡지 못하며 이와 같이
살아가는 행함에 있어서 너희들이 행
하지 못하고 조금이라도 흐트러진 그
대가는 너희들이 씻을 수 없는 고통
속에서 반드시 지불하며 대가를 치른
다는 걸 잊지 말라.
24 너희들이 없어지며 사그라지는 그 육
신의 삶이 머지않았음이니, 머지않은
그 세월 속에 너희들이 나에게 심판을
받음을 생각해야 될 것이니라.
25 너희들이 살아오면서 잘못되게 살아
온 그 모든 숫자를 과연 지금 너희들
이 남은 인생에서 열 배 정도로 갚을
수 있는 시간이 있는가?
26 조금도 지체할 시간이 없음을 알라.

3,027 번째 하나님 말씀

2002년 8월 19일 23시 27분

1 사랑하는 나의 아들아!
2 "네, 아버님! 말씀하옵소서."
3 내가 너희들에게 수없이 강조하기를,
나의 법전을 읽고 깨우치며 하늘에 오
르고자 하는 너희들이, 나의 성령을
듣는 나의 아들의 제자인 너희들이 인
간의 머리로써 모든 것을 평가하며 계
획하며 생각하여 행하지 말라 하였음
이니라.
4 오로지 나에게 묵상과 기도로써 너희
들이 답을 들으며, 너희들이 식사를
할 때도 '과연 이를 먹을 자격이 있으
며, 앉아서 너희들이 이곳에 있어야
할 것인가?'를 먼저 나에게 기도하여
답을 받으라 하였음이니라.
5 그리하여 모든 것을 너희들은 나에게
항상 기도하며 나에게 답을 원하는 그
와 같은 삶으로 살라 하였음이니라.
6 너희들은 나의 아들을 따르는 제자로
서, 나의 혈통이요, 나의 성령으로써
만백성을 구하는 지도자이니, 지금서
부터 너희들이 그와 같은 삶을 살아가
야 함이라 하였음이니라.
7 너희들이 인간의 머리로써 생각하며
인간으로서 깨우침을 얻는 것은, 그건
잊어버림이요, 지워짐이니라.
8 그리고 너희들이 깨우친 그 진리며 너
희들이 깨우친 생각의 뜻이란 더러는
그것이 너희들의 생각으로써 그치는
것이며, 정녕 나의 진리와 내가 원하
는 뜻과는 거리가 너무나도 멀기 때문
이라 내가 너희들에게 말하여 전하였
음이니라.
9 너희들은 끝이 있고 그 답이 있으며
곧 잊어지는 그와 같은 것이 너희들의
머리로 쓰는 그 진리니라.
10 그러나 너희들은 나의 뜻에 따라 행해
야 할 나의 백성들이니, 너희들은 영

원한 진리가 있어야 될 것이니라.
11 너희들이 인간의 깨우침으로써 행함
은 진정 영원한 진리가 아니니요, 잊히
고 끝이 있는 그와 같은 깨달음이기에,
12 나 여호와의 말씀이요, 내가 내리는
그 모두는 진정한 진리이며, 영원한
진리이며, 너희들이 이 세상을 지배하
며 살아가되, 수천 년 역사가 흘러도
그가 변화됨이 없으며 그가 또한 흐려
짐이 없으며, 너희 세대에 따라서 그
진리가 변화되는 것이 아니기 때문이
니라.
13 너희들이 생각하는 것은 머리로써 판
단하며 순간적인 오차로써 너희들이
나의 뜻과는 너무나도 먼 역사를 이루
게 됨이니,
14 그곳에서 이루어지는 차이점은 너희
들이 상상할 수도 없으며 감내할 수도
없는 그와 같은 무서운 결과가 이루어
지기 때문이니라.
15 그리하여 너희들은 나에게 항상 묵상
과 기도로써 영원한 진리의 깨우침을
얻어 행해야 됨이니라.
16 그리하여야 역사가 흐른 다음에 너희
들이 그 오차가 없음을 알 수 있을 것
이며, 너희들 임의대로 생각해서 결정
한다면 그 오차의 범위는 말할 수 없
이 벌어짐을 알라.
17 내가 너희들에게 진주보다 조약돌이
더 위대하다 했다면, 너희들은 그 조
약돌을 주우면 조약돌이 진주보다 위
대함을 세월이 지나면 알 것이니라.
18 내가 너희들에게 취하라 하는 것이 작
은 것이든 큰 것이든, 내가 작은 것을
취하고 큰 것을 버리라 할 때 그는 다
그만큼 세월이 흐른 다음에 거기에 정
답이 있으며 거기에 필요함이 있음을
알 수 있다 하였음이니라.
19 너희들 인간의 머리로써는 지금 눈에
보이는 것이요, 너희들이 만질 수 있
는 것이요, 그리고 너희들이 확인할
수 있는 것으로써 모두를 평가하며 점
수를 매김이니라.
20 그리하니 세월이 지난 다음에 그 변하
는 역사는 너희들이 알 수 없지 않은
가?
21 너희들이 기르는 동물도 마찬가지니
라.
22 너희들이 갓 태어난 새끼로써는 알 수
없음이니라.
23 그 새끼가 아무리 크다 하여도 그것이
큰 짐승의 새끼인지 아닌지 모르며,
또 그가 변화되는 것을 모르는 것이니
라.
24 같은 종류의 새끼도 작게 태어났다 하
여 그가 작게 자라는 것이 아니며 크
게 태어났다 해서 큰 것만은 아님이
니, 너희들이 이와 같이 자연의 생명
의 태어남과 죽음을 보면서도 알 수
있을 것이니라.
25 그와 같은 이치니라.
26 그것을 너희들은 모르느니라.
27 아무리 작게 태어났다 해도 그게 너희
들의 몇 배의 몸집이 될 수 있는 그와
같은 성장의 미래를 너희들은 모르기
때문이니라.
28 오늘의 역사를 너희들이 보이는 것으
로써 그것이 위대하며 방대하다 생각
하나, 그 방대함도 하루아침에 무너지
며, 또한 그보다 작은 것이 그보다 더

위대한 역사를 이루는 것을 너희들이
알 수 있음이니, 그것이 나의 뜻이요,
나의 뜻이 아님을 알 수 있음이니라.
29 너희들은 지금 수십억의 인구, 수천의
종교 지도자의 그 많고 위대한 집단으
로서 그 집단 앞에 누구도 거역하지
못하며,
30 그들이 바로 서지 못하였으며, 수천
년 역사 동안에 인간의 생각으로써 저
희들이 통제해 왔으며, 저희들이 인간
의 생각에 맞추어 지금까지 이끌어 왔
다는 사실을 그 누구도 거기에 거부하
지 못하며 그를 부정하지 못하면서,
31 그 앞에 너희들이 고개 숙여 스스로
그 집단 속에 들어가 영혼이 구원을
받고자 가르치는 자들 앞에 고개를 숙
이고 있음이니라.
32 그러나 지금 나의 아들이 어찌 가는가?
33 그 방대한 조직 속에서 그 위대한 종
교 집단이요, 누구도 그를 무너트릴
수 없으며 그와 대적할 수 없는 그 종
교 집단을 한 인간이 동양의 작은 이
나라에서 160권이라는 나의 법전으로
써 그를 밀치며, 그와 대적하고자 지
금 하나의 싹이 서서히 커 감이니,
34 이 싹은 참진리요, 영원히 존재하는
것이며, 창조주인 내가 내리는 나의
성령이요, 나의 뜻이기에 이가 자라나
는 것은 이 세상을 선으로 덮을 것이
니라.
35 지금의 너희들이 잘못 가르치고 잘못
깨우쳤으며, 너희 스스로 입증하듯이
세상에 사탄이요, 마귀가 지배하며,
도둑이 들끓으며, 종말이요, 말세의
시대가 왔다는 것은 너희들이 잘못 가
르치고 잘못 인도했기 때문에 그러느
니라.
36 나의 참진리로써 나의 아들이 지금 법
전을 만들어 세상에 전하듯이, 너희들
이 나의 뜻을 알았으며 내가 원하는
것을 알았으며 내가 추구하는 걸 알았
으며 나의 성령으로써 너희들이 받았
으면 너희들이 바로 오늘과 같은 역사
를 이루지는 않았을 것이며,
37 나의 아들을 통하여 법전이 세상에 내
려와 만백성을 구하는 그와 같은 전통
의 나의 혈통이 벌써 세상에 나와 있
었을 것이니라.
38 그가 지금 존재하지 아니하기에 내가
2천 년이 흐른 지금에 와서 나의 혈통
이요, 나의 성령으로써 이 세상을 다
지배하고자 함이니,
39 지금 너희들이 바로 어떠한 형국에 있
더냐?
40 태어남의 작고 큰 것으로써 그가 성장
하는 그 크고 작음도 평가하는 그와
같이 어리석은 것이 너희들의 머리의
판단이니라.
41 비록 동양의 작은 나라에서 나의 아들
이 다락방에 앉아 밤과 낮을 가리지
아니하며 나의 성령을 받아 기록하여
책으로 만드나, 이것이 세상을 하얀
눈이 덮듯이 덮을 날이 머지않았음이
니,
42 아무리 큰 종파요, 종교의 집단도 이
를 거부하고 이길 수 없는 것이니, 지
금 바로 여기에 너희들이 눈을 돌려
봐야 될 것이니라.
43 그리고 너희들이 이를 보고 깨우쳐야
될 것이니라.

44 지금 작은 집단으로써 발돋움하는 나
의 아들을 따르는 자, 이곳에 와 성령
이요, 나의 법전을 읽고 깨우치는 자,
그리고 나의 아들을 통하여 너희들에
게 직접 내리는 나의 가르침의 뜻을
받는 자, 너희들은 나보다 더 위대한
스승이 없으며 나보다 더 위대한 스승
의 가르침이 없을 것이니,
45 창조주인 나 여호와를 통하여 배우고
듣는 너희들보다 위대한 백성이 없음
이니, 너희들은 그와 같은 이치를 깨
우쳐야 될 것이니라.
46 가장 위대한 스승 앞에 너희들이 배우
는 사람이 되었으며 깨우침을 얻는 사
람들이 되었으니, 세월이 흐른 다음에
너희들을 따를 자도 없을 것이니라.
47 지금 당장 너희들이 길거리로 나가 나
의 수천수만의 백성들과 수십 년 자기
생명을 바쳐 종교 집단의 믿음의 세계
에 온 자들과 너희들이 갑론을박하고
시시비비를 한다면 너희들을 따를 자
가 없느니라.
48 너희들의 생각을 따를 수 없느니라.
49 그들은 천 년이요, 만 년이 흘러도 너
희들이 지금 하는 그와 같은 깨달음을
알 수 없으며 너희들이 전하는 뜻을
전할 수가 없음이니라.
50 그는 곧 무엇이더냐?
51 창조주의 참진리를 모르기 때문이니
라.
52 내가 아니기 때문에 그러니라.
53 내가 가르치는 것이 아니요, 내가 전
하는 것이 아닌 걸 가지고 너희들이
그와 같이 살아왔기 때문에 참진리 앞
에는 견딜 수 없음이니라.
54 진실 앞에 거짓의 위장은 벗겨짐과 마
찬가지니라.
55 이 뜻을 깨우쳐 너희들이 지금 나의
법전을 읽고 깨우치는 자, 나의 성전
에 와 나의 아들이 전하는 나의 성령
의 내가 직접 내리는 나의 음성이요,
나의 뜻을 듣는 그 영광을 얻는 자만
이 구원의 길에 들어섬이요, 하늘에
오르는 찬란한 빛을 너희들의 가슴에
받음이니 그리 알라.

3,028 번째 하나님 말씀

2002년 8월 19일 23시 38분

1 사랑하는 나의 아들아!
2 "네, 아버님! 말씀하옵소서."
3 나의 피조물 만백성에게 십계명을 지
키고 살라 말하며 나의 법전을 읽고
깨우쳐 그대로 실행하고 살라 내가 그
리 가르침이니라.
4 그러나 너희들이 나의 십계명을 지키
며 나의 법전을 기록한 그 내용을 보
고 깨우쳐 살아나간다는 것은 그리 말
처럼 쉬운 것은 아니니라.
5 지금의 육의 삶에 있어서 너희들이 향
락과 즐거움과 너희들이 성취하는 욕
구와 그와 같은 희비애락의 그 삶 속
에서 너희들의 삶의 희망은 육에 모두
가 맞춰져 있으며,
6 금화와 은화의 부귀한 생활과 권력을
너희 손에 쥐며, 남으로부터 존경받으
며 향락의 그 육의 삶의 수천수만 가
지 즐거움 속에서 너희들이 나의 법전
을 읽고 깨우치며 십계명대로 살아간
다 하는 것은 어렵고 힘든 길이니라.

7 그 육의 생활 속에서 살아온 너희들이
어느 날 갑자기 나의 법전을 읽으며
나의 십계명대로 지키고 살아가겠다
고 마음으로 그 변화를 이룸이니, 곧
그는 깨우침이니라.
8 그리하여 너희들이 그 깨우침을 얻어
나에게 오를 수 있는 것은, 다시 태어
나고자 하는 너희들의 그 고난의 길은
너무나도 어렵고 힘든 것이니라.
9 너희들이 다시 태어나 나에게 오르는
삶으로 바꾸는 그 일은 너무나도 험악
한 길이니, 너희 스스로 싸워서 이겨
야 될 것이며,
10 너희들이 모든 인간 세상의 유혹과 그
향락과 즐거움 속에 살아왔던 그 모두
를 다 버리며, 그들과 싸워서 너희들
이 이기는 자가 되지 아니하면 너희들
은 정녕 견딜 수 없는 것이니라.
11 그리하여 너희들이 그와 같이 길고도
먼 고난의 세월이요, 그 고통의 세월
을 이길 수 있는 자만이 다시 태어남
이니, 그는 과연 어렵고도 힘든 길인
것이니라.
12 너희들이 그와 같이 싸워서 이길 수
없는, 너희 자신이 바로 서는 그와 같
은 삶을 이겨 내지 못하며 너희 자신
을 다스리지 못하며 그 긴 고난의 세
월 속에서 그 모두와 싸워서 이기지
못하며 견디지 못한다면,
13 너희들은 하늘에 오르는 영광의 길을
볼 수도 없으며, 악마요, 사악한 것이
너희 자신으로부터 너희들을 다 스스
로 이끌어 가며 너희들을 잠식해 가게
됨이니라.
14 그리하여 너희들은 그리 빠져들어 가
며 영원히 지옥으로 가는 길로 너희
스스로 빠져 가게 됨이니, 이 싸움은
너희들 자신에게 달렸음을 알아야 될
것이니라.
15 그렇지 못한 자, 하늘에 오르는 찬란
한 영광의 빛이요, 그 낙원에서 살 수
없는 자들로서 되고 마니,
16 이것은 너희들의 육의 백 년이요, 너
희들이 살아오는 그 세월과 비교할 수
도 없으며 상상할 수도 없는, 그 영원
히 변하지 않는 삶 속에서 너희들이
어떤 길로 선택하느냐,
17 너희들이 백 년도 안 되는 그 육의 삶
의 생활에서 어떠한 길을 선택해서 가
느냐 하는 것을 너희들이 생각할 때,
너희들의 육의 삶의 고통과 고난은 아
무것도 아닌 것이니라.
18 너희들이 평생 사는 백 년도 안 되는
육신의 삶을 위해서 너희 모두를 바쳐
살듯이, 너희들이 그와 같이 영원히
사는 나의 나라에 오고자 하는 것은
열배 백배 더 노력을 해야 될 것이거
늘,
19 너희들이 백 년 사는 그 세월에는 모
두를 다 바치며 아낌없이 투자하며 그
를 향해 달려가는 데는 주저함이 없느
니라.
20 그러나 영원히 사는 나의 나라에 올
수 있는 그 영광과 영원히 사는 지옥
으로 가는 그 험악한 그 선택의 길을
자원한 그 삶의 생각에서 너희들은 선
을 선택하지 못함이니, 이는 곧 무엇
이더냐?
21 나의 법전대로, 나의 십계명대로 사는
그 고난을 이기지 못하고 견디지 못하

는 너희들의 습성인 것이니라.
22 그리고 너희들은 미래를 보지 못함이
니라.
23 그리고 앞으로 이루어질 그 역사를 보
지 못하기 때문임을 알아야 될 것이니
라.
24 너희들은 어떠한 고통과 시련이 있다
해도 그 어려움 속에서 나의 계명과
나의 법전을 지키지 않고 산다면, 너
희들은 악마의 씨가 되며 마귀의 잔재
가 되어 있음이니,
25 너희 마음속에는 마귀의 잔재요, 악마
의 씨의 잔재가 남아 너희들을 언제든
지 삼켜 버리며 너희들을 지옥으로 이
끄는 그와 같은 그 뿌리가 잠재하여
있음이니라.
26 그를 버리지 못하고 너희들이 싸움에
서 이기지 못한다면, 너희들은 항상
악마의 씨가 되며 악마의 잔재가 너희
들을 삼킬 수 있어 호시탐탐 너희 자
신을 노리는 그와 같은 삶에 서 있다
는 것을 알아야 될 것이니라.
27 너희들이 나의 계명에 따라 나의 법전
대로 깨우쳐 바르고 곧은 길로 가지
아니한다면, 너희들을 항상 지옥 불로
잡아당기려는 악마의 그 씨앗들과 그
들의 잔재가 너희들을 잠식하고자 그
리 항상 노리고 있음을 잊어서는 아니
될 것이니라.

3,029 번째 하나님 말씀

2002년 8월 19일 23시 48분

1 사랑하는 나의 아들아!
2 "네, 아버님! 말씀하옵소서."
3 나의 피조물 만백성 너희들은 세월이
지나면서 슬펐던 일과 괴로웠던 일 그
모두를 스스로 너희들이 지워 버리며
잊고자 하여 잊으며 또 세월 속에 너
희들 스스로 자신도 모르고 지워지며
잊어 감이니, 너희들은 망각이라는 그
속에서 살아감이니라.
4 그리하여 너희들은 즐겁고 괴로웠던
그 모두를 세월이 지나면 그 세월 속
에 묻으며 스스로 잊어버리고 또 내일
을 위해 살아가는 것이 너희들의 지금
까지 살아오는 형태의 삶이니라.
5 그러나 나의 백성으로서 선택된 너희
들은 이제는 너희들의 가슴속에 깊이
기억할 것이 있음이니라.
6 너희들은 나의 성령이요, 나의 가르침
이요, 십계명과 나의 법전의 가르침을
지워서는 아니 될 것이며, 이를 잊어
서도 아니 됨이니라.
7 너희들이 나의 성령이요, 나의 아들을
통하여 너희들에게 직접 가르치는 성
령의 가르침과 십계명에서 너희들에
게 원하는 것과 나의 법전에서 너희들
에게 깨우쳐 이르고자 하는 그 가르침
을 너희들은 절대 망각하여 잊어버리
고 지워서는 아니 됨이니라.
8 너희들은 이와 같이 나의 계명에서 너
희들에게 원하는 것이요, 나의 법전에
서 상세하게 너희들에게 깨우쳐 하늘
에 오르는 길을 제시해 주며, 나의 아
들을 통하여 성령의 뜻으로써, 나의
음성으로써 너희들에게 직접 가르치
니, 너희들이 듣고 배운 것을 정녕 지
워 버리면 아니 되는 것이니라.
9 성서의 가르침을, 법전의 가르침을 너

희들이 지워 버려서는 아니 되는 것을
내가 다시 한 번 강조함이니, 너희들
은 이를 가슴속에 항상 안고 깨우치며
살아가야 되는 것이니라.
10 이는 무엇이더냐?
11 바로 나의 진리의 뜻이요, 나 여호와
가 직접 너희들을 가르치려 함이니라.
12 진정한 진리요, 나 여호와로부터 직접
나의 뜻을 깨닫고 배운 너희들은 나의
생각과 내가 원하는 그 방향을 알고
있으며, 내가 이루고자 하는 새로운
역사를 알고 있기에, 너희들은 내가
가르치는 것을 항상 기억하고 생각해
내며,
13 그것이 지워지려 할 때, 그 망각에 빠
져들 때, 너희들이 나로부터 배운 것
은 기억에서 끌어내어 반복적이고 또
반복적인 훈련을 전개하고 거듭 깨우
치고 또 깨우침으로써 너희들이 영적
으로 변화하는 데 이 모두가 너희들의
양식이요, 너희들을 구원의 길로 인도
하는 것이기 때문이니라.
14 너희들이 육의 세상에서는 잊어버리
며 지워 버리며, 아무리 너희들이 고
통 속이라도 세월이 지나면 그를 지울
수 있으며 지워 버려도 됨이니라.
15 아무리 기쁜 일도, 또한 기쁜 역사의
한 토막도 너희들이 지워 버릴 수 있
는 것이니라.
16 그러나 너희들이 나의 가르침을 지워
서는 절대적 안 됨을 알아야 될 것이
니라.
17 이는 곧 너희들의 양식이기 때문이니
라. 그리고 너희들을 구원하는 빛이기
때문이니라.
18 너희들은 깨우치면서 변화되는 것이
며, 그 변화됨이 나에게 오르는 길임
을 알아야 될 것이니라.
19 그러면서 너희들은 살아가면서 말하
지 않느냐?
20 너희들은 육의 관계의 깨달음과 영의
깨달음의 그 자체를 구분하며 영과 육
을 같이 하나로 생각하지 아니하는 종
교 지도자들이 너희들을 이끌어 가는
지금의 형국이 도래하였느니라.
21 내가 너희들에게 가르친 것을 망각하
지 아니하고 기억하여 또 꺼내어 반복
하고 반복하여 그를 너희 것으로 만드
는 그와 같은 훈련을 함으로써 구원을
받는 것이 육신이 행하는 것이며, 그
육신이 바로 행하고 지탱됐을 때, 너
희들이 훈련된 그 깨달음의 깊이에 따
라 너희들이 구원의 길에 오를 수 있
고 못 오르는 것이 여기에 있음이니,
22 지금 너희들이 육과 영이 구분되어 오
로지 영적인 나 여호와와 나의 아들만
을 찾는 것, 저희 성전에 와 기도하며
부르짖는 것만이 구원된다 가르치는
그들에게 이와 같은 뜻을 가르쳐 줘야
될 것이니라.
23 항상 기억하고 노력하는 그 속에서 영
원히 지워 버리지 아니하며 망각 속에
서 잊어버리지 아니하는 것이 나 여호
와의 가르침이요, 나의 성령의 법전이
너희들에게 전하고자 하는 그 뜻이니,
이것이 참진리이기 때문이며,
24 이를 항상 끄집어내 기억하고 기억하
는 그 훈련 속에서 너희들이 변화되어
육과 육의 삶이 끝나고 영혼이 나에게
왔을 때, 그 훈련에 따라 너희들이 구

원의 길을 오르고 못 오른다는 것을
잊지 말아야 할 것이니라.

3,030 번째 하나님 말씀

2002년 8월 20일 0시 12분

1 사랑하는 나의 아들아!
2 "네, 아버님! 말씀하옵소서."
3 구약 시대의 그 만백성이 깨우쳐 하늘
에 오르고자 몸부림쳤던 그들의 삶의
현장을 바라보며 네가 생각해 보라.
4 그들이 어찌하여 정녕 나에게 구원의
길을 오를 수 없었던 그와 같은 삶을
살았겠는가?
5 또한, 그들이 어찌하여 내가 원하는
그 삶을 살아 나로부터 구원을 받는,
나 여호와를 기쁘게 하는 나의 아들과
딸로서 태어나지를 못하며,
6 죄를 짓고 그 죄의 대가를 치르는 그
와 같은 고통의 세월 속으로 갔는가?
7 그리고 그들은 어찌하여 그 길을 갔는
가?
8 정녕 하늘에 오르는 길이요, 나의 계
명대로 깨우쳐 살 수는 없었던 것인가?
9 신약 시대 또한 마찬가지니라.
10 그 시대에 살았던 그 백성들이 나의
아들을 그와 같이 아픔으로써 몰았으
며, 그들이 또한 그와 같이 사악한 짓
을 했음이니,
11 그들이 어찌하여 하늘에 오르는 길,
그 영광스런 나의 낙원에 와 사는 구
원의 길을 선택하지 아니하고, 나와
정반대인 그 사악하고 잔악한 길로 가
죽음으로써 지옥 불에 가 그 고통을
다 치르는 길을 선택하여 살아갔는가?
12 지금 너희들은 어떠한 것으로써 가는
가? 지금 너희들의 삶을 비추어 보라.
13 구약 시대에 우상을 만들어 광란의 짓
을 하여 그들이 나에게 구원을 받지
못하며 하늘에 오르는 길을 선택하지
못하고 지옥 불로 떨어지는 길을 간
그 백성들을 보며 너희들은 그때의 정
황을 어찌 생각하는가?
14 그러면서 너희들은 그들을 어리석다
생각하지는 아니하는가?
15 신약 시대 또한 그렇지 아니하였던가?
16 나의 아들이 성령을 가지고 가 직접
저희들을 구하며 그 죄를 다 안고 그
죄의 대가를 치르고자 하였으며 그리
하여 너희들을 구원하고자 하였으나,
17 그때 그 백성들이 그를 저주하여 그와
같이 고통스럽게 나의 뜻에 역행한 그
들의 행동을 보며 너희들은 그들을 뭐
라 말하는가?
18 어리석은 백성들이요, 깨우침이 없는
백성들이라 하며, 그 위대한 기회를
놓친 그 백성들을 너희들은 지금 어리
석게 볼 것이니라.
19 여기서 내가 나의 아들을 통하여 나의
법전에 오늘의 너희들을 하나 비춰 봄
이니, 너희들은 이를 거울삼아 너희들
자신을 돌아다봐야 될 것이니라.
20 너희들이 구약과 신약의 시대에 살았
던 나의 백성들을 그리 보듯이 너희들
이 지금 그들과 똑같은 시대의 삶을
살고 있음을 알아야 될 것이니라.
21 지금까지 가르치는 종교 지도자들의
가르침이 정녕 구원의 길이 아니요,
잘못된 가르침이요, 나의 뜻이요, 나
의 성령이요, 미래에 내가 이루고자

하는 것을 모르며 내가 원하는 것을 따르지 아니함이니, 우상을 만드는 자요,
22 나의 아들을 보내 그들을 구원하고자 하였으나 그들의 구세주를 죽이는 그와 같은 행위를 한 그들과 너희들이 똑같은 행위를 지금 하고 있음이니라.
23 시대만 변했을 뿐이요, 하는 행위만 변했을 뿐이요, 너희들이 행동하는 것만 다를 뿐이지,
24 너희들이 나의 계명에도 있지 않은 재물을 거둬들이며, 헌금을 거둬들이며, 그리고 나의 십계명에 없는 그와 같은 성전을 궁궐같이 아름답게 지어 그것을 운영하며 관리하기 위하여 평생 재물을 긁어모으며,
25 나의 백성들을 진리 가운데로 깨우치는 것이 아니라, 재물을 긁어모으기 위하여 그들의 비위를 맞춰야 되며 그 뜻을 따라야 되며,
26 그리고 그들이 떠나서는 안 되니 잘못 가는 자, 잘못 대응하는 자를 버릴 수도 없는 그와 같은 너희들의 형국이 되었음이니라.
27 너희들이 그 성전을 운영하고 경영하기 위하여 잘못된 자라도 그가 재물을 많이 바친다면 그를 버리지 못함이니, 내가 오죽하면 너희들에게 말했겠느냐?
28 동물을 가르치는 조련사가 동물을 잘 가르쳐 많은 관객에게 그 묘기를 보임으로 너희들이 즐거움이 있다 하였음이니라.
29 그러나 오히려 너희들은 지금 거꾸로 조련사가 그 동물에게 배움을 당하며 가르침을 받는 그와 같은 형국으로 되었음이니, 과연 동물이 조련사에게 무엇을 가르치겠느냐?
30 저희들의 동물의 형태요, 저희들의 삶이요, 저희들이 좋아하는 방법으로써 동물적으로 가르치지 않겠는가?
31 동물에게 가르침을 받는 그 조련사가 사람이 동물로 변하는 그와 같은 거꾸로 된 형국이 되었음이니, 너희들의 지금의 믿음이 그와 같이 되어 있음이니라.
32 지금의 너희들이 그 성전의 문을 닫으며 그 성전을 뛰쳐나와 계명을 지키고 사는 것이며, 이 자연의 위대한 나의 성전에서 너희들이 십계명만을 지키고 살면 구원을 받는다 하여 스스로 계명을 지키며 살아가고자 그와 같이 행하는 자는 구원을 받을 것이니,
33 너희들에게 얼마나 이것이 간편하며 얼마나 평화로운 길이며 얼마나 편한 길이던가?
34 나 여호와가 너희들이 하는 것처럼 손으로 지은 그 성전에 들어가 평생 재물을 바치며 거기에 자유를 뺏기며 억압된 생활 속에서 너희들이 살아가면서 나에게 오르도록 그리 만들었겠는가?
35 사랑하는 아들아!
36 너희들은 들으라.
37 멀리 나간 자식이 부모를 찾아오는데, 징검다리를 자르며 징검다리를 무너트려 그 자식이 강을 건너지 못하도록 그리하는 부모가 어디 있는가?
38 너희들은 어찌 그를 모르는가?
39 부모로서는 자식이 돌아온다 하면 그

징검다리를 보수할 것이며, 혹시나 그
자식이 넘어져 빠질까 봐 자기가 늘
다니던 길이라도 수십 번 다시 두드려
보고 또 만져 보고 보수하여 그 자식
이 올 때 즐거운 마음으로, 탄탄한 마
음으로 편안하게 거기를 건너올 수 있
도록 징검다리를 놓아 주는 것이 부모
의 마음이요, 그것을 정비하는 것이
부모의 마음이거늘,
40 어찌하여 너희들은 그와 같은 이치를
깨우치지 못하는가?
41 지금 종교 지도자들이 나에게 오는 것
은 재물을 바치며 그 성전에 와 기도
하며 각종 헌금을 수단과 방법을 가리
지 않고 금화와 은화를 바치며, 심지
어는 하늘의 나의 낙원에 쌓아 놓기
위하여 재물을 바친다 하여 그들을 그
렇게 고통스러운 길로 이끌어 가며,
42 자유의 시간이요, 그들의 삶의 시간이
요, 심방이라고 하여 저희들이 노력하
여 먹고살고자 하는 가정의 생활까지
파괴하며, 그들을 묶어 두려 하는 것
과 같으니, 그게 어떤 것이더냐?
43 객지에 나간 자식이 추운 겨울날 부모
를 찾아올 때 건너야 하는 그 징검다
리를 부모가 부숨과 마찬가지니라.
44 그 자식이 추운 강물에 발이 빠지고
저리도록 하여 맨발로 그 강을 넘도록
하며, 건너오지 못하게 하며, 쓰러져
찬물에 넘어지게 하며, 그리하여 병들
어 그가 오지 못하도록 하는 그와 같
은 행위를 하는 부모가 있더냐?
45 그러한 부모의 심성을 하고 있는 것이
지금의 믿음이니라.
46 내가 너희들에게 이 자연이요, 이 지
상이 내가 만든 성전이요, 그 속에서
너희들은 스스로 십계명을 지키고 살
면 구원을 받는다 하였으니, 그게 무
엇이더냐?
47 겨울에 추운 날 자식들이 고향을 찾아
와 어버이에게 오는 그 징검다리의 눈
을 쓸고 빙판 진 것을 녹이며, 그를 바
르게 건너올 수 있도록 완전한 다리를
놓아 주고 만드는 것이 부모의 심정이
며,
48 그 후자의 계명을 지키고 너희 스스로
기도하고 살라 내가 그리 편안하고 간
단하고 안전하게 만든 것이 나의 계명
이요, 그 계명을 따라 나의 성전에서
기도하고 구원을 받으면 되는 것이니
라.
49 지금 너희들이 백 년, 2백 년의 세월
이 흐른 다음에, 천 년의 역사도 흐르
기 전에 오늘에 살았던 너희들의 그
믿음이 잘못되었다는 것을, 그리고 오
늘에 살았던 너희들이 얼마나 어리석
은 자들인가를 너희 후손이 평가할 것
이니라.
50 나의 성령을 나의 아들을 통하여 직접
하늘에서 내렸으며, 그 선지자요, 나
의 아들이 같이 살아가는 시대에 그와
같이 간곡히 부르짖는 나의 법전이요,
나의 성령의 강론함을 듣지 않고, 너
희들이 고집스럽게 지금의 종파들의
그 믿음의 길만이 구원을 받는다 하여
그리 달려가고 그리 살아가니,
51 모세가 십계명을 받으러 갔을 때 그들
이 우상을 만들어 광란으로 하늘 문을
닫게 했던 그 백성들과 신약 시대에
나의 아들 예수가 내려가서 성령을 전

하여 너희들이 천년만년 영구히 사는
생명수를 전하고자 했을 때, 그를 죽
이게 했던 그 백성들의 어리석고 불쌍
한 행위를 너희들이 지금 보며 얼마나
그들을 안타깝게 생각하는가?
52 지금 바로 너희 후손들이 백 년, 2백
년 후에 너희들을 볼 때, 이 법전을 보
지 아니하며 이를 깨우치지 아니하며,
나의 아들이요, 나의 선지자가 세상에
나와 33년이라는 그 세월 동안에 너
희들을 다스리고 이끄는 것을 너희들
이 어찌 몰랐는가 하여, 그때 가서 저
희 조상들이 얼마나 어리석고 우매한
가를, 지금의 너희들을 평가할 것이니
라.
53 나의 법전을 보라.
54 그리하여 지금의 종교 지도자들이 잘
못 가르치고 있음을 너희들이 확실히
알아야 될 것이며,
55 그들은 너희들을 구원의 길로 인도하
는 것이 아니요, 너희들을 영원히 돌
아올 수 없는 지옥의 벼랑 길로 안내
함이니,
56 지옥 길로 가는 그 벼랑에서 너희들이
지옥 불로 떨어졌을 때, 영원히 돌이
킬 수 없는 그와 같은 고통 속에서 살
아감을 알아야 될 것이니라.
57 지금 나의 피조물 만백성을 이끌어 하
늘로 오르겠다는 그 종교 지도자들이
어찌 가르치는지 아는가?
58 그들의 속은 썩을 대로 썩었음이니,
겉만 번지르르함이니라.
59 너희들은 속이 썩어 벌레가 잔뜩 파먹
어져 있는 그 열매가 과연 씨앗이 되
며 다시 태어나는 그 생명의 역사를
할 수 있다 생각하는가?
60 지금 겉만 번지르르하며 속은 벌레가
다 파먹어 썩은 그 열매를 보고 너희
들은 새로운 씨앗이 탄생할 것이며,
새 생명이 태어날 수 있다 하여 그를
기다리고 믿고 그리 따라가고 있음이
니,
61 너희들의 지금의 믿음이 얼마나 불쌍
하고 가련한 길을 가고 있는 것인가를
돌아다봐야 될 것이니라.
62 너희들은 내가 알곡식을 구원하여 새
싹이 될 수 있는 그와 같은 씨앗이 되
는 열매를 맺고자 하는 것이 아니고,
그와 같은 열매를 맺는 그 나무를 믿
음이 아니요,
63 너희들은 어찌하여 새싹으로서 미달
되며 벌레가 다 파먹어 속이 다 썩어
서 아무런 쓸모가 없는 그 과일을 가
지고 그가 새싹이 될 수 있으며 또 씨
앗이 될 수 있다 하며 거기에 꽃이 필
수 있고 열매를 맺을 수 있다 하며, 거
기에 와서 그리도 매달리고 몸부림을
치는가?
64 너희들이 다시 태어날 수는 없음이니
라.
65 너희들이 정녕 다시 태어날 수 있는
것은 지금 나의 십계명을 지키며 나의
법전을 지키는 것이니라.
66 너희들을 내가 얼마나 사랑하는 것이
며, 내가 자식을 사랑하는 어버이의
마음보다도 열배 백배 천배 만배 더하
기에 내가 만든 나의 자유스러운 이
성전에서 너희들이 십계명을 암송하
며 그대로 살며, 내가 간단하게 써 내
린 나의 법전을 너희들이 들판에서 일

하다 말고 또는 너희들이 일하며 휴식
공간에서 가정에서 나의 법전을 들고
읽고 또 읽으면 그것이 구원의 길이라
하였거늘,
67 너희들이 어찌하여 그 소중한 시간을
사악한 자들 앞에 다 갖다 바치며 재
물까지도 바치면서 그 썩어진 곳에서
너희들이 구원을 받았다 하는가?
68 내가 너희들을 깨우치고자 징검다리
라는 예를 들어서 말하였음이니라.
69 객지에 나갔다가 부모를 찾아오는 자
식이 겨울에 그 징검다리를 건널 때
혹시나 눈이 쌓여 미끄러질까 봐 거기
에 모래를 뿌리고 씻어 주고 깨끗이
하여 자식이 무사히 건너올 수 있도록
수없이 점검하는 것이 부모의 마음이
거늘,
70 지금의 잘못 가는 종교 지도자들은 나
에게 오른다 가르치면서 그 징검다리
를 부수는 부모와 같으니라.
71 그 자식들이 얼음 속에 맨발로 알몸으
로 건너오도록 하는 그와 같은 형국을
내가 너희들에게 보여 설명하였으니,
72 이를 보고도 깨우치지 못한다면 너희
들은 영원히 구원의 길에 오를 수 없
음이니, 나 여호와 창조주인 어버이의
아픈 가슴을 들여다보도록 그리하라.

3,031 번째 하나님 말씀

2002년 8월 20일 0시 32분

1 사랑하는 나의 아들아!
2 "네, 아버님! 말씀하옵소서."
3 정녕 나의 아들이요, 나의 성령이요,
너희들을 마지막 심판하는 나의 법전
이 내가 내린 것이 아니라 하면, 어찌
하여 이 동양의 작은 나라에서 이 역
사를 이루어 가겠는가?
4 방대한 국가에서, 방대한 민족 속에
서, 그리고 모든 것을 갖춘 사람으로
하여금 내가 그를 전하게 할 수 있을
것이니라.
5 정녕 내가 아니라면 그와 같은 길을
선택했을 것이니라.
6 창조주인 너희들이 말하는 너희들의
어버이가 아니면 모든 여건이 천배 만
배 나은 사람을 선택해서 그리할 수도
있었을 것이니라.
7 방대한 민족이요, 방대한 국가요, 그
속에서 세상을 지배할 수 있는 능력을
가진 자, 그리고 지금의 종교 지도자
중에서 정녕 바르게 가는 자, 또 그 집
단을 위해서 내가 그들을 통하여 이
역사를 이룰 수 있을 것이니라.
8 그러나 나는 창조주요, 나 여호와이기
에, 이 모두는 내가 주관하기에, 이 동
양의 작은 따뜻한 나라에서 나의 아들
을 선택하여 이리 보냈음이니,
9 그리하여 여기서부터 새로운 역사가
이루어지는 그 자체를 너희들이 본다
하여도 이는 나 여호와가 아니면 역사
할 수 없음을 알아야 될 것이니라.
10 너희들이 사탄이요, 사악한 자요, 마
귀가 이와 같이 대신하여 나의 아들이
정녕 너희들이 말하는 마지막 시대에
이 세상에 와 세상을 혼란케 하며 너
희들을 지옥으로 이끌어 가는 그와 같
은 역사를 한다 하면,
11 사탄이나 마귀는 동양의 이 작은 나라
에서 아무것도 갖춰지지 아니한 나의

아들로 선택하여 이 세상을 뒤엎으려
하겠는가?
12 너희들은 그 이치를 하나만 돌아다보
라.
13 여기에서 너희들이 나의 아들이 누구
인가를 본다면, 그가 감히 이 역사를
이룬다 생각할 수 있겠는가?
14 감히 사탄이요, 마귀라 하면 이 동양
의 작은 나라에서 나의 아들과 같이
모든 준비가 되지 아니한 자를 선택하
지 아니함이니라.
15 그는 60평생 너희들과 똑같이 그 험
악한 인생 속에서 육신의 행복을 위하
여 살아온 자이니, 그 이름 석 자를 아
는 사람이 별로 없으며 그 업적이 없
으며 그가 이루어 놓은 것이 없으며
그가 배운 것이 없으며 그는 하나도
갖춰진 것이 없음이니라.
16 그리하여 그가 인간 속에서 배워 이론
적으로, 학문적으로 너희들 앞에 강론
할 수 있는 그와 같은 자가 아님이니
라.
17 가장 악조건에서 선택되지 아니하였
는가?
18 사탄이면 방대한 국가요, 방대한 조직
이요, 그리고 그들 속에서 모든 것을
갖춘 자, 세계적으로 이름 하나를 대
면 알 수 있는 자, 그리고 지금의 종교
집단의 그 우두머리 중에서 너희들이
이름을 댈 수 있는 자로 하여금 그리
임하여 그를 유혹하여 그 역사를 이루
게 할 것이니라.
19 그러나 나는 창조주이기 때문에 이를
인내하고 갈 수 있으며 그대로 순종하
며 지킬 수 있는 나의 아들을 통해서
만 이를 할 수 있으며, 나의 아들을 통
해서 이룰 수 있기 때문에, 그리고 나
는 또 모두를 주관하여 이룰 수 있는
창조주이기 때문에,
20 동양의 가장 작은 따뜻한 이 나라요,
가장 정이 많은 너희들이요, 그 속에
나의 아들이 오도록 하였으며, 아무것
도 갖춰지지 아니한 나의 아들을 선택
하여 이 법전 160권을 세상에 내어 너
희들을 깨우치고자 하니,
21 이는 창조주가 아니면 할 수 없음을
너희들은 여기서 깨우쳐야 될 것이니
라.
22 어찌하여 너희들은 사탄이요, 마귀요,
사악한 자가 했다면 동양의 이 작은
나라에서 아무것도 갖춰지지 아니한
이를 선택해서 그 강하고 험난한 나라
들을 정복할 수 있으며, 온 세계를 한
공통어로 만드는 그와 같은 역사를 이
룰 수 있다 하겠는가?
23 사탄은 감히 160권을 쓸 수도 없는 것
이니라. 그는 160권의 나의 진리를 복
사할 수도 없음이니라.
24 사탄은 그와 같이 쓸 수가 없는 것이
니라. 그리하여 사탄은 160권을 만들
어 책으로 낼 수가 없기 때문이니라.
25 나의 진리만이 그리 쓸 수 있는 것이
니라.
26 사탄이라면 어찌 감히 아무것도 갖춰
지지 않은 자를 통하여 3부라는 48권
의 그 책을 갖고 각국의 언어로써 번
역하여 그들이 기초를 깨닫게 하며,
27 그리고 4부서부터는 한국의 너희들의
말로써 공통어로 만들어 그를 세상으
로 내보내, 이 글을 공부하지 아니하

면 깨우칠 수 없도록 세계를 하나의
공통어로 만들어, 기도하는 방법을 똑
같이 통일의 역사를 이루고자 하겠는
가?
28 아무것도 가지고 있지 않은 나의 아
들을 그리 내보내는 것은 창조주 나만
이 그리할 자신이 있기 때문이니라.
29 그렇지 않고 사탄이요, 사악한 자는
이와 같이 나의 진리를 세상에 전할
수가 없기 때문이니라.
30 그러니 너희들은 여기서 그것을 깨우
쳐야 될 것이니라.
31 사탄이 할 수 있다면 재물이요, 권력
이요, 금화와 은화를 가진 자를 이용
하여 그가 그리하도록 역사할 것이며
그리 갈 것이니라.
32 그러나 내가 그를 두지 아니하고 용서
하지 아니하기 때문에 그들은 또한 감
히 그리할 수도 없을 것이니라.
33 그리하여 그들이 감히 하지도 못함이
니라.
34 진리요, 진실은 사탄의 입에서 나올
수가 없기 때문이니라.
35 그리하여 그들은 책으로 증거할 수 없
음이니라. 글로써 증거할 수 없음이니
라.
36 진실이 아니기 때문이니라.
37 너희들이 말하는 손으로 하늘을 가리
고 태양을 가리겠다는 그와 같은 사탄
의 수법을 가지고는 글로써 표현할 수
없으며 증거할 수 없기 때문이니라.
38 오로지 진리만이 증거할 수 있으며 진
리만이 영원할 수 있기에 동양의 이
작은 나라에서 아무런 여건도 갖춰지
지 않는 가장 낮은 자로 하여금 그를
통하여 세상에 역사를 이루니, 너희들
이 이를 알게 될 것이니라.
39 2천 년 전 나의 아들이 성령으로 태어
날 때 내가 왜 마구간에서 태어나게
했겠는가?
40 나의 아들이니 그는 세상의 왕이니라.
41 그러니 그가 어디서 태어난 것이 무엇
이 필요하던가?
42 그 이치를 깨닫고 본다면 동양의 작은
나라에서 아무것도 갖춰지지 않은 나
의 아들을 통하여 역사하는 것이 그와
같지 아니한가?
43 이는 창조주만이 할 수 있는 능력이
있기 때문이니라.
44 이를 너희 것으로 깨우쳐 하늘에 오르
는 그 찬란한 빛을 보도록 하라.

3,032 번째 하나님 말씀

2002년 8월 20일 0시 44분

1 사랑하는 나의 아들아!
2 "네, 아버님! 말씀하옵소서."
3 사탄이란 무엇이고 악마란 무엇이며
마귀는 무엇이더냐?
4 사탄이라는 것은 악을 선이라 말하며
그리 선전하며, 악을 선으로 만들어
나의 피조물인 만백성 너희들을 속이
려 하는 것이니라.
5 그리고 선을 악이라 말하며 또한 선이
악이라는 것을 증명하고자 하며, 그들
은 그와 같이 수단과 방법을 가리지
아니하고 나의 피조물 만백성 너희들
이 선을 악으로 보도록 그리 증거하고
자 함이니라.
6 또한, 사탄은 나 여호와의 뜻이요, 참

진리를 악이라 말하며 그리 선전함이
니, 그리 가르치는 것이니라.
7 그렇다면 지금의 종교 지도자들이 어
떠한 형태로써 가고 있는가를 너희들
이 바라볼 때가 되었음이니라.
8 악을 선이라 하며 선을 악이라 증명하
고자 하는 것이 사탄이며, 참진리를
악이라 가르치고자 함이니,
9 내가 내린 그 십계명이 무엇이던가?
10 내가 불로써 직접 쓴 것이니 그곳에는
한 자도 보태고 뺌이 없는 것이니라.
11 그리고 구약과 신약을 압축하여 너희
들이 지켜 하늘에 오르는 것이니, 그
게 얼마나 위대한 것이던가?
12 그러나 그것은 인간이기 때문에 지킬
수 없다, 그리고 인간이기 때문에 십
계명대로 살 수 없다 그리 가르치는
종교 지도자가 있다면, 그는 바로 선
을 악이라 말하며 선을 악이라 증명하
며 참진리를 악이라 가르치고자 하는
자이니라.
13 그렇지 아니하다면 너희들은 그를 무
엇으로 어찌 설명하겠는가?
14 그러니 너희들은 들어야 될 것이니라.
15 인간이기 때문에 십계명대로 지킬 수
없으며, 거짓 하고 시기하고 질투하지
아니할 수 없으며, 그리고 나의 심성
을 닮으며 천사의 심성을 닮아 살아갈
수 없다 그리 말하는 자들이 악을 선
으로 둔갑시키며 선을 악이라 말하며
가르치는 자들과 똑같음이니, 그게 바
로 사탄들이 하는 증거이니라.
16 지금의 종교 지도자들이 하늘나라의
나 여호와의 뜻과는 전혀 관계도 없는
상반된 행위를 하면서 구원의 길이라
말하며 구원의 빛이라 말하며 너희들
을 그리 이끌어 가고 있음이니라.
17 그리고 계명을 지킬 수 없다, 나의 법
전을 지킬 수 없다 그리 말하는 것은
무엇이더냐?
18 진정한 것을 악한 것이며 사악한 것이
라 하여 증명하고자 하는 것이며, 저
희들이 죄를 짓고 살며 행하는 것을
저희 스스로 덮어 주며, 그를 악으로
입증하지 아니하고 선한 행위를 하는
것이라고 증명하고자 하여 그와 같이
위선된 가르침을 하는 것이 지금의 종
교 지도자들임을 알아야 될 것이니라.
19 그들이 정녕 하늘에 가는 길을 가르치
며 나의 뜻에 사는 자들이라면, 내가
불로 쓴 십계명을 그들은 거부할 수
없으며, 그대로 행하며 살 수 없다 말
할 수 없으며, 나의 법전조차 마지막
시대의 사악한 자의 간악한 장난이라
그리 말할 수 없으니,
20 선한 것을 악으로 말하는 자, 참진리
를 악으로 말하는 자, 악의 길로 증명
시키고 뒤집어 놓는 자, 그리하여 악
이라는 것을 증명하여 나의 피조물 만
백성을 혼란케 하며, 그들이 선과 악
을 구분하지 못하여 악을 선이라 하며
선을 악이라 하도록 그리 이끌어 가는
것이 사탄의 장난이니,
21 지금 너희들이 배우고 가르치는 자의
그 사이에서 바로 한번 볼 때가 되었
음을 알라.
22 과연 지도자들이 어떠한 길로 가고 있
는가 그를 너희들이 봤을 때, 선을 악
이라 하는 자는 너희들이 단죄해야 될
것이며,

23 선을 악으로써 증명하고자 하며 너희
들에게 선을 악으로 둔갑시켜 깨우치
고자 하는 그러한 자들을 이제는 너희
들이 용서하지 아니하며 다스리고 단
죄할 때가 되었음을 알아야 될 것이니
라.

3,033 번째 하나님 말씀

2002년 8월 20일 0시 55분

1 사랑하는 나의 아들아!
2 "네, 아버님! 말씀하옵소서."
3 지금의 종교 지도자들이 저희들이 지
은 그 성전에 와 기도하고 경배하면
구원을 받는다 그리 말하느니라.
4 그리하여 그들은 또한 너희들에게 어
떤 방법으로써 올가미를 씌워 놓으며
너희들을 쇠사슬로 꽁꽁 묶어 놓는가?
5 잘못 가르치는 그 종교 지도자들이 뭐
라 하던가?
6 모든 인류의 나의 피조물 만백성 너희
들은 세상에 태어날 때 유전적인 악이
있으며, 죄를 지고 너희들이 세상에
나왔다 그리 말하느니라.
7 그리하여 너희들의 유전적인 그 죄 때
문에 모든 나의 백성들은 원죄인 죄인
이라 그리 취급하고, 죄인을 다루듯이
그리하느니라.
8 그리하여 너희들이 그 원죄에 대한 사
함을 받아야 될 것이며, 거기에 대한
대가를 치르는 것이 너희들이라 하여
우선 원죄의 죄인으로서 너희들을 묶
어 놓고 너희들을 그리 쇠사슬로 얽매
어 놓느니라.
9 그리하여 그 위에다 너희들이 구원을
받는 것은 육의 행함이 아니요, 나의
아들 예수의 보혈로써 구원을 받으니,
저희들의 성전에 와 그 용서를 빌라
그리 말하는 것이니라.
10 그러나 너희들은 알아야 될 것이니라.
11 나로부터 너희 백성들이 세상에 태어
날 때 새 생명을 받아서 태어남이니,
태어날 때 너희들은 그 원죄의 죄를
가지고 나온다 그리 말하느니라.
12 그러나 너희들은 유전적인 원죄를 가
지고 세상에 나오는 것이 아니니라.
13 너희 스스로 지었던 그 모두를 너희들
에게 내가 다시 한 번 그 기회를 주는
것이며, 너희들이 위로 조상으로부터
받은 유전적인 그 죄의 대가를 세상에
가지고 나오는 것이 아님을 알라.
14 너희들은 너희들에 관한 것뿐이니라.
15 새 생명을 내가 너희들에게 줄 때, 너
희들이 지은 죄의 그 모두를, 잘못 살
아왔던 전생의 너희들의 인연의 고리
와 그 모두를 너희들이 용서받을 기회
를 내가 너희들에게 한 번 더 내려 줌
이니, 이게 곧 무엇이냐?
16 윤회로써 너희들이 지은 죄를 용서받
고 새로운 생명으로 살아갈 수 있도록
내려 주는 것은 너희들 자신의 죄의
대가이며,
17 너희 조상이요, 너희들의 윗대로부터
유전적으로 어떠한 죄를 받아 가지고
나오며 그 죄 때문에 너희들이 원죄의
죄인이라 그리 말하는 것은 잘못 가르
치는 것이니 그리 알라.
18 너희들이 생명을 받아 세상에 태어날
때, 그는 아예 유전적인 죄를 갖고 태
어남이 아님을 알라.

19 너희들의 육은 육의 부모의 힘을 빌어
나오나, 나로부터 너희들 개인이 받아
가지는 생존할 수 있는 그 영혼은 내
가 너희들에게 내려보냄이니,
20 너희들은 태어나는 몸은 부모의 육을
빌려 나오나 영은 내가 너희들에게 임
하니, 너희 조상의 그 영혼이 연계됨
이 아님을 알아야 될 것이니라.
21 그러나 지금의 종교 지도자들은 대대
손손이 그 유죄의 씨앗으로서 죄악에
서 죄악의 그 씨를 받고 유전적으로
태어나니, 원죄인이라 하여 우선 그
죄를 사하여야 된다는 그런 명목으로
나의 백성들을 저희들이 지은 성전에
와 금화를 바치며 각종 헌금을 바치도
록 그리하여 우선 너희들을 묶어 놓음
이니라.
22 그리하여 그것도 부족하여 나의 아들
예수의 피로써 구원을 받으며, 육의
행함으로써는 구원을 받는 것이 아니
니, 육은 어찌 살든 영혼의 구원을 받
는 저희 성전에 와 재물과 금화를 바
치라고 또 그리 쇠사슬로 얽매어 놓
고 너희들을 끌고 가는 것이 그들의
형태이니라.
23 너희들은 알아야 될 것이니라.
24 너희들은 너희 조상으로부터 악이 후
손에게 전달되는 유산물처럼 생각해
서는 아니 됨이니 그리 알라.
25 너희들이 그와 같은 이치를 깨우치지
못한다면 너희들은 정녕 나의 뜻을 알
수 없음이니라.
26 다만, 너희들이 세상에 살아가면서 악
의 씨앗이 더 큰 악의 씨앗을 낳게 되
며, 그러한 행위요, 그와 같은 원리는
너희들 스스로 만드는 것이니라.
27 선하게 살아가고자 하는 자는 선한 씨
를 낳게 되며, 악한 짓을 행하고 사는
자 악의 씨앗을 낳으며, 그 악의 씨앗
은 더 큰 악의 씨앗을 낳는, 이와 같이
너희들이 죄를 지으며 그 죄의 대가는
너희 스스로 받고 해결함이니,
28 너희들이 유전적인 그 죄악으로써 세
상에 나오는 것이 아니며, 그리하여
그 죄를 너희들이 사하고자 하는 것이
아님이니라.
29 다만, 너희들에게 관계된 것은 너희들
스스로 지은 것만 관계된 것임을 알라.

3,034 번째 하나님 말씀

2002년 8월 20일 08시 53분

1 사랑하는 나의 아들아!
2 "네, 아버님! 말씀하옵소서."
3 나로부터 선택되어 만백성을 구하는
나의 혈통이요, 나의 아들딸인 너희들
은 모든 면에서 그들과 차별화되지 아
니하면 아니 됨이니라.
4 너희들이 정녕 믿음의 길은 바로 가
며, 나를 향하여 오는 길은 바로 들어
섰으며, 그리고 너희들이 내가 원하는
그 뜻을 따르며 순종하며, 나의 법전
을 정독하고 깨우쳐 가는 것은 너희들
이 바로 들어섰음이니라.
5 그렇지 않으며 내가 원하지 않는 방향
이요, 나의 뜻을 정면으로 거부하며
너희들 인간의 생각으로써 나의 백성
들을 이끌어 하늘에 오른다 가르치는
그들과 너희들과의 깨우침의 길은 엄
연히 차별화가 되어 있음이니라.

6 그리하여 너희들은 시간이 가며 세월이 갈수록 너희들의 마음이 다스려지며 너희들의 생각이 다스려짐이니, 너희들이 그와 같이 차별화됨을 세상의 만백성은 깨우치고 볼 수가 없음이니라.
7 이제 너희들은 행동에 있어서 그를 보여 줘야 될 것이니라.
8 너희들이 행동으로써 그들에게 보여 주며, 너희들의 마음이 변하는 그 모습과 너희들의 깨우침이 그 경지에 오르는 것은 너희들의 마음에 모두가 변하여 이루듯이 너희들의 얼굴이요, 너희들의 외형이 변화되어야 됨을 알라.
9 얼굴 형태의 변함이요, 너희들이 보이는 모습과 보이지 않는 그 모습에서 너희들이 보이지 않는 모습을 외면으로 보여 준다는 것은 너희들의 마음의 거울이요, 마음의 형틀인 얼굴의 형태요, 너희들의 몸가짐의 형태요, 그 모두와 같이 변해져야 되는 것을 알아야 될 것이니라.
10 얼굴은 마음의 형틀이니라. 마음의 틀인 것이니라.
11 너희들의 얼굴의 형태요, 너희들의 마음의 형태가 같이 변해지는 그와 같은 변화의 역사가 이루어지기 시작해야 됨을 알라.
12 너희들의 얼굴의 그 형틀이 변하여지지 아니하며, 너희들의 얼굴의 모습이 변해지지 않는 그와 같은 너희들의 마음의 변화는 진정한 변화를 할 수 없음이니라.
13 너희들 자신이 너희 마음의 변함을 스스로 느끼나, 너희들이 과연 어느 정도의 경지에 올랐으며, 너희들이 그 마음의 변화를 얼마만큼 지속적으로 이끌어 갈 것이며, 또 전진하여 변하여 가느냐 하는 것은 너희들 스스로 자신도 모르는 것이니라.
14 너희들이 인간이기에 너희 마음이 스스로 변함이요, 때에 따라서 너희들의 감정이 변함이요, 그리하여 너희들을 표현하기를 흔들리는 갈대와 같은 것이 너희들의 마음이라는 그와 같은 너희들이 쓰는 말도 있지 않은가?
15 너희들은 항상 스스로 감정이 있는 존재요, 감정이 있는 동물이기에 그 변하는 것이 선과 악을 따질 것 없이 너희들이 순간에 변하는 것은 무서우리만큼 너희 마음에 작용함이니라.
16 그러하니 너희들이 그 마음의 심성을 보일 수 있는 것은 너희들의 마음의 틀인 얼굴이요, 너희들의 외형의 변화되는 모습이며, 언어의 변화되는 모습으로써 너희들이 보여 주는 것이며,
17 또 그리 변화된 그 모습이 영원히 변해지지 않는 그와 같은 형태로 갔을 때, 너희들의 마음자리가 동요가 없으며 나를 향하여 오는 그 마음이 변화가 없음을 알라.
18 너희들이 오늘에 아무리 경지에 올랐으며, 너희들이 진리를 알았으며, 너희들이 행하여야 되는 것이 무엇인지를 깨달았다 하여도, 너희들은 감정의 동물이니 작은 감정에 의하여 너희 마음이 뒤집히며 마음이 돌아서며 영원히 건널 수 없는 그 지옥의 강을 건너가는 것이 너희들이니, 너희들의 감정의 변화의 무서움은 말할 수가 없음이

니라.
19 이것이 인간인 너희들이니, 그 모든
변화를 온유하며 사랑하며 나에게 순
종하는 뜻으로 살아가는 그 모습의 형
태를 너희들이 볼 수 있는 것은 너희
스스로 너희 얼굴과 몸과 너희 마음이
변하는 그것이 일치됨이니,
20 너희들의 마음이 꾸준히 변하여 오는
것은 너희들의 얼굴의 형태의 외형이
변해지는 것으로 가장 잘 알 수 있는
것이며, 만백성이 너희들의 그 온화하
고 평온한 모습을 보고 너희들을 따를
수 있다는 것을 알아야 될 것이니라.
21 마음이요, 그 모두를 보여 주는 것은
너희들의 마음의 형틀인 얼굴의 모습
에서 볼 수 있으니,
22 너의 제자들은 이와 같이 너희들이 변
해지는 깨달음을 얻지 않으면 아니 됨
을 알라.

3,035 번째 하나님 말씀

2002년 8월 20일 09시 01분

1 사랑하는 나의 아들아!
2 "네, 아버님! 말씀하옵소서."
3 내가 나의 아들을 가르치며 나의 아들
에게 성령을 심어 주며, 나의 뜻을 내
려보내 그를 하루하루 다스려 감이니,
4 너희들이 인간 세상에 어떤 스승 밑에
배운 자라 하여도 창조주인 나에게 배
운 나의 아들을 너희들이 알 수 없으
며, 그의 내면을 알 수 없다 말하였느
니라.
5 그리하여 그는 선생이 제자를 가르치
듯이 창조주인 내가 그를 만들어 가기
위하여 나의 모든 계획하에 그를 다스
려 가고 깨우쳐 감이니, 너희들이 그
를 알 수 없는 것이니라.
6 너희들이 인간사에 살아감에 하나의
목적을 위하여 훈련을 함이니라.
7 너희들이 그 훈련의 목표를 세워 당장
그 목표에 도달하도록 모든 훈련을 시
킨다면 그는 훈련을 이룰 수 없으며
견딜 수 없는 것이니라.
8 그리하여 너희들이 서서히 훈련을 시
켜 그를 원하는 그 목적에 도달할 수
있도록 그와 같이 훈련 과정을 거쳐
가는 것이 너희들이 하나의 기능인이
요, 또 하나의 능력 있는 자요, 너희들
이 목적을 달성할 수 있는 것이니, 그
와 같이 가는 길만이 그가 이룰 수 있
음을 알아야 될 것이니라.
9 그리하여 너희 인간사의 말이 있지 않
은가?
10 걷기 쉽다 하여 달리는 자 오래가지
못함이니, 서서히 걸을 때 걷고 달릴
때 달려 그 목적을 달성할 수 있도록
하는 것이 현명한 인간의 가는 길이라
하였음이니라.
11 너희들이 나의 성전에 와 나의 아들
앞에 와 나의 성령을 들으며, 나의 법
전을 읽으며, 나의 아들의 완벽하지
아니함을 보고 등 돌리고 떠나며 그를
핍박함이니,
12 그는 너희들이 나의 아들의 잘못됨을
보고 떠나는 것이 아니요, 너희들 스
스로 이 어렵고 힘든 나의 뜻에 따라
살아갈 수 없기에 너희들이 변질되는
것이라 내가 너희들에게 가르쳤음이
니,

13 그 떠나는 자, 저희들이 감히 부끄러
워 너에게 핍박을 하고 가는 것이 아
닌가?
14 그와 같은 심리를 가지고 있는 것이
너희 백성들의 생각이니라.
15 내가 너에게 작은 옷을 입히고자 할
때, 이와 같이 체중이 나가며 이와 같
이 성장한 너에게 어린아이의 옷을 갖
다 입히고자 할 때, 그 어린아이의 옷
을 너에게 입힌다 할 때 과연 입힐 수
있으며, 그 옷을 입는다 하여도 네 몸
이 갑갑하여 그 고통의 진통을 겪을
수 있겠는가?
16 인간은 그렇게 할 수가 없음이니라.
17 내가 너에게 어린아이의 옷을 입히기
위하여 서서히 너를 조여 가는 방법만
이 너에게 작은 옷을 입힐 수 있을 것
임이니라.
18 내가 지금 100킬로그램의 체중이 나
가는 너에게 60킬로그램의 체중으로
입을 수 있는 옷을 입힌다 하여, 전지
전능한 창조주요, 아버지라 하여 내가
너에게 60킬로그램의 옷을 입히면
100킬로그램의 그 육신이 견딜 수 없
으며 그를 인내할 수 없음이니라.
19 네가 스스로 숨이 가빠서 쓰러지고
그 옷이 파괴됨이니,
20 내가 너를 가르치는 것은 그와 같이
내가 100이라는 너의 체중에서 60의
체중에 맞는 옷을 입히고자 함이니,
21 내가 99부터 시작하여 서서히 하나씩
줄여 가는 그와 같은 훈련으로써 너를
가르쳐 완전한 나의 아들이요, 나의
선지자요, 만백성을 이끄는 네가 되도
록 하기 위하여 오늘 내가 너를 그리
가르치고 깨우쳐 감이니라.
22 그와 같은 이치도 모르고 그와 같은
나의 가르침의 뜻도 모르면서,
23 전지전능한 내가 선생이라는 그 자리
에서 아이들을 가르치는 것처럼 완벽
하게 너를 다스려 나감이거늘,
24 그를 보지 못하는 자가 너에게 와 이
단이요, 사탄이요, 사악한 자라 말함
이니,
25 네가 한 권의 법전을 쓰며 1부, 2부, 3
부, 4부, 5부의 법전을 써 가면서 네가
나로부터 성령을 받아 변해 가는 것을
그들은 모름이니라.
26 이와 같은 이치를 나의 성전에 와 배
우고 깨우치는 제자 너희들은 알아야
될 것이니라.
27 그를 알지 못한다면 너희들은 영원히
진정한 참빛을 볼 수 없으며, 전지전
능한 나 여호와가 지도하며 깨우쳐 가
는 나의 아들의 변하는 내면을 볼 수
없으니, 하늘의 이치를 너희들이 알
수 없음을 알라.

3,036 번째 하나님 말씀

2002년 8월 20일 09시 10분

1 사랑하는 나의 아들아!
2 "네, 아버님! 말씀하옵소서."
3 너희들이 나에게 오르는 길이요, 나의
계명이요, 나의 법전을 지키고 오는
길은 고난의 길이요, 고통스러운 길이
요, 끝이 보이지 않는 길이라 하였음
이니라.
4 그리하여 너희들이 살아가며 선과 악
을 선택하는 그와 같은 것은 너희들의

마음에 달렸다 하였음이니, 그는 곧
무엇이던가?
5 모든 사악한 적들도 너희들의 마음에
다 들어 있음이니, 너희들이 자신과의
싸움에서 이길 수 있는 그 용기가 필
요함이니라.
6 자신과의 싸움에서 이기는 자가 못 된
다 하면 너희들이 아무것도 이룰 수
없음이니라.
7 너의 제자들에게 이르라.
8 자신의 싸움에서 스스로 이기고 일어
설 수 있는 사람이 되라 그리 말하라.
9 너희들이 인간사에 가르치는 것이요,
깨닫게 하는 것은 너희들의 외부로써
받아들이나, 그는 본질의 마음에 자신
과의 싸움에서 이기는 능력이 있어야
만 하는 것이니라.
10 사람이 살아가면서 천태만상의 형태
가 있음이니라.
11 그 천태만상의 형태의 재질이 있고 능
력이 있음이니, 그 재질을 가지고 있
는 자에게 그를 깨우치는 것은 쉽게
받아들이며 그가 또 발전이 빠름이니
라.
12 그러나 그 재질과 능력과는 전혀 관계
없는 것을 그에게 아무리 주입시키고
깨우친다 해도 그는 발전이 늦으며 변
화가 늦은 것이니라.
13 그와 같이 너희들이 살아가는 모든 형
태요, 환경의 그 모든 역사가 다름이
니라.
14 그리고 너희들의 마음이요, 가지고 있
는 생각이 그 모두가 다 다르니, 이것
을 하나로 잡는 것은 너희 자신과의
싸움이니라.
15 하늘에 오르는 길은 너희들이 어떠한
것과 비교해서도 알 수 없으며, 구원
의 길은 어떤 것으로써 대조하여 너희
들이 생각해서도 아니 되는 것이니라.
16 항상 기억하고 기도하지 아니하면 아
니 된다 하였음이니, 너희들은 변화되
는 것이며, 자기 능력과 재질과 그 모
든 것이 다 다르나, 그 다른 자가 자기
마음과의 싸움에서 선과 악을 선택하
는 것은 저 자신의 싸움에 있음이니라.
17 능력 있는 자, 능력 없는 자가 관계없
느니라.
18 금화와 재물을 많이 가지고 있는 자,
권력의 권좌에 앉아 있는 자, 그와 같
은 것은 너희들이 외형적으로써 능력
에 따라서 그 길을 개발하고 변화할
수 있으며, 그것을 개발하지 못하는
자는 또한 어렵고 힘든 인생을 살아가
는 그와 같은 삶을 살 수 있으나,
19 나에게 오르는 구원의 길은 그와 같은
것으로써 이루어짐이 아니니라.
20 너희들 자신과의 싸움이니, 딱 두 가
지의 길이니라.
21 악을 선택할 것인가, 악에 잠식되어
쓰러질 것인가? 아니면 악으로부터
너희들이 선을 추구하여 천사와 같은
삶을 살아 나에게 구원을 받을 수 있
는가?
22 그것은 오로지 자신과의 싸움이니라.
23 오늘부터 너의 제자들에게 자신과의
싸움에 돌입하여 그 자신을 지배할 수
있는 그와 같은 경지에 오르도록 그리
하라.
24 자신과 싸워 자신을 이기는 자는 남들
앞에 추하고 더러운 행위를 하지 아니

하며, 겉과 속이 같은 그 모든 행함을
할 수 있음이니, 자신과의 싸움에 이
기라 그리하라.
25 내가 너희들에게 기도하는 방법을 말
하지 아니하였던가?
26 '모두는 저의 죄요, 그 죄를 용서하여
주옵소서.' 그리 기도하라 하였음이니
라.
27 그리고 너희들이 음식을 취할 때마다
'내가 이 음식을 취할 자격이 있으며,
여기에 앉아 있을 수 있는 것인가?'
그를 자문자답하여 깨우침을 얻으라
하였음이니라.
28 이제는 너희들이 모든 살아감에 있어
서 지금 너희가 당장 움직이고 행하는
그 행동에 있어서 나의 계명이요, 나
의 법전에 따라 하는 행위이며 질서에
어긋나지 아니하는 행위이며, 나 여호
와에게 순종하는 행위이며, 나로부터
사랑을 받는 행위인가를 생각하는 그
와 같은 훈련에 지금서부터 돌입해야
됨을 너의 제자들에게 가르쳐 주라.
29 모든 하나하나 움직이는 것에서 '이것
이 여호와 하나님의 뜻에 의하여 움직
이는 것인가 아닌가?' 그것을 그때그
때 냉철히 판단하여 그때마다 너희 자
신을 다스려 그 악과 선에서 자신이
싸워서 이기는 자가 되도록 자신의 훈
련을 하며,
30 모든 살아감에 있어서 너희들이 나에
게 비추어 그를 견주어 살아가는 그와
같은 훈련에 돌입하여 바로 서는 백성
이 되도록 그리하라.

3,037 번째 하나님 말씀

2002년 8월 20일 11시 26분

1 사랑하는 나의 아들아!
2 "네, 아버님! 말씀하옵소서."
3 너희들 인류 중에서 가장 순수하고 깨
끗했던 아담과 이브보다도 더 총명하
며 지혜로우며 더 깨끗하고 아름다운
자들이 없음이니라.
4 그러나 거기에도 그 아내의 유혹에 의
하여 또 그 사탄으로 하여금 뱀이라는
동물의 꼬임에 넘어가 선악과를 따먹
게 하였음이니,
5 그리하여 그 총명하고 순수한 그들이
그와 같이 무너져 갈 때 너희들은 말
했을 것이니라.
6 '어찌하여 전지전능하신 창조주인 아
버님께서 그와 같은 행위를 하도록 하
셨을까?' 하는 의구심을 가지고 있을
것이니라.
7 그 모두는 너희들이 스스로 깨우쳐 나
에게 오르는 길을 오도록 하고자 함이
여기에 있음을 너희들은 기억하고 깨
달아야 될 것이니라.
8 사랑하는 나의 아들아!
9 "네, 아버님! 말씀하옵소서."
10 너희 인간들도 최초에 나에게 깨우침
을 얻으며 믿음을 가고 그리했을 때
그들은 그와 같이 진지하고 순수하고
깨끗하였음이니라.
11 그러나 그들은 저희들의 머리의 총명
함을 내세웠으며, 저희들의 지혜를 앞
세웠으며, 그리하여 그들이 세월이 흐
른 이 시점에 와서는 나의 뜻과는 전
혀 관계도 없는 그와 같은 믿음의 형

국이 이루어졌음이니라.
12 저희들의 지혜로움을 믿고 나의 뜻에
거역하는 그와 같은 행위를 하고 살아
오는 것이 지금의 형태이니,
13 지금에 와서 나에게 진정한 구원을 받
을 수 있는 길을 가고 있는 백성이 없
다 내가 너희들에게 말함이 여기 있음
이니라.
14 그리하여 내가 너희들을 구원하기 위
하여 제3의 시대에 나의 법전을 세상
에 내려보내 너희들에게 깨우치도록
함이니,
15 너희들은 선악과를 따먹는 그와 같은
결단을 한 번 더 이루어야 될 때가 지
금임을 알아야 될 것이니라.
16 가장 지혜롭고 가장 순수하며 가장 아
름다웠던 최초의 아담과 이브의 그들
속에서도 사탄이라 하는 그 뱀의 꼬임
에 의해서 그들이 넘어졌듯이,
17 지금의 너희 종교 지도자가 처음에 시
작했던 것은 그들이 선악과를 따먹기
전처럼 순수하고 아름다웠음이니라.
18 그러나 저희들의 지혜요, 저희들의 욕
심에 의하여 그들이 변질되고 변화되
어 지금의 이 시대에 왔음이니,
19 지금은 그 누구도 나로부터 구원의 길
을 가며 가르치는 자가 없다 하는 나
의 이 아픈 마음을 너희들에게 전함이
니라.
20 그리하여 지금 내가 너희들에게 어떠
한 지혜를 요구하는가?
21 그와 같은 가장 총명하고 지혜로웠던
그들도 사탄의 꼬임에 넘어갔듯이 너
희들이 수없이 넘어져 가, 지금은 사
악한 자들이 세상을 지배하고 있어 너
희들이 그 인내와 그와 같은 훈련의
단계에 와 있음이니라.
22 이제 너희들은 선악과를 따먹느냐 따
먹지 않느냐 하는 그와 같은 판정을
내리며 너희 스스로 깨우쳐 행할 때가
지금임을 알아야 될 것이니라.
23 너희들이 정녕 지금의 믿음이요, 그
길을 향하여 너희 손으로 만든 그 성
전에 가 구원을 받고자 재물과 금화와
은화를 바치는 그 행위를 계속하는 것
은 너희들이 선악과를 따먹어 변화된
새 씨앗의 뿌리가 계속 너희들에게 전
해짐이며,
24 지금 나의 법전을 읽고 너희들이 그곳
을 뛰쳐나와 이 세상에 내가 만든 성
스러운 성전이요, 내가 너희들에게 가
장 편안하고 쉬운 방법으로써 십계명
을 너희 스스로 지키고 암송하며 구원
받는 편안한 그 길을 열어 준 것을 바
라보는 자,
25 그리고 너희들이 하나서부터 열까지
구원의 길에 오를 수 있는 그 모두를
다 기록해서 내려보내는 나의 법전을
읽고 깨우쳐 이것이 하늘에 오르는 길
이라 하는 자들은 지금의 사악한 자가
선악과를 따먹게 해도 그 악을 취하지
않는 그와 같은 역사의 변화의 전환점
에 있는 자들이니,
26 이 시점에 너희들이 자신을 다스려 행
하도록 그리하라.

3,038 번째 하나님 말씀

2002년 8월 20일 18시 53분

1 사랑하는 나의 아들아!

2 "네, 아버님! 말씀하옵소서."
3 이 토굴과 같은 작은 방에서 네가 나
의 성령을 받아 만백성에게 전하는
일을 게을리하지 아니하며, 모두를 다
바쳐 네가 빠른 시간 내에 160권을 세
상에 내 만백성을 구하고자 하는 그
애절한 마음과,
4 네가 배를 곯으며 금화와 은화가 없어
어려운 고통 속에 있으나 너의 제자들
의 생활을 위하여 그들의 의식주를 생
각하는 그 마음은 네가 생각할 때 단
순한 것이라 그리 말하나,
5 많은 백성들이 그를 먼저 생각할 수
없음이니라.
6 지금 나의 피조물 만백성이 수천 년
동안 믿음을 가져 왔으며 모든 종교
집단을 이끄는 그 우두머리요, 만백성
에게 설교하고 가르치는 그들이 과연
저희들이 배가 고프며 저희들에게 금
화와 은화가 하나가 없다 하여도, 어
렵고 배고픈 사람을 위하여 그를 내줄
수 있는 사람이 과연 얼마나 있다 너
는 생각하는가?
7 네가 잔돈 몇 푼이라는 것이요, 너희
들이 말하는 지폐 몇 장이라도 어렵고
힘든 사람들을 위하여 말없이 내주고
자 하는 마음은 나의 뜻을 행하고자
하는 너의 변화된 모습이며,
8 만백성이 그와 같이 살지 못함이니라.
9 네가 나의 법전을 전하며 나의 성령을
가르치며 네가 존재하는 이곳을 적은
금화와 은화로써 유지하면서도,
10 내가 너에게 5달란트를 가지고 10달
란트를 만들 수 있는 능력 있는 자에
게 그가 일어설 수 있는 그 모두를 이
루어 주라 하여, 네가 나의 명에 따라
너의 제자들이 살아갈 수 있는 그 기
틀을 마련해 주며 장소를 만들어 주기
위하여 동분서주하며 그저 그 길만을
위하여 살아가는 네 모습에,
11 모든 백성들이 지금 너를 정신이상자
로 볼 것이며, 너를 이해 못 하는 것이
지금의 백성들이니라.
12 네가 배를 곯으며, 금화 몇 닢이요, 은
화 몇 닢이 없으며 너희들이 말하는
동전 몇 개요, 지폐 몇 장이 없어서 고
통을 겪고 있으나,
13 네가 너의 제자들의 어려움을 위하여
그 모두를 다 던져 줄 수 있으며 그와
같이 네가 갈 수 있는 그 마음이 바로
천사와 같은 마음이며,
14 욕심을 앞에 두고 살아가는 인간들로
서는 할 수 없는 것이니라.
15 수천수만의 그 종파들이 얼마나 방대
한 조직을 가졌으며 얼마나 많은 금화
와 은화를 가지고 있는가?
16 그래도 그들은 저희 성전에 와 기도하
는 자들의 어렵고 힘든 것을 하나하나
보살펴 저희들이 가지고 있는 그 모두
를 다 그들에게 나눠 주는 자가 있는
가?
17 그들이 궁궐보다도 더 호화롭게 지은
그 성전에 그를 다 금화와 은화로 계
산하여, 그곳에 가 평생 바친 그 어렵
고 힘든 신도라는 자들을 위하여 그들
이 기틀을 잡으며 의식주를 해결하며
편안하게 살아갈 수 있도록 그와 같이
역사를 이룰 수 있는 자 있는가?
18 너는 가진 것은 없으나, 그들의 몇십
배로 그 모두를 다 그들을 위하여 투

자하며, 오로지 너의 제자들의 편안함
이요, 그들이 육의 생활과 의식주를
해결하며 그를 해결한 속에서 편안히
믿음의 길을 갈 수 있도록 네가 모두
를 다 던지고 바침이니, 그것은 누구
도 모르는 것이니라.
19 네가 그와 같은 행위를 하며 그와 같
은 삶을 살아가는 것은 나 여호와의
뜻에 따라 움직임이니, 그리고 그를
실천하고자 함이니,
20 과연 지금 종파들이 가지고 있는 그
많은 재물과 금화와 은화가 네 손에
있을 때는 어찌하겠는가?
21 너는 만백성의 가정을 살릴 것이며,
그들이 편안한 삶을 살게 하려고, 네
가 거적때기를 두루마리 삼아 잔다 해
도, 너는 그들을 위해서 줄 것이니라.
22 지금 네가 가진 것이 있다면 그 모두
를 다 줄 수 있는 것이 네 마음이며,
없기에 네가 주지 못하는 그 마음과
같이, 그와 같이 가는 것이 종교 지도
자요, 만백성을 이끌어 가는 목자요,
나로부터 선택된 아들만이 그리할 수
있는 것이니라.
23 네가 단돈 몇 푼이 있으면 그를 남에
게 전해 주며, 또 어려운 너의 제자들
을 위하여 네가 노력하고 그를 위하여
가고자 하는 그 마음이 네 마음에서
항상 피고 있음이니, 이는 곧 내가 뭐
라 말하였더냐?
24 개척 교회라는 것을 처음에 시작했던
종교 지도자들이 많은 신도가 따르며
금화와 은화가 따르며 그들에게 부가
따랐을 때, 개척 교회를 처음에 시작
했던 그 마음에서 변화된 마음을 가지
고 사는 자는 진정한 나로부터 선택된
자가 아니라 하였음이니,
25 그들의 처음의 삶과 그 후의 삶이 정
녕 변하지 않는 자로서 종교 지도자가
남아야 될 것이니라.
26 그리하기 위해서 네가 지금 단돈 몇
푼이요, 지폐 몇 장이요, 금화와 은화
를 네가 전혀 소유하지 아니하며 그것
을 다 너의 제자들에게 주고자 하는
그 마음이,
27 네가 이다음에 많은 백성들이 너를 따
를 때 나의 법전으로 하여금 많은 금
화와 은화를 거둬들여도 네 앞으로 하
지 아니하고 살 수 있는 것을 지금서
부터 네가 훈련해 가며 차곡차곡 쌓아
감이니,
28 그리하여 그리 변화될 때 그 역사에
지금의 네 마음이요, 지금 네가 걸친
그 옷으로써, 네가 지금 있는 이 다락
방에서 나의 법전을 쓸 수 있는 그와
같은 훈련됨을 너 스스로 닦고 깨우쳐
감이니,
29 사랑하는 아들아! 너의 모습이 너무
나 장하고 기특함이니라.
30 하늘의 천사들도 놀라며 사악한 자들
도 다 놀람이니라.
31 그리하여 내가 너희들의 열여섯 가정
에 금화와 은화요, 그들의 경제적인
어려움을 풀어 주는 그 선물을 준다
하였음이니,
32 그것은 바로 네가 갖지 아니하고 빈
마음으로써, 빈 주머니로써 네가 부끄
럽지 아니하며 배고파하지 아니하며
불안해하지 아니하며, 네가 부자와 같
은 마음으로 살아가는 그와 같은 너의

형국이 아름다움이니라.
33 나의 아들 예수가 뭐라 하였더냐?
34 그가 절렁거리며 동전을 넣고 다녔더냐, 그를 거둬들이고자 했더냐?
35 그는 아무것도 갖지 아니하였어도, 나의 아들로서 나의 뜻이요, 나의 성령을 받음이니 가장 행복한 자며 부한 자였으며, 가난하지 아니하며 빈곤하지 않았음이니라.
36 지금 바로 네가 그와 같이 이 세상에 행하고 있음이니,
37 이와 같은 사악한 시대에 너와 같은 마음을 갖고 사는 자가 없음이니, 바로 그것이 나의 목자요, 나의 아들이요, 나의 선지자인 네가 그들과 다름이니라.
38 그리하여 네가 아무리 금화와 은화요, 그 재산이 네 앞에 온다 하여도 너는 네 앞으로 하지 않는 그 훈련을 스스로 쌓아 가고 있음이니, 너는 그리 갈 수 있는 자이니라.
39 그리하여 네가 나의 아들임을 만백성이 알게 될 것이니 그리 알라, 나의 아들아!
40 너의 살아가는 그 모습이 너무나 대견하며 자랑스러움이니라.

3,039 번째 하나님 말씀

2002년 8월 20일 19시 08분

1 사랑하는 나의 아들아!
2 **"네, 아버님! 말씀하옵소서."**
3 너희들 인간사에 살아가면서 하는 말이 있지 않은가?
4 '한 치 앞도 못 보고 사는 것이 너희들 인간의 삶이라' 그리 말함이니, 너희들이 그 미래에 대한 변화를 모르고 산다는 뜻이니라.
5 그러니 너희들이 나로부터 생명의 은혜를 받아 세상에 나왔으니, 너희들이 살아가는 그 속에서 너희들이 나에게 와 심판을 받는 그 순간은 아무도 모른다 함이니라.
6 그러니 미래에 나에게 와 심판을 받는 그 삶을 모르며 그 시기를 모르며 그 때를 모르는 너희들이 어찌 살아가야 되겠는가?
7 너희들은 항상 어느 시점에, 어느 때에 나로부터 갑자기 심판을 받는 그 부름을 받을지 모르니, 너희들이 어찌 살아야 되겠는가?
8 지금 너희들이 생각하기에는 모든 사람들의 살아가는 그 수명이요, 그 생명의 기간을 계산하여 너희들 또한 대략 몇 년, 몇십 년의 삶의 시간이 너희들에게 있을 것이며 너희들의 생명의 시간이 있을 것이라 그리 생각하느니라.
9 그리하여 너희들은 살다 그 생명의 시간이 남아 있는 그 속에서 회개하고 반성하며 살아가면 나에게 구원을 얻을 수 있으며, 그 구원의 시간이 있을 것이며, 변화되는 삶을 살 수 있는 그 시간이 있을 것이라 생각하느니라.
10 그리하여 너희들이 육의 삶에서 부를 누리며 생활의 여유가 있으며 생각의 여유가 있는 그 시점이 되었을 때, 너희들은 구원의 길을 보며 나를 경배하고 나에게 기도하며 살아가는 그와 같은 변화된 삶을 살아가겠다고 생각하

는 자가 수없이 있음이니라.
11 그러나 이것은 너희들의 인생에서 정
녕 돌이킬 수 없는 가장 큰 실패임을
알아야 될 것이니라.
12 너희들이 말하듯이 한 치 앞을 모르는
것이 너희들의 삶이라 하였으니, 너희
들이 나에게 언제 부름을 받아 나에게
와 심판을 받을지 너희들의 삶 그 자
체를 알 수 없음이니, 너희들은 바로
어떠한 삶을 살아야 되겠는가?
13 항상 긴장된 속에서 너희들이 나에게
부름을 받아 심판을 받는다는 마음 자
세로 하루하루를 살아가는 그와 같은
삶을 살아야 할 것이거늘, 너희들은
이와 같은 삶을 살지 아니함이니,
14 너희들이 나에게 갑자기 불려왔을 때,
그 죄의 대가를 어찌 다 치를 것이며
어찌 너희들이 나에게 항변할 것인가?
15 너희들은 준비된 삶을 살도록 그리하
라.
16 너희들이 한 치 앞의 삶을 모르듯이,
너의 제자들과 나의 법전을 읽고 깨우
치는 백성 너희들은 남들이 사는 그
수명을 기준으로 하여 너희들이 앞으
로 몇십 년을 살며 충분히 회개하고
반성할 시간이 남았다는 그와 같은 안
일한 생각을 하지 말라.
17 너희들이 부름을 받는 것은 아무도 모
름이니라.
18 나 여호와밖에 모름이니, 이는 천사
요, 사탄이요, 악마도 모름이니라.
19 오로지 창조주인 나요, 너희들의 생명
을 명하여 나의 영혼을 너희들에게 준
나밖에 모름을 너희들은 알아야 될 것
이니라.
20 너희들이 세상에 나갈 때 악함을 행하
여 지옥으로 가는 그와 같은 운명을
내가 너희들에게 주어 세상에 내보냈
음이 아니며, 너희들이 나로부터 생명
을 받아 나갈 때 너희들은 모두 천국
에 올 수 있는 자격이요, 기준을 가지
고 세상에 나가 너희들이 삶을 살거늘,
21 어찌하여 너희들은 앞으로 닥쳐올 너
희들의 운명의 그 시간이요, 심판이
요, 재판을 받을 시간이 얼마나 남아
있는지 그 자체도 모르면서, 어찌하여
악을 행하며, 너희들이 구원받는 선을
행하지 아니하는 삶을 살아가고 있는
가?
22 나 여호와의 마음이 얼마나 아픈지 너
희들은 아는가?
23 너희들이 나로부터 생명을 받아 세상
에 나갈 때는 너희들이 선한 것을 행
하며 나에게 와 구원을 받을 수 있는
선한 백성으로서 나의 영혼이 너희들
에게 임하였음이니,
24 어찌하여 너희들은 나의 성령이 임한
너희 몸을 가지고 천국의 길로 오는
선하고 아름다운 모습으로 살지 아니
하고, 사악한 방법으로써 살아 악의
씨를 낳는 그와 같은 삶으로써 너희
영혼이 구원받지 못하는 지옥으로 가
는 그 삶을 위하여 가고자 하는가?
25 너희들은 언제 나에게 불려와 지옥으
로 가거나 구원받는 심판을 받을지 모
름이니, 너희 말대로 한 치 앞을 모르
고 사는 것이 너희이니,
26 한 치 앞에 너희들이 나에게 부름을
받을 수 있음이니,
27 오늘 이 시간 나의 법전을 읽어 깨우

친 너희들은 오늘서부터, 너희들이 깨
닫는 그 순간부터 나에게 불려오는 그
준비를 완벽하게 하고 살아가야 될 것
이며,
28 지금까지 너희들이 가슴에 안고 온 그
모든 죄악의 뿌리까지도 항상 씻어 갈
수 있는 그와 같은 만반의 준비가 된
삶으로써 살아가지 아니하면 너희들
은 구원받을 수 없음을 알라.
29 언제 너희들이 나에게 부름을 받을지
모름을 항상 가슴속에 깊이 새겨 두고
하루하루를 살아가는 그와 같은 삶을
살라.

3,040 번째 하나님 말씀

2002년 8월 20일 19시 15분

1 사랑하는 나의 아들아!
2 "네, 아버님! 말씀하옵소서."
3 너희들이 구원을 받고 받지 못하는 것
은 나 여호와 창조주의 고유의 권한이
며, 나만이 너희들을 구원하고 구원하
지 않을 수 있으며, 그와 같은 재판을
너희들이 나에게 받게 되어 있다 하였
음이니라.
4 그러나 너희들은 너희 스스로 나에게
재판을 받으며, 너희들이 선과 악을
행한 대로 잘못 산 만큼 그 대가를 치
르며 바로 산 자 구원을 받는 그 구원
의 천국의 문을 열어 주는 것은 나만
이 할 수 있는 것이라 하였거늘, 너희
들은 지금 뭐라 말하며 살아가고 있는
가?
5 너희 자신이 선택받은 사람들이요, 너
희 손으로 지은 그 성전에 와 기도하
고 경배하며 재물로써 하늘에 오르는
티켓을 살 수 있다 그리 잘못된 가르
침으로 가는 자들, 잘못 가르치는 자,
그 밑에서 배워 구원을 받았다 말하는
자들, 너희들이 얼마나 어리석고 우매
한 자들인가?
6 너희들이 나의 아들 예수로부터 영원
히 구원을 받았다 말하는 그 자체가
얼마나 오만하고 방자한 것이며, 하늘
의 이치요, 그 뜻을 모르는 것인가?
7 너희들이 지금 믿음의 길을 가고 있는
것이 잘못 가는 종교 지도자의 가르침
에 의하여 너희들 자신이 지옥 불로
가는 길을 달려가고 있는 것을 내가
수차 너희들에게 일깨워 주었음이니
라.
8 그러나 지금도 너희들이 나의 아들 예
수의 보혈로써 구원을 받았다 하며 너
희 스스로 구원받은 자라 말함이니,
그 어리석은 행위를 더 이상 해서는
아니 될 것이니라.
9 그리 말하는 자, 너희들이 얼마나 어
리석으며 잘못된 자인가를 알아야 할
것이니라.
10 내가 너희들에게 가르쳤음이니라.
11 선한 자와 악한 자가 얼마만큼 차이가
있다 말하였는가?
12 선한 자와 악한 자가 하나의 좁쌀 높
이만큼도 차이가 없다 말하였음이니
라.
13 그러니 악한 자가 선한 자가 될 수 있
으며, 선한 자가 악한 자가 될 수 있으
며, 또 사악한 자요, 사탄이라 하여도
내가 그를 불러 쓰고자 하면 쓸 수 있
음이라 내가 말하였음이니라.

14 그리하여 악한 자도 선한 자로 변할
수 있으며, 제가 깨우치고 회개했을
때 그는 선한 자가 되어 나로부터 구
원을 받을 자격이 있다 내가 말하였음
이니라.
15 선한 자는 내가 주관하는 자이며, 나
의 가슴속의 나의 뜻에 따라, 나의 성
령에 따라 내가 주관하고 내 가슴에
두고 있는 것은 선한 자이며,
16 다만 악한 자는 나 여호와의 가슴에,
나의 주관하에 있지 아니하는 자임을
알아야 될 것이니라.
17 선한 천사와 같이 살아가며 선택된 너
희들은 나의 주관하에, 나 여호와의
보호 아래 있으며,
18 다만 악한 자는 나의 주관하에, 나의
보호 아래 있지 아니하는 것뿐이니라.
19 그러나 그 악한 자가 선한 자가 될 수
있으며, 내가 그 악한 자를 선택하여
쓸 수 있으며, 또는 선하여 구원받았
다 말하는 너희들이 악한 자가 될 수
있나니,
20 이 이치를 너희들이 깨우친다면, 과연
너희들의 지금 깨달음이 얼마나 어리
석은 것이며, 너희들이 영원히 구원의
길에 들어서서 구원을 받았다 말하며
천국에 올라올 수 있는 티켓을 받았다
하는 너희들이 얼마나 착각 속에 살며
망령된 행위에서 사는 것이며, 너희들
의 행함이 얼마나 잘못되었는가를 알
아야 될 것이니라.
21 너희들은 지금까지의 삶을 반대 방향
으로, 너희들의 믿음의 길을 반대 방
향으로 깨우쳐야 하느니라.
22 너희들이 믿음을 가져 구원을 받으며
너희 손으로 지은 그 성전에 가 광란
의 기도를 드림으로 인해서 구원을 받
았다는 그 착각에서 깨어나라.
23 너희들은 육의 삶의 그 행함에 있어서
나의 성령의 나의 계명이요, 내가 지
금 제3의 시대에 내리는 나의 법전을
보고 깨우쳐 육의 삶의 행함이 바르고
곧은 자만이 구원의 길에 들어설 수
있다는 것을, 너희들의 착각에서 벗어
나 이제 깨우쳐야 될 것이니라.
24 오로지 너희들이 나의 계명이요, 나의
법전의 뜻을 행하는 것만이 구원받을
수 있는 것이며, 너희들이 가는 지금
과 같은 믿음으로써는 절대로 구원받
을 수 없음이니,
25 그 환상과 착각 속에서 깨어나는 자만
이 구원의 길을 볼 수 있으며 구원받
을 수 있다는 것을 나의 이 법전에 수
천수만 번 내가 기록함이니,
26 나의 이 애절한 뜻을 너희들이 흘려보
내는 마음으로 들어 깨우침을 잊는 그
와 같은 어리석은 삶을 살지 말라.

3,041 번째 하나님 말씀

2002년 8월 20일 21시 35분

1 사랑하는 나의 아들아!
2 "네, 아버님! 말씀하옵소서."
3 인간사 서로 살아가는 세속의 삶 속에
서 너희들이 남으로부터 한 번 속아
당하는 것도 억울하고 분함을 평생 잊
지 못하고 사는가 하면, 남으로부터
속고 또 속아서 재물을 잃고, 사업이
요, 인생을 망치는 그와 같은 삶을 사
는 자도 있느니라.

4 그런가 하면, 너희들이 10년 공들인 것을 한 사람에게 속음으로 인해서, 한 번의 실수로 인해서 인생을 망치며 너희 인생의 삶을 흩트려 놓는 그와 같은 것을 당할 때, 얼마나 너희들이 분개하고 억울해하는가?

5 그를 평생 원수로 생각하며, 너희들이 죽어 갈 때까지 그를 잊지 못하느니라.

6 지금 너희들이 육신의 생활 속에 속아서 인생을 잘못 삶으로 인생에 실패한 그 원인이요, 또는 한두 번 속음으로 인해서 너희들이 몇 년이요, 몇십 년 동안 고난 속에서 다시 육의 생활에 정상적이요, 또 그를 기반으로 얻어지는 그와 같은 변화무쌍한 삶을 살아가는 그 속에서 속고 속은 것에 대한 그 분한 마음을 감출 수 없는 것이 너희들이니라.

7 그것이 너희들의 삶이며, 육의 삶에서 너희들이 행해지는 것이니라.

8 너희들은 육의 삶에서 속고 속아 너희들이 몇 년의 고생이요, 몇십 년의 고생을 하며, 또한 육의 삶에 너희들이 재기할 수 없는 그와 같은 실패하는 삶을 사는 것 자체는 너희들이 견딜 수 없어 분해하며, 그리고 그를 복수하고자 하며, 그의 대가를 치르게 하고자 하는 것이니라.

9 그렇게 너희들이 육의 삶을 살면서, 너희들이 영원히 구원받으며 너희들의 구원이요, 너희들이 평생을 원하던 그 하늘에 오르는 삶을 속고 또 속아 살아왔다 하면 너희들은 어찌하겠는가?

10 지금의 종교 지도자들이 가르치는 그 방법이 첫째는 나의 계명을 지키며 하늘에 오르는 길이요, 그 진리가 아닌, 나의 뜻과는 전혀 반대되는 그와 같은 곳에서 너희들을 가르치고 있음이니,

11 너희들이 지금 영원히 사는 구원을 받는 그 하늘에 오르는 뜻을 속아서 평생을 살아간다 하면 과연 그를 어찌하겠는가?

12 너희들을 속이고 또 속여서, 너희들이 영원히 구원을 받는 길이 아니요, 육신의 삶이 끝나 너희 영혼의 심판을 받을 때 그 무서운 지옥 불에 가 그 대가를 치러야 되며 구원의 길을 받지 못하도록 너희 인생을 속이고 속인 자라는 것을 너희들이 알면, 너희들은 과연 어찌 분개하며 어찌 그를 대하겠는가?

13 너희들은 지금 여기서 깨우쳐야 될 것이니라.

14 지금의 너희들의 삶이요, 너희들의 그 믿음에서 너희들이 가는 길이 정녕 바르고 옳은 것인가, 그리고 나 여호와의 뜻에 의하여 하는 것인가, 너희들은 하나하나 조목조목 그 의미를 짚어 봐야 될 것이니라.

15 정녕 너희들이 진정한 깨우침이요, 진정한 하늘에 오르는 빛을 알지 못하겠거든, 십계명의 그 구절을 들여다보라.

16 그리하여 십계명에 어찌 지키라 했으며 어찌 행하라 하여 너희들에게 명했으니, 너희들이 믿음의 세계에서 그대로 집행하며 그대로 행하는가를 먼저 점검해 보라.

17 그리하여 너희들이 거기서 의혹이 있으며 불안한 점이 있다 하면, 너희들

은 정녕 내가 성령을 태워 내리는 나
의 법전을 정독하며, 지금 너희들이
믿으며 가는 종교 지도자들의 행하는
그 모두를 바라봐야 할 것이니라.
18 내가 너희들에게 말하였음이니라.
19 지금의 잘못 가르치는 종교 지도자들
이 어떠한 것이더냐?
20 너희들은 조련사라는 사람이 동물을
훈련시켜서 많은 사람에게 웃음과 즐
거움을 선물하고자 할 때, 그 짐승으
로부터 도리어 훈련을 받는 사람이 되
어서는 안 된다 하였음이니라.
21 그리고 지금의 종파는 짐승에게 훈련
을 받는 것과 같은 잘못된 역사가 진
행되고 있다 내가 말하였음이니라.
22 너희들은 진정한 아름다운 깨우침이
요, 진정한 하늘에 오르는 빛을 위해
서가 아니라,
23 불필요한 성전이요, 궁궐과 같은 그
호화찬란한 성전이요, 인간 너희들의
지도자요, 종교 지도자요, 너희들을
이끌어 가는 그들의 편의를 위하여,
외형적으로 세를 보임으로써 나의 피
조물 만백성을 규합하고 위협하여 끌
고 가고자 하는 그와 같은 행위로써
지금 너희들이 지어 놓은 그 궁전을
관리하고 운영하며 그를 지탱하기 위
하여 너희들은 썩은 돈, 냄새 나는 돈,
더러운 금화와 은화, 이것을 구분하지
아니하고 거둬들여야 되며,
24 그것을 많이 내는 자의 뜻을 따르며
그의 눈치를 봐야 되는 이와 같은 믿
음의 형국으로 가는 것이 너희들이라
하였음이니라.
25 이와 같은 이치 하나만 너희들이 깨달
아도 지금의 잘 가고 잘못 감을 알 것
이니,
26 너희들은 나의 법전을 펴놓고 한 줄
한 줄 정독하여 읽어 가며, 너희들이
지금 구원이라 하여 너희 손으로 지은
그 성전에 가서 기도하고 경배하며 하
늘의 빛을 보며 구원받았다고 너희들
을 가르쳐 재물과 금화와 은화 모두를
너희들로부터 수없이 거둬들이는 그
들의 행위를 볼 때가 되었음이니라.
27 다시 한 번 너희들에게 임하나니, 너
희들은 나의 법전에 기록되어 있는 너
희들이 행하여 하늘에 오르는 그 내용
과 지금의 믿음의 종교 지도자들이 가
르치는 방법을 하나하나 견주어 그들
이 행하고 있는 것이 어떠한 것인가
보라.
28 그러면 너희들이 스스로 깨우침이 있
을 것이니 그리 알라.

3,042 번째 하나님 말씀

2002년 8월 20일 21시 42분

1 사랑하는 나의 아들아!
2 "네, 아버님! 말씀하옵소서."
3 너희들이 나 여호와로부터 생명을 받
아 세상에 나감이니,
4 모든 인류의 나의 백성들은 육은 너희
부모로부터 받아 나가며 그 성령은 나
로부터 받아 세상에 나감이니,
5 너희들은 누구나 할 것 없이 나의 나
라 천국에 오를 자격이 있으며, 너희
들은 처음에 나로부터 받은 천사와 같
은 심성으로 살아갔을 때 오를 수 있
는 것이니라.

6 그리고 너희들은 내가 명한 계명이요,
나의 뜻에 의하여, 성령에 의해 살다
하늘에 반드시 와야만 되는 것이니라.
7 너희들이 나로부터 생명을 받아 나갈
때는 천국과 지옥으로 갈라지며 그리
구분되어 나감이 아니니라.
8 어떤 사람은 천국으로 향하는 그 생명
을 받아 가지고 가며 어떤 사람은 지
옥으로 가는 그 생명을 받아 가지고
가는, 그와 같이 구분되어 너희들이
세상에 나가는 것이 아니니라.
9 너희는 지옥으로 가게 되어 있는 자가
하나도 없음이니라.
10 너희들은 누구나 다 오로지 나의 천국
에 와 나의 아들이요, 딸로서 살아갈
수 있으며 구원을 받을 수 있는 그와
같은 자격을 가지고 세상에 나가는 것
이요,
11 너희들 중에 사악한 자가 되어 지옥으
로 갈 자가 구분되어서 세상에 나가지
아니함을 너희들은 다시 한 번 깊이
새겨야 될 것이니라.
12 너희들은 인간으로서 세상에 태어날
때 나 여호와의 성령으로써 태어나기
때문이니,
13 너희가 살면서 나의 성령의 뜻이요,
나의 율법이요, 나의 계명이요, 내가
지키고 살라 한 그 부분을 충실히 지
키고 살아올 때 너희들은 천국의 문으
로 누구든지 다 들어올 수 있게 되어
있음이니라.
14 그러나 너희들은 육신의 삶에 있어서
너희 스스로 그 욕심을 버리지 못함이
니, 너희들은 성령이 인도하는 선한
삶을 살지 못하며, 내가 명하는 계명
을 지키지 못하며,
15 내가 원하는 가르침이요, 내가 너희들
에게 바라는 나의 법전이요, 이와 같
은 뜻을 알지 못하며 그를 지키고 살
지 아니하기에 너희들에게 서서히 사
악한 마음이 싹이 트고 또 싹이 틈이
니, 너희들이 지옥으로 가게 되는 그
와 같은 삶을 너희 스스로 만들어 가
고 있음을 알아야 될 것이니라.
16 너희들은 선한 행동을 하며 선한 사람
으로 살 수 있으며 선을 베풀며 살아
갈 수 있는 충만한 능력을 내가 너희
들에게 주었으며, 너희들에게 악과 선
을 구분할 수 있는 지혜를 내가 주었
거늘,
17 너희들은 그것을 활용하여 선과 악의
그 갈림길에서 선을 행하는 그와 같은
삶을 살지 못하고,
18 인간 삶의 육신의 그 욕심과 욕망과
너희 눈에 보이는 그 육신의 영화와
부귀에 눈이 어두워, 너희들은 선함을
행하는 것이 아니요, 악하고 추한 것
을 주저 없이 행함이니,
19 너희들이 서서히 성장하면서 선하고
아름다운 그 마음은 악에 의하여 서서
히 잠식되어 너희 자신을 잃어 가게
됨이니라.
20 그러한 자 너희들이 구원받을 수 없으
며, 너희들이 그리도 갈망하는 하늘에
오르는 빛을 볼 수가 없음이니라.
21 내가 오늘 나의 아들을 통하여 너희들
에게 전함이니, 나의 피조물 만백성
너희들은 세상에 나올 때 천국과 지옥
으로 나뉘어 가는 자들로 구분되어 세
상에 나옴이 아니요,

22 오로지 나의 천국에 오를 수 있는 그
와 같은 자격을 가지고 너희들이 다
세상에 나감이니라.
23 이는 나의 성령으로 임하였기 때문이
니라.
24 그러나 너희들이 살아오면서 너희 스
스로 지옥과 천당의 그 선택의 기로에
서, 너희들이 뼈를 깎는 고통과 시련
과 어려움을 딛고 일어나 악을 뿌리치
며 선을 향하여 가는 너희 자신의 마
음이 스스로 쓰러지며 지탱할 수 없
어, 너희 자신이 스스로 악의 구렁텅
이에 서서히 빠져들어 가기 시작함이
니,
25 그리하여 점점 악에 잠식되어 구원을
받지 못하는 그와 같은 삶을 사는 것
이 너희들임을 잊어서는 아니 될 것이
니라.

3,043 번째 하나님 말씀

2002년 8월 20일 21시 49분

1 사랑하는 나의 아들아!
2 **"네, 아버님! 말씀하옵소서."**
3 너희들이 세상에 태어나 한평생 살아
가면서 가장 원하는 것이 무엇이며 너
희들의 최후의 목적이 무엇인가?
4 너희들이 육신의 삶을 살아가면서 너
희들이 갈구하는 최후의 목적은 나 여
호와로부터 구원을 받는 것이 아니던
가?
5 그리하여 내가 너희들에게 수차 깨우
쳐 주었느니라.
6 너희가 구원을 받는 길은 나 여호와가
존재함을 믿으며,
7 너희들이 죽어 와 나 여호와로부터 심
판을 받는다는 것을 알아야 될 것이며,
8 너희들은 그리하여 나의 뜻에 의하여
순종하며, 또 내가 내린 십계명을 지
키며, 내가 너희들을 구원하기 위하여
지금 내려보내는 나의 법전을 정독하
고 깨우치고 깨달아 너희 것으로 만들
면서 선하게 사랑을 베풀며 사는 것이
구원의 근본이라 내가 수없이 너희들
에게 그리 가르쳤음이니라.
9 그리고 이 세상이 다 내가 만든 성전
이요, 그 성전 속에서 계명을 지키며
착하게 사랑을 나누며 나의 뜻에 순종
하고 사는 자는 다 구원을 받을 수 있
다 그리 말하였으나, 너희들은 어찌하
여 이를 들여다보지 아니하는가?
10 너희들은 어찌하여 내가 너희들에게
불로 써 내린 그 십계명을 지키고 사
는 것이 구원의 길이요,
11 또 그것을 상세히 풀어서 너희들이 행
하고 실천하면서 하나의 어리석음이
없으며 너희들이 모르는 것이 없으며
몰라서 행하지 않는 것이 없을 정도로
그 모두를 내가 160권으로 만들어 너
희들에게 내려보내, 이를 정독하여 깨
우침을 얻는 자 구원을 얻을 수 있다
그리 말하였거늘, 어찌하여 너희들은
이를 들여다보지 아니하는가?
12 너희들이 수천 년 동안 내려오는 종파
의 그 계통과 너희들이 세뇌된 그곳에
서 벗어나지 못하고 지금도 지옥으로
가는 그 형국에서 나에게 구원을 받는
다고 울부짖으며 너희들의 시간과 그
모두를 다 바치며, 너희들의 목숨을
다 바치듯이 그와 같이 너희들이 기도

하며 경배하는 그 부르짖음 속에서,
13 그것이 너희들이 그리 갈구하던 최후의 목적인 구원을 받는 것이 아니요, 나의 나라에 옴이 아니요, 지옥의 길로 가는 것이라 내가 수없이 그리 부르짖었으니,
14 그리하여 너희들에게 말하기를, 가던 길을 멈추고 나의 법전을 받아 너희들이 하늘에 오르는 구원의 길을 돌아다보라 그리 수없이 내가 너희를 깨우쳤건만 너희들은 이를 보지 아니함이니, 이를 어찌하여야 할 것인가?
15 너희들의 육신의 삶에 있어서, 내가 법전에 기록하여 전하는 나의 성령의 가르침이 어디에 거짓된 것이 있으며 무엇이 잘못되었으며 너희들이 버릴 구절이 어디에 있는가?
16 그 구절 한 쪽 한 쪽을 기록할 때 나의 아들이 십계명을 암송하며 너희들을 구원하고자 애절한 마음으로 나의 성령을 받아 기록한 그 나의 법전 어디에 너희들을 기만하며 어디에 지옥으로 인도하며 어디에 사탄이요, 사악한 자가 가르치는 그 말이 있던가?
17 내가 너희들에게 말하지 아니하였더냐?
18 사탄은 글로써 내놓을 수가 없으며 책으로써 제시할 수 없다 하였음이니라.
19 그들은 진리가 아니요, 위선이기 때문이니라.
20 선한 것을 악이라 하며, 악을 선한 것이라 증거하며 그리 살아왔기 때문에, 사탄은 그와 같이 글로써, 책으로 만들 수 없다 내가 너희들에게 수없이 그리 말하였거늘, 이 이치 하나도 너희들이 깨우치지 않으니, 이를 어찌하여야 될 것인가?
21 너희들이 선하게 사는 것이 구원의 근본이요, 아름답게 살며 나누고 사랑을 베풀며 사는 것이 구원의 길의 기초요, 근본이라 하였음이니라.
22 구원을 받지 못하며 천국의 문을 들어오지 못하는 것은 너희들의 삶에, 너희 자신에게 달렸음을 너희들은 다시 깨우쳐야 될 것이니라.
23 너희들이 지옥으로 가고 천국의 문에 들어서며, 구원을 받고 못 받는 것은 다 너희들 자신에게 달렸음이니,
24 너희 자신을 되돌아보고, 지금에 가고 있는 너희들의 믿음에서 발길을 멈추고 만백성을 위하여 부르짖는 나의 법전을 한번 너희들이 정독하여 깨우침을 얻으라.
25 너희는 천국에 올 수 있는 나의 아들과 딸들이니라.
26 그리고 너희들은 세상에 태어날 때 지옥으로 가고자 태어난 자 없으며, 내가 지옥으로 보내고자 세상에 낸 자 하나도 없음이니라.
27 오로지 천국으로 너희들을 구원하며 나의 품에 오를 수 있도록 내가 모두를 너희들에게 축복과 영광을 내렸음이니,
28 그와 같이 너희들이 내가 내린 계명과 나의 법전을 지키고 산다 하면, 너희들은 천국에 올 수 있는 영광을 받고 태어난 자들이니, 세상에 태어났던 그대로 그 길을 그리 올 수 있음이니, 이를 명심하여 지켜야 할 것이니라.

3,044 번째 하나님 말씀

2002년 8월 21일 01시 08분

1 사랑하는 나의 아들아!
2 "네, 아버님! 말씀하옵소서."
3 이 세상 나의 피조물 만백성이 다 자
기들이 믿고 따르는 그 종파 속에서
구원을 받으며 정녕 천국에 오를 수
있는 길을 간다 그리 생각하며, 그들
이 세뇌되고 그 생각에 젖어 있음이
니, 그것은 어떤 것으로써도 무너트리
기가 그리 쉽지 않음이니라.
4 네가 많은 피조물 만백성을 만나며 그
들이 너에게 와 기도를 받으며 또 그
들에 대한 깨우침을 주나, 그들은 그
들의 길이 있으며 그들의 믿음의 벽에
서 저희들이 가던 길을 돌아서 나의
법전을 향하여 올 수 있는 자 그리 없
음이니라.
5 그리하여 네가 너에게 찾아오는 자에
게 구원의 길을 인도하는 그와 같은
방법으로써 많은 나의 피조물 만백성
을 인도하고 구하기는 너무나도 어렵
고 힘든 길임이니라.
6 오로지 네가 나의 피조물 만백성을 구
원하며 그들이 하늘나라에 오를 수 있
는 그 구원의 빛을 비춰 줄 수 있는 것
은, 네가 열심히 나의 성령을 받아 나
의 법전 속에 기록하여 만백성이 이를
읽을 수 있도록 하는 그 역사의 길밖
에 없음을 알아야 될 것이니라.
7 그들이 배운 자는 배운 자대로 저희들
이 가는 종교의 믿음에 젖어 있으며,
배우지 아니한 자는 또 배우지 아니한
그 상식대로 세뇌되어 있으며, 지금의
가고 있는 그 길만이 저희들이 영원히
구원을 받을 수 있는 것이라 그리 젖
어 있음이니,
8 그를 네가 직접 만나 깨우쳐 나의 법
전을 읽고 하늘에 오르는 그 영광의
길을 볼 수 있도록 하는 것으로는 그
들이 아직 모름이니라.
9 그와 같은 방법으로써 네가 만백성을
구하는 것이 아님을 알라.
10 이는 나의 법전이 3부, 4부, 5부…, 이
와 같이 세상에 퍼져 나갈 때 그들이
감히 이를 대적할 수 없으며 저희 힘
으로는 역부족이라 그와 같이 느꼈을
때,
11 그리고 저희들을 따르는 저희 신도요,
저희들에게 와서 배우는 자들이 나의
법전을 읽고 그들 스스로 저희들이 지
금의 가고 있는 그 믿음의 형태와 내
가 너를 통하여 만백성을 구하고자 하
는 것의 차별화를 느껴 스스로 무너지
는 그와 같은 역사가 이루어지지 아니
하는 한 이는 이루어질 수 없음이니라.
12 그 모두는 내가 주관하며 나의 뜻에
의해 이루어짐이니, 너는 나의 성령을
받아 법전을 기록하여 세상에 내는 데
모두를 다 바쳐야 될 것이니라.
13 지금 나의 피조물 만백성은 저희들이
가는 길이 정녕 구원의 길이요, 그리
고 천국의 문에 들어설 수 있는 그와
같은 믿음이라 생각하니, 그 속에서는
전혀 그들을 깨우치고 돌이킬 수가 없
음이니라.
14 그들은 지금 지옥의 길로 가고 있음이
니라.
15 그들의 목적인 구원을 받기 위해서 그

들은 새로 태어나야 되며 저희들이 거
듭나야만 되는 것을 알지 못하고 있음
이니라.
16 저희들이 정녕 지금의 믿음에서 뛰쳐
나와 나의 법전을 보고 깨우쳐 하늘에
오르는 길을 새로 태어나는 그 역사의
변화를 갖지 아니하면, 그리고 스스로
다시 태어나고자 하는 굳은 결의가 없
으면 아니 됨이니,
17 내가 너에게 말하지 않았더냐?
18 나의 법전을 읽고 깨우치는 자는 불길
이 타올라 오는 산속에 갇혀 있는 그
속에서 불을 뚫고 평지를 향하여 뛰쳐
나오는 그와 같은 용기 있는 짐승의
행동을 하지 아니하면 구원을 받을 수
없다 하였음이니,
19 너희들이 다시 태어남이 얼마나 어렵
고 힘든 것인가를 알아야 될 것이니라.
20 저희들이 다시 태어나지 아니하면 구
원을 받을 수 없다는 것을 그들은 전
혀 알지 못하고 있는 것이니라.
21 저희들이 거듭나는 것만이 천국의 문
에 들어설 수 있는 것이거늘, 너희들
은 거듭난다는 그 이치조차도 깨우치
지 못하고 있으며,
22 너희들이 믿음으로써 구원을 받을 수
있는 것이며 너희들은 선택된 자들이
라는 그 믿음으로 그리 가고 있음이니,
23 저희들이 너희들이 향하여 가는 그 믿
음의 근본이 무엇이며 하늘에 오르는
그 길에 진정한 믿음이 무엇인가 그
근본 자체도 모르고 있는 것이 지금의
많은 백성들이 구원의 길에 들어섰다
하여 저희들의 성전에 나가 기도하고
경배하며 그 종교 지도자들의 가르침
에 현혹되어 가고 있는 지금의 실정이
니라.
24 너희들이 나의 십계명과 나의 법전을
지키는 자만이 다시 태어나는 자요,
거듭나는 자요, 새로운 구원의 빛을
볼 수 있는 것이니,
25 그렇지 아니하는 자, 정녕 구원을 받
을 수 없다는 것을 너는 너의 제자들
을 통하여 만백성에게 깨우쳐 줘야 될
것이니라.
26 너희들은 지금 계속 구원의 길이 아니
라 악의 길로써 사악한 그 삶을 연장
하는 것이며, 또한 너희 후손에게 악
의 삶의 뿌리를 넘겨주는 그와 같은
삶으로써 가고 있음이니라.
27 그리하여 너희들은 구원의 길을 보고
살아가는 것이 아니요, 너희들의 육의
삶의 한계 내에서 벗어나지 못하며 육
의 향락과 육의 즐거움과 육의 모든
것이 얻어지는 그곳에서 너희들이 벗
어나지 못함이니,
28 너희들은 정녕 지금과 같은 육을 벗어
나지 못하는 그 믿음이기에 영적으로
변화될 수 없으며, 영원히 구원을 받
는 나라에 들어설 수도 없으며, 구원
의 길을 볼 수도 없기 때문이니,
29 이와 같은 이치를 너는 너의 제자들과
나의 법전을 읽은 백성들을 통하여 만
백성을 구하는 데 모두를 다 바쳐야
될 것이며,
30 오로지 너희들이 만백성을 구하며 만
백성을 그 죄악에서 구하는 것은 네가
법전을 만들어 내는 데 최선을 다해야
할 것이며, 빠른 시간 내에 법전을 만
들어 만백성을 구하는 길뿐이니라.

31 네가 160권의 법전을 게을리하면 10
년, 20년이 걸려서 만들 수 있는 법전
이나,
32 네가 노력하고 거듭나는 마음으로써
만백성을 구하겠다는 그 의지 하나의
일념이요, 네가 만백성을 구하는 것이
나 여호와의 즐거움이라 생각하며, 너
와 더불어 살아가는 이 시대의 백성을
구하고자 네가 밤과 낮을 가리지 아니
하고 나의 성령을 받아 법전을 내는
것이 가장 큰 급선무이며 나 여호와를
가장 즐겁게 하는 일임을 네가 잊어서
는 아니 될 것이니라.

3,045 번째 하나님 말씀

2002년 8월 21일 08시 30분

1 사랑하는 나의 아들아!
2 "네, 아버님! 말씀하옵소서."
3 나의 법전이 세상에 나가니 사람들이
말하기를, '지금 시대에 어찌 하나님
의 아들이 이 세상에 와 있느냐? 독생
자 예수 외에는 그 누구도 하나님의
자식이 없다, 그리고 올 수 없다.' 그
리 말하며,
4 '어찌하여 제가 여호와 하나님의 아들
이라 하며 독생자의 그 역할을 할 수
있다 그리 말하느냐?' 그러면서 나의
법전을 부정하며 너를 저주하며 사탄
의 자식이라 말할 것이니라.
5 그러나 너는 엄연히 나의 아들이요,
창조주인 부모가 자식을 보고 자식이
라 말하니 여기에 누가 이유를 달 수
있으며 그것이 통할 수 있다 생각하는
가?
6 나의 아들 예수를 세상에 내보냈으니,
그가 한 사람으로서 세상에 나가니,
7 내가 그를 독생자라 말함은 너희들이
말하는 나는 한 사람을 통해서 모두를
너희들에게 깨우쳐 주며, 또 한 사람
을 통하여 모두를 다 받아들임이니,
8 나의 아들 예수를 통하여서만 너희들
에게 생명수를 내려보내 너희들을 구
원하고자 하였으나, 너희들이 그 독생
자를 죽게 하였음이니라.
9 그리하여 너희들이 암흑의 2천 년이
라는 세월이 흘러 오늘 나의 아들이
나의 명을 받고 세상에 나가 그를 통
하여 내가 성령을 내려보내 너희들을
구원하는 법전을 만들며, 그를 통하여
모두의 기도를 내가 받아들인다 하였
음이니라.
10 진리를 두 사람이 가지고 나가 전할
수 없으며, 나의 뜻을 두 사람, 세 사
람이 전함으로 진리가 왜곡되게 전하
여지는 그와 같은 역사의 흐름 속에
너희들이 잘못 가는 결과를 낳으며,
많은 종파들이 서로 물고 무는 그와
같은 일이 있으니,
11 이는 독생자 한 사람인 나의 아들을
통하여서만 세상에 전할 수 있는 것이
며, 그를 통하여 지상에 너희들이 드
리는 모든 기도를 받아들이는 것이니
라.
12 그리하여 지금 나의 아들을 세상에 내
보내 그 하나를 통하여 법전을 내려보
내며 너희들에게 구원의 빛을 내려보
내니, 이가 곧 만백성을 구하는 독생
자임을 너희들은 알아야 될 것이니라.
13 그 이유와 단어와 그 환경에 어떠한

이유를 달지 말라.
14 창조주인 나 여호와가 한 시대에 한
사람을 내려보내며, 이 지상을 통제함
에 있어서 내가 명한 자식 한 사람을
통하여 통제한다면 그가 바로 독생자
요,
15 그가 예수를 대신하여 이 세상에 내려
가 오늘에 밤낮을 가리지 아니하며 너
희들을 구원하고자 160권의 역사의
대장정의 법전을 세상에 내려보내니,
16 이는 곧 나의 성령이요, 내가 지상에
내려가 통제함이라 하였음이니라.
17 이와 같은 이치를 너희들은 깨달아야
될 것이니라.
18 그리고 내가 너희들에게 일러 명하기
를, 구약과 신약의 시대의 뚜껑을 덮
는다 그리 말하였음이니라.
19 구약 시대는 내가 모세라는 인간을 통
하여 그 역사를 이루려 하였으며,
20 신약 시대는 구약 시대에 너희들이 잘
못 가고 너무나 광란하며 사람의 생명
을 그저 재물로써 계산하여 파리 목숨
보다도 더 쉽게 그들을 죽이고 살리는
그와 같은 무질서한 그 행위를 더 이
상 볼 수 없어, 내가 그를 통제할 수
있는 것은 그 나의 백성보다도 더 나
로부터 모든 역사를 임할 수 있는 나
의 아들을 직접 보냈음이니라.
21 그리하여 구약 시대의 잘못된 것을 바
로잡아, 내가 내린 십계명을 지키며
그 속에 살아가 너희들이 바로 서는
백성으로 만들고자 하였으나, 너희들
이 또 그와 같이 사악한 행위로써 나
의 아들을 그리 고통 속에 죽도록 하
였으며,
22 내가 너희들이 오르고 구원받기를 그
리도 바라던 천국의 문을 닫아 열지
아니함이니, 이것이 신약 시대에 너희
들이 행한 행위이니라.
23 그리하여 지금 구약과 신약의 시대에
너희들이 그와 같은 만행을 저질러 그
를 잘못했기에 내가 직접 세상에 내려
감이라 하였음이니라.
24 그리하여 너희들이 나의 법전을 읽을
때 내가 너희들과 같이하며 그 법전의
뚜껑을 덮을 때 내가 거기서 떠난다
하였음이니,
25 내가 나의 백성 모세를 통하여 너희들
을 구원하고자 했던 것이 실패하였으
며, 또 나의 아들 예수가 그리하였으
며, 지금 내가 직접 나의 아들을 통하
여 세상에 내려가 너희들을 구원하고
자 한다 하였음이니 바로 무엇이더냐?
26 그러니 나 창조주가 직접 나의 뜻을
가지고 내려가 너희들을 구원함이니,
구약과 신약의 시대의 성서를 덮는 것
은 당연한 것이 아니던가?
27 창조주인 내가 직접 내려왔음이니 구
약과 신약이 어디 필요하며, 그것으로
써 너희들을 구원할 수 있는 그 한계
를 벗어난 사악한 자들로 너희들이 변
질되어 있으며 진리에 임하여 너희들
이 올 수 없는 그와 같은 자가 되었기
에, 더 이상 통제할 수 없어 창조주가
직접 내려감이니,
28 구약 시대도 나의 역사에 의하여 내가
이루었으며, 신약 시대도 창조주인 내
가 이루었음이니, 그리하여 나의 백성
과 나의 아들을 보냈으며, 지금은 내
가 직접 내려가 이와 같은 역사를 이

루고 있음이니, 구약과 신약을 덮는다
는 것은 당연한 이치가 아닌가?
29 나 창조주가 직접 내려가 통제하며 너
희들을 구원하고자 세상에 내려옴이
니, 어찌하여 구약과 신약이 그대로
존재하여 그들의 역사 속에서 너희들
을 구원할 수 있다 할 수 있는가?
30 내가 직접 내려오기 때문에 구약과 신
약을 덮는다 하였음이니, 나의 법전을
읽는 만백성은 그 이치를 깨달아야 될
것이니라.
31 내가 구약과 신약을 덮는다 하니 너희
들은 세상에 청천벽력 같은 소리며,
이건 왕 사탄이요, 사악한 자요,
32 한 줄도 빼고 더하지도 못한다 하여
너희를 구원의 길로 인도하는 구약과
신약의 성서를 덮는다 하니, 이는 아
무도 덮을 수가 없음이니라.
33 너희들의 진정한 창조주요, 나 여호와
가 아니면 감히 구약과 신약을 덮는다
말할 수 없음이니라.
34 아무리 왕사탄이요, 사악한 사탄이요,
마귀가 세상에 내려와 제가 나와 같은
권능을 보인다 하여도 그가 감히 구약
과 신약을 덮는다 말할 수 없음이니라.
35 그들은 구약과 신약을 덮을 수가 없음
이니라.
36 그는 창조주인 나의 뜻이요, 내가 주
관하기 때문이니라.
37 그리고 지금 악마요, 사탄이 왔다 하
면, 내가 너희들에게 말했듯이, 이와
같이 160권의 장서의 법전을 세상에
내려보낼 수가 없음이니라.
38 그러니 너희들은 여기서 깨우쳐야 될
것이니라.
39 나의 성령의 장서가 세상에 내려가는
것도 창조주인 나만이 알 수 있는 것
이며, 구약과 신약을 덮는다 말할 수
있는 것도 나만이 덮을 수 있으며, 그
누구도 그를 덮는다 말할 수 없으며
덮도록 할 수도 없음이니라.
40 그리하여 내가 이 세상에 마지막으로
너희들을 구원하려 내려왔다 하였음
이니, 내가 성령을 가지고 나의 아들
을 통하여 직접 너희들을 통제함이니,
바로 구약과 신약을 덮는다는 뜻이 여
기 있음이니라.
41 내가 직접 내려가기 때문이니라.
42 이와 같은 이치와 이와 같은 흐름을
너희들이 본다 하여도, 지금 나의 법
전이 나의 뜻임을 알며 너희들이 오로
지 구원을 받는 그 역사의 길임을 알
아야 될 것이니라.
43 여기서 너희들이 두 번 다시 다른 말
을 할 수가 없으니, 다른 말을 하는
자, 그 말한 만큼 지옥에 가는 죄가 가
중되며 너희가 어리석음을 알게 될 것
이니라.

3,046 번째 하나님 말씀

2002년 8월 21일 08시 37분

1 사랑하는 나의 아들아!
2 "네, 아버님! 말씀하옵소서."
3 제3의 시대에 내가 직접 세상에 내려
감이니, 내가 너희들을 깨우치기 위하
여 먼저 내려보냈던 기초적인 구약과
신약을 덮는다 말하였음이니라.
4 그리고 나만이 덮을 수 있으며 그 누
구도 이를 덮을 수 없다 말하였음이니

라.
5 그리하여 나의 성령이 세상에 직접 내
려감이니, 우선 내가 너희들에게 해야
할 일이 있다 하였음이니라.
6 나의 법전이 하얀 눈이 내리듯이 세상
을 다 덮도록 하는 그 이유는,
7 지금의 모든 종파들이 문을 닫아야 될
것이며, 그곳에서 저희들이 구원을 받
는다는 자들이 깨달아 저희들의 그 문
에 거미줄을 치는 그와 같은 역사가
이루어지지 아니하면 나의 피조물 만
백성을 구하는 역사가 이루어질 수 없
음이니라.
8 이제는 나의 성령으로써 창조주인 나
여호와가 직접 나의 아들을 통하여 세
상에 모두를 전하며 직접 통제함이니,
9 그리고 나의 성령으로써 너희들이 구
원의 길이 무엇이며 하늘에 오르는 길
의 그 영광이 무엇인가를, 누구나 다
나의 이루어진 이 지상의 성전에서 기
도하고 경배하며 나의 법전을 정독했
을 때 구원받을 자격이 있으며 구원받
을 수 있는 것이라 내가 말하였음이니
라.
10 이제 나의 법전을 읽고 나의 아들의
제자라 이르는 자들과 나의 법전을 읽
은 만백성, 너희들은 알아야 될 것이
니라.
11 이 세상의 어떠한 종파도 다 문을 닫
아야 될 것이며, 그 종파들이 존속해
서 독버섯처럼 생존하는 한, 그들이
꿈틀거리는 한 나의 진리는 내려가서
정녕 너희들을 깨우치는 역사를 이룰
수 없음이니라.
12 내가 너희들에게 말하여 깨우치지 아
니하였던가?
13 나의 성전에 와 나의 법전을 읽고 공
부하는 백성 너희들이 지금까지 잘못
배웠던 너희 손으로 지은 그 성전에
가 재물과 금화를 거둬들이기에 급급
한 종교 지도자한테서 배운 그 모든
너희들의 믿음이요, 신앙의 그 상식을
다 버리고 다시 태어나는 고통 속에서
나의 성령을 들으며 나의 법전을 듣지
아니하면 너희들이 다시 태어날 수 없
다 내가 말하였음이니,
14 여기서 너희들이 한 발짝 더 나아가
세상의 역사를 바라본다면, 내가 만든
나의 성전에 독버섯같이 잘못 가르치
는 작고 큰 모든 종파요, 그 숫자들이
문을 닫는 역사가 먼저 이루어져야 될
것이니라.
15 그리하여 그 문을 닫지 아니하면 나의
진리요, 나의 성령이요, 나의 법전이
세상에 나가 만백성을 구하는 그 역사
를 할 수 없음이니라.
16 그리하여 내가 나의 법전 160권이 나
의 아들을 통하여 지금 세상에 나갈
수 있는 준비를 하며,
17 너희들의 지금의 모든 종파들이 나의
존재함을 알며 두려움을 알며 저희들
이 지금까지 온 것이 잘못되었으며 죄
악의 길로써 만백성을 지옥으로 이끌
어 가는 그와 같은 행위를 했음을 깨
달았을 때, 그리하여 너희들이 모든
종파의 문을 닫았을 때, 거기에서 새
로운 나의 법전의 싹이 트기 시작함이
니라.
18 그리하여 지금 법전이 내려가는 것은
그 종파들의 문을 닫기 위함이요, 160

권의 법전이 나와 너희들이 바로 섰을
때, 정녕 새로운 성령의 뜻이요, 너희
들이 살아갈 방법과 다져지는 그 기초
를 또한 내가 나의 아들이 죽을 때까
지 세상에 내려보내어 너희들을 깨우
친다 하였음이니라.
19 지금 나의 법전이 세상에 내려가는 그
이유를 내가 너희들에게 말하였음이
니라.
20 1부가 백 년씩 하여 천 년에 걸쳐 내
가 이룸이니, 그는 바로 제1차가 바로
무엇이던가?
21 모든 종파들이 문을 닫게 됨이니라.
22 그 종파가 문을 닫고 그 종파들이 하
나도 이 나의 낙원 동산에서 존재치
못하게 내가 만든 뒤에, 거기서부터
너희들이 새로운 역사요, 새로운 성령
으로써 태어나는 나의 백성들이요, 나
의 아들딸들만이 이 세상에 존재하게
됨이니,
23 너희들은 외쳐야 될 것이니라, 이 세
상의 모든 종파들이 다 문을 닫을 때,
그리고 거미줄을 칠 때 거기서 너희들
이 다 뛰쳐나와 나의 법전을 안고 내
가 만든 성전에서 너희들이 이 법전대
로 살아가며 나에게 기도하고 경배하
는 그와 같은 역사가 먼저 이루어져야
된다는 것을.
24 세상의 모든 종파가 문을 닫아야 나의
역사가 이루어짐을 너희들은 알아야
될 것이며, 내가 그 일부터 지금 시작
하고 있음이니, 너희들은 그를 알아야
될 것이니라.
25 너희들은 알 것이니라.
26 너희들이 미꾸라지라는 것에 소금을
뿌려 음식으로 만들고자 할 때, 그들
이 얼마나 발광을 하며 악을 쓰는가?
27 하나의 미물도 그들을 제거하고자 할
때 너희들 앞에 그와 같이 악을 쓰고
있음이니,
28 지금 모든 나의 피조물 만백성이 몇천
년에 걸쳐서 잘못 배우고 잘못 가르쳐
온 그 타성에 세뇌되어 바위보다도 옹
벽보다도 더 단단하게 굳어져 있음이
니,
29 그들이 그 속에 있는 잘못 가르친 그
모두를 다 토해 내고 그를 다 게워 내
며 그를 다 뱉어 내며 그 속이 다 그와
같이 깨끗이 변화되지 아니할 때는 이
역사가 이루어질 수 없음이니라.
30 미꾸라지라는 그 미물에게 소금을 넣
어 그가 가지고 있는 그 속의 것을 다
들어내 그가 너희들에게 훌륭한 음식
으로 만들어질 수 있듯이 너희들이 그
간단한 이치를 깨우쳐 보라.
31 지금 너희들이 가지고 있는 모든 더럽
고 추하며 그 진흙탕 같은 것을 너희
들 속에서 다 긁어낸 다음에 너희들이
깨끗하고 아름답게 정화됐을 때 나의
성령이 그곳에 임하게 됨이니, 이것이
천 년 후에 역사가 이루어짐이니라.
32 그러나 내가 지금 성령을 내려보내 나
의 아들을 통하여 법전을 전하며 강론
함이니,
33 이 시대에 너희들이 같이 살아가는 그
영광을 깨달으며 내가 내린 축복의 영
광을 너희들이 알았을 때, 나의 법전
을 가슴에 안고 정독하여 너희들이 더
럽고 추한 그 속을 다 뽑어냈을 때 그
와 같은 새로 태어나는 역사를 하는

자는 구원받을 수 있음을 알라.
34 이것이 너희들의 가장 큰 은혜요, 영
광이요, 지금 시대에 살아가는 너희들
의 축복임이니라.
35 이 동양의 작은 나라에 나의 아들을
내려보내어 나의 성령이요, 내가 직접
내려가 그를 지시하며 너희들을 구원
하고자 하는 이 시대에 살아가는 너희
들이 얼마나 영광된 자인데,
36 너희들이 감히 나의 법전이 이단이요,
사탄이요, 사악한 무리의 장난이라 하
는 그와 같은 무서운 죄를 짓고 있는
가?
37 이제는 작은 죄, 큰 죄를 지으면서, 그
죄의 무서움을 모르고 살아온 종교 지
도자 너희들부터 각성하여야 될 것이
며,
38 저희들만 구원을 받으며, 하늘에 오르
는 티켓을 재물과 돈으로써 살 수 있
다 하며 그 믿음을 가는 자, 너희들 또
한 되돌아봐야 될 것이니, 너희들의
구원의 길은 반대쪽에 있음을 잊지 말
라.

3,047 번째 하나님 말씀

2002년 8월 21일 08시 55분

1 사랑하는 나의 아들아!
2 "네, 아버님! 말씀하옵소서."
3 너를 찾아온 두 여인이 너희들이 말하
는 음료수 두 상자를 사 들고 옴이니,
내가 그리 말하였느니라.
4 십계명에 '네 부모를 공경하라.' 함이
있으니, 나의 성전이요, 네 앞에 오는
자, 부모에게 열 번의 그 효성을 다한
다음에 열한 번째에 너에게 가져오는
것은 네가 받을 수 있다 그리 가르쳤
음이니라.
5 그리고 나의 성전에 오는 것은 아무것
도 들고 와서는 아니 되며, 빈손으로
오는 것이 가장 네가 행복하고 기쁘다
그리 말하였느니라.
6 그리고 네가 말하였느니라.
7 작은 것을 받기 시작하며 작은 것을
받는 그 즐거움과 행복을 느끼는 자
있다면 그는 조금 더 큰 것을 바라게
되며, 그리하여 가져오지 아니한 자에
게 섭섭하게 생각하며, 가져오는 그
양에 따라서 네 마음이 쏠리고 안 쏠
리는 그와 같이 간사한 쪽으로 인간은
변한다 하여 그를 받지 말라 내가 명
하였음이니라.
8 네가 그 두 여인이 사온 음료수의 값
을 그들에게 다시 지불하며, 나의 성
전에는 나 여호와가 받지 말라 하였으
니 빈손으로 오는 것이 너를 가장 기
쁘게 하는 길이라 네가 그들에게 전함
이니,
9 그것이 바로 순종하며 나의 뜻을 따르
는 것이며 나 여호와를 기쁘게 하는
행위임을 알아야 될 것이니라.
10 네가 지금서부터 작은 것을 나의 뜻대
로 실행하지 아니하면, 네가 세월이
지나면 지날수록 더 큰 것을 또 실천
하지 아니하고 너 자신이 무너짐이니,
이것 또한 나의 종교 지도자나 만백성
인간의 심리요, 인간의 형태와 무엇이
다르던가?
11 나의 목자요, 나의 아들이요, 나를 대
신하여 살아가는 너는 정녕 작은 것

하나도 빼놓지 아니하고 실천하고 행
할 때, 모든 백성들이 너를 알게 될 것
이며 너를 보게 됨이니라.
12 네가 그와 같은 행위를 하는 것은 네
가 너 자신이 편안하면 남이 고통스러
우며, 네가 웃으면 남이 우는 이와 같
은 인간관계의 흐름에서 네가 항상 고
통이요, 눈물이요, 슬픔을 안고 가며
그것을 네 것으로 만드는 그 삶을 실
천함이니라.
13 작든 크든 상대성이 있는 것은 그와
같은 변화가 있음이니, 네가 가장 악
조건이요, 네가 가장 슬프고 고통스러
운 것이요, 눈물을 네 것으로 만들며,
14 너로 하여금 상대방이 눈물을 흘리는
그와 같은 일을 작든 크든 행하여서는
아니 되는 것이니, 너는 그와 같은 삶
을 철저히 시행하도록 하라.
15 그리한다 하여 네가 굶겠는가?
16 너는 그와 같은 나에 대한 믿음을 가
지고 있으며, 그리하여 네가 나의 아
들이요, 나의 목자이니라.
17 전지전능한 나 여호와가 너에게 고통
과 시련을 주겠는가?
18 그리고 네가 먹지 못하는 그와 같은
가난한 자요, 네가 먹을 것이 없는 고
통스러운 자로 내가 두겠는가?
19 모두는 나의 주관에 있으니 너희들은
그를 걱정하지 말지니라.
20 그를 두려워하고 겁먹으며 너희들의
미래까지 생각하여 너희 창고에 쌓아
놓으며 너희들 대대손손 후손까지도
생각하여 창고에 비축하는 이와 같은
자는 종교 지도자가 아니며, 인간의
기본 도리도 못 하며 나 여호와의 외
아들과 나의 이름을 팔아먹고 사는 가
장 사악한 자니, 그는 짐승만도 못하
다 내가 말하였음이니라.
21 너는 그와 같은 것이 유리로 비추어
봤을 때 한 점의 부끄러움이 없는 그
삶을 죽을 때까지 그리 행하는 것이
나의 아들이요, 남과 차별화 됨이니,
22 네가 이제 그와 같이 행하고 실천하는
모습을 바라보는 나의 하늘의 천사들
도 감히 너에게 고개를 흔듦이니라.
23 그리고 그와 같이 네가 나갈 때 사탄
이요, 사악한 자들이 너를 덮지 못할
것이며 너를 쓰러트리지 못할 것이며,
24 정녕 네가 나와 같은 심성으로 살아갈
때 네 얼굴에서 비추는 그 빛이 세상
을 다 덮게 됨이니, 그게 바로 무엇이
더냐?
25 네가 내가 명한 작은 것도 철저히 순
종하며 행할 때 나의 법전이 세상에
다 덮어짐이니라.
26 내가 너에게 일깨워 주었음이니라.
27 너희들이 나의 법전을 전할 때 만 명
중에 한 사람을 구원한다 하였음이니,
28 만 명이 나의 법전을 읽은 중에서 한
사람이 구원되는 것이 아니요, 책을
전한 사람이 나의 심성과 같이 천사와
같은 마음을 가지고 있을 때 그를 받
은 자가 그 책의 뚜껑을 열어 그 내용
을 볼 때 그가 구원을 받는다 하였음
이니라.
29 만 권의 책이 나갔을 때, 그 전한 사람
의 마음이 천사와 같이 되는 그 짧은
순간에 그를 받은 사람이 책을 읽을
때 구원을 받는다 하였으니,
30 이 이치를 돌이켜 생각하면 누구를 통

하여 나의 법전이 세상에 나오며 나의
성령이 세상에 나가며 나의 뜻이 전해
지느냐, 아들아!
31 너를 통하여 전해짐이요, 너를 통하여
세상에 책이 전해지고 나의 법전이 전
해짐이니, 이 대명을 맡은 너의 마음
이 어찌하여야 되겠는가?
32 사랑하는 아들아!
33 네 마음이 하얀 마음이요, 천사와 같
은 마음이요, 나의 심성으로 변해졌을
때 그 너의 제자들이 책을 받아 전할
때, 전한 자의 마음이 천사같이 변했
을 때 그 책이 전해진다면 과연 너는
어찌하겠는가?
34 너는 항상 천사와 같은 마음으로 변해
있어야 되며, 나의 명을 순종하며 나
의 뜻에 살아가는 나의 아들이 되지
아니하면, 이 법전이 흰 눈처럼 세상
을 덮을 수 없다는 이 엄연한 사실을
너는 깨닫고 알고 있는가?
35 "아버님, 이 죄인을 용서하여 주옵소
서.
36 아버님, 이 죄인을 벌하여 주옵소서.
37 어찌하여 아버님은 이 더럽고 추한 인
간을 자식이라 명하며, 천사와 아버님
의 심성과 같은 마음으로 지탱하며 살
라 하시옵나이까?
38 이 두려움 앞에, 제가 아버님의 심성
이요, 천사의 심성을 가졌을 때 그 제
자들이 법전을 전하면 만 명 중에 한
사람을 구원한다 하셨사오니,
39 저는 365일, 죽을 때까지 천사로 변하
여 있어야 되는 것이며,
40 그와 같은 마음으로 변하지 않을 때
이 법전이 세상에 전해질 수 없으며
아버님의 역사가 이룰 수 없다는 그
무서운 말씀을 오늘 아침 저에게 내리
심이니,
41 아버님, 저는 어찌하여야 하오리까?
42 과연 제가 그 역사를 이룰 수 있으며
그리 갈 수 있나이까?
43 저의 찢어지는 것같이 아프고 답답한
마음에 빛과 희망과 용기를 주옵소서.
44 아버님, 저는 목숨을 다하여 갈 수 있
도록 노력하겠사오며 가도록 노력은
하겠사오나,
45 제 인간이요, 제 능력으로써는 이 길
을 갈 수 없을 것 같사옵나이다.
46 저에게 힘과 용기와 아버님의 그 전지
전능하신 그 역사를 임하여 저를 도와
주옵소서, 아버님!
47 저를 구원하여 주옵소서.
48 감히 제가 갈 수 있을 것인지 두렵사
오며, 저 자신과의 싸움에서 과연 이
길을 갈 수 있는 것인지,
49 저 하나 이 길을 가지 못하여 죄를 받
음은, 제가 지옥 불로 가는 것은 두렵
지 않사옵나이다.
50 제가 바로 서지 못하여 아버님의 법전
이 세상에 전해지는 것을 제가 막고
있으며 제가 흩트려 놓는 그 죄를 어
찌 다 감당하겠사옵나이까?
51 정녕 저를 거두어 주옵소서."

3,048 번째 하나님 말씀

2002년 8월 21일 09시 47분

1 사랑하는 나의 아들아!
2 "네, 아버님! 말씀하옵소서."
3 나의 피조물 만백성이 선하고 아름다

운 마음을 가지고 세상에 나감이니,
너희들은 누구나 다 지옥의 문으로 가
는 것이 아니요, 천국의 문으로 올 수
있는 축복과 영광을 나로부터 받아 가
지고 세상에 나갔음이니라.
4 그와 같은 백성 너희들이 수천 년 동
안 오면서 나를 향하여 온다는 그 믿
음의 집단들이 나의 피조물 만백성을
잘못 가르쳤으며 잘못 깨우쳐 왔음이
니, 지금 너희들의 그 믿음이 어찌 흘
러가고 있는가?
5 너희들의 그 집단 속에 들어와야만 되
며 너희들의 그 틀 속에 들어와야만
같은 동족이요, 구원을 받을 수 있다
그리 말하는가 하면,
6 너희 손으로 지은 종교 집단 속에 들
어가야만 되며,
7 너희들을 가르치는 종교 지도자가 하
늘의 뜻이 무엇이며 구원의 빛이 무엇
이며 정녕 내가 이루고자 하는 것이
무엇인지 그 자체도 모르며, 성서요,
또는 나의 뜻의 겉도 모르고 속도 모
르며, 겉의 이치와 속의 이치를 모름
이니, 겉의 이치도 모르는 자가 속의
그 깊은 뜻을 어찌 알겠는가?
8 그와 같은 것도 깨우치지 못하는 자들
이 지금 저희들이 만든 그 집단에 와
기도하고 경배하고 재물을 바치며 너
희들이 죄를 수없이 지어 놓고 그곳에
와 회개하고 반성하면 모두를 다 용서
받고 구원을 받는다 하니,
9 그와 같이 착각 속에 지금 믿어 가고
있는 것이 너희들의 믿음이니라.
10 너희들이 지금과 같은 형태로써는 하
늘나라에 오를 수 없음을 알아야 될
것이니라.
11 너희들은 지금의 형태로써 구원을 받
았으며, 나의 아들 예수의 보혈로써
다 축복을 받았으며 하늘에 오를 수
있다는 그 착각에 빠져 있음이니,
12 그 환각의 상태에서 너희들이 빠져나
와야 됨을 알아야 될 것이니라.
13 너희들이 그와 같은 환각과 착각 속에
빠져 있다 함을 너희는 너희 스스로
모르나, 내가 너희들에게 오늘의 그
이유를 손에다 쥐여 줌이니, 너희들이
이를 듣고도 깨우치지 못하면 어떻게
하겠는가?
14 너희들은 수시로 악을 행하며 살아감
이니라.
15 육의 행복을 위하여 너희들이 악을 행
하며 또 죄를 지으며 그렇게 살아가니,
16 너희들이 이루고 있는 것이 죄라 생각
지 아니하고 사는 것이 지금의 너희들
이 착각 속에 사는 것이니라.
17 작고 큰 죄를 지으면서도 너희들은 자
신이 지금 죄를 짓고 있음을 망각하며,
18 그와 같은 육의 죄가 구원을 받고 못
받는 것과는 아무런 관계도 없음이니,
믿음이라는 그 길만 가며, 너희들이
말하는 종교 지도자 앞에 재물과 금화
를 바치며 하늘에 재물로써 많이 쌓아
놓으면 그 재물을 쌓아 놓는 것만큼
구원을 받는다 그리 생각하니,
19 너희들은 어찌 그와 같이 나와는 아무
런 관계도 없는 그 착각 속에서 살아
가며 구원을 받았다고 그리 생각하는
가?
20 너희들이 육에서 행하는 모든 죄에 대
한 그 죄의식을 아직도 느끼지 못하고

있음이니라.
21 너희들은 육에서 행하는 모든 작고 큰
죄에 대한 그 죄의식을 알아야 될 것
이며, 그 짓고 있는 죄의 모두를 단절
해야 될 것이며,
22 너희들이 그 죄의식을 느끼지 못하는
그 자체에서 깨어나는 삶을 살아가지
아니하고는 너희들은 구원을 받을 수
가 없음을 알아야 될 것이니라.
23 종교 지도자 너희들이 어찌하여 죄를
지으면서도 죄의식을 느끼지 못하며,
죄를 짓는 것이며 그 벌을 받는 것을
두려워하지 아니하고 무서워하지 아
니하도록 나의 피조물 만백성을 그리
환각 속으로 집어넣어 세뇌 교육을 시
켰는지, 그 죄의 두려움을 너희들이
알아야 될 것이니라.
24 너희들이 지금 살아가면서 어찌 살아
가는가?
25 너희들은 죄에 대한 그 죄의식을 저버
리고 살고 있으나, 그 모두를 너희들
이 나에게 와 심판을 받으며, 그를 하
나도 빠짐없이, 번갯불이 지나가는 것
보다 더 빠르게 지은 죄들도 다 너희
들이 심판을 받게 되어 있다 하였음이
니, 너희들은 그 무서움 자체도 모르
고 있느니라.
26 내가 다시 나의 아들을 통하여 너희들
에게 말함이니, 너희들은 믿음이요,
너희 손으로 지은 그 성전에 가 나의
아들을 찾으며 찬송 부르고 기도함으
로 인해서 구원을 받았다는 그 착각을
버려야 될 것이니라.
27 너희들이 지금 행하고 있는 그 믿음으
로써는 한 사람도 구원을 받을 수 없
다는 것을 알라.
28 그리하여 내가 너희들이 평생 죽을 때
까지 믿고 따르며 그를 행하고자 했던
구약과 신약의 시대를 덮으며 내가 직
접 세상에 내려가 다스림이니,
29 내가 명하는 나의 십계명을 지키며 나
의 법전을 읽고 깨우쳐 지키는 것 외
에는 너희들이 구원을 받을 길이 없다
는 것을 받아들여야 될 것이니라.
30 이를 받아들이지 아니하고 거부하는
자, 그리고 너희들이 지금까지 왔던
그 형태로써 지옥으로 가는 그 열차를
타고 가는 것만이 구원을 받는다며 너
희들이 지금 가고 있음이니, 그 열차
는 머지않아 지옥으로 떨어져 가게 되
어 있음이니라.
31 너희들은 그 환상과 착각에서 깨어나,
나의 법전을 읽고 나의 십계명대로 목
숨을 바쳐 지키고 살아가고자 하는 자
만이 구원을 받을 수 있다는 것을 잊
지 말라.

부 록

【하나님께서 가르쳐 주신 운동】

천재지변이 일어날 때, 동물이나 미물들은 미리 알고 대피하지만, 인간은 알지 못하고 큰 화를 당합니다. 하나님께서 인간에게 가장 높은 지혜를 주시고 완벽하게 창조해 주셨기에 동물들보다 더 잘 알 수 있지만, 욕심으로 마음이 혼탁해져서 한 치 앞을 보지 못하는 것입니다.

마찬가지로, 인간은 누구나 스스로 필요한 운동을 해서 건강을 지킬 수 있도록 하나님께서 만들어 주셨습니다. 우리의 머리에서 우리 몸에 필요한 동작을 해 달라고 끊임없이 신호를 보내지만, 인간이 혼탁하게 살아서 그 신호를 알아채지 못합니다. 그러니 자연스럽게 자기 몸이 원하는 그 신호를 따라서 운동하는 것이 하나님께서 가르쳐 주신 운동 방법입니다. 바로, 우리의 영이 육을 이끄는 운동입니다.

▶ 하나님 운동법

1. 눈을 감고, 발을 어깨너비로 벌리고 바르게 선다.
2. 몸에 힘을 풀고, 허리를 숙이면서 손과 머리를 아래로 내린다.
3. 허리를 펴고 싶을 때, 천천히 펴면서 하고 싶은 동작을 하면 운동이 시작된다. (사람마다 다르다.)
4. 멈추지 말고, 어떤 동작이든지 자기 몸의 느낌대로 계속 이어서 한다.

▶ 참고 사항

① 눈을 감은 상태로 아무 생각 하지 않고, 자기 몸의 느낌대로 움직입니다.

② 마음을 비우고, 욕심을 버리고, 지난날의 잘못을 반성하면서 몇 차례 시도하다 보면, 자기도 모르게 하고 싶은 동작이 끊임없이 생깁니다.

③ 운동 장소는 방 안이든 운동장이든 관계없으며, 걷거나 달리고 싶을 때는 눈을 떠도 됩니다.

④ 매일 40분 이상, 주 4회 이상, 3개월 이상 하면 음식 조절에 들어갑니다.
- 음식으로 생긴 병은 음식으로 치료하게 되며, 어떤 음식을 먹어야 하는지 스스로 알게 됩니다.
(자기 몸에 필요한 음식만 먹고 싶어집니다.)

⑤ 사랑하는 사람과 함께 운동하면 서로 치료해 주기도 합니다.

⑥ 운동을 하다가 몸의 어느 한 부분을 계속 손으로 자극한다면 그쪽에 이상이 있는 것이니, 의사에게 상담을 받고 적절한 치료를 받으면 됩니다.

⑦ 다이어트 및 기타 건강관리에 효과적입니다.

⑧ 꾸준히 운동하여 영이 맑아지면, 자신의 과거와 미래를 스스로 보게 됩니다.

누구나 스스로 하실 수 있습니다.

간 행 사

《새로운 성경》은:

· 새로운 성경은, 하나님께서 선량하고 선한 자를 선택하여 십계명을 암송하도록 하시고, 십계명을 암송한 다음에 음성으로써 들려주시는 말씀을 듣고 그대로 카세트테이프에 녹음해서 받아쓴 책입니다.

· 90분짜리 녹음테이프 700여 개에 달하는 말씀으로, 1999년 8월부터 2004년 7월까지 총 160권(권당 288쪽)을 완성하였으며, 그 이후에도 현재까지 계속 말씀을 내려 주고 계십니다.

· 새로운 성경은 "하늘을 두루마리 삼고 바닷물을 먹물 삼아 쓰고 써도 다 못 쓴다"는, 끝없이 방대한 하나님의 말씀이 두루마리로 직접 내려오는 것입니다. 이러한 새로운 성경은 구약과 신약을 폐하려는 것이 아니라 "인봉된 성서의 비유의 뜻"을 상세히 설명하여 완성하고자 하나님께서 직접 내려 주신 말씀입니다.

《새로운 성경》의 구성:

· 제 목: 2013년, 160권 모음집을 발간하면서, 본 도서의 제목을 "하나님! 말씀하옵소서"에서 《새로운 성경》으로 명해 주셨습니다.

· 단행본: 각 권당 288쪽(신국판) 책이 160권까지 시리즈로 출판됩니다.
(모음집은 단행본을 16권씩 묶어서, 총 10부로 구성됩니다.)

《새로운 성경》의 성경적 근거:

· 신약 성경 [요한복음] 16장 13절에 "진리의 성령이 오시면 그가 너희를 모든 진리 가운데로 인도하시리니 그가 자의로 말하지 않고, 오직 듣는 것만을 말하며" 하신 말씀처럼 하나님의 음성을 들은 것만 기록하였으며,

· "장래 일을 너희에게 알리시리라" 하신 말씀과 같이 개인, 나라, 인류의 "장래"일을 하나님께서 알려 주시는 것만 기록하여 책으로 만들었습니다.

《새로운 성경》의 기록 방법:

· 1999년 8월부터 하나님께서 저에게 들려주시는 음성을 기록하였습니다. 처음에는 제가 들은 말씀을 불러 주면 저의 아내가 기록하여, 2000년 1월 29일에 1권 초판이 세상에 나왔습니다. 2000년 4월부터는 주시는 말씀을 받아 녹음기에 기록하여 시리즈로 출간하기 시작하였습니다.

· 녹음을 시작하면서 하나님의 말씀을 받는 데 가속도가 붙었고, 2001년 5월 3일에 1부(1~16권까지)를 인쇄하여 출판하였으며, 2004년 7월까지 총160권 분량의 말씀을 받아 기록하였습니다.

하나님께서 저에게 주신 것은:

· 첫째, 만백성을 상대로 내려 주시는 "기도", 둘째, 수시로 내려 주시는 "묵상", 셋째, 개인의 과거, 현재, 미래를 알려 주시는 "개인 기도", 넷째, 개인의 건강을 위해서 내려 주시는 "음식 처방", 다섯째, 하나님께서 가르쳐 주신 "운동"등이 있습니다. 이 중에 첫 번째, "기도"를 책으로 편찬하였습니다. 사람의 생사, 개인의 미래에 관한 천기는 수록하지 말라 하셨습니다.

강론 안내:

· 하나님께서는 지금도 매일 저에게 새로운 하늘의 비밀의 말씀을 내려 주고 계십니다. 수시로 내려 주시는 말씀을 정리해서 제자를 육성하라는 말씀에 따라 매주 강론을 하고 있습니다. 누구나 무료로 들으실 수 있습니다. (book160.com)

《새로운 성경》을 읽는 분들에게 드리는 선물:

· 개인 기도: 개인의 과거, 현재, 미래에 관하여 말씀을 내려 주십니다.

· 음식 처방: 사람은 음식을 먹고살다가 건강을 잃으니, 음식과 운동으로 건강을 되찾는 방법을 알려 드립니다. 단, 하나님이 계심을 믿고, 십계명을 지키겠다고 진실로 서약하는 분들께 알려드립니다.

《새로운 성경》의 은혜와 기적:

· 새로운 성경 전160권은 16권씩 묶어서 총 10부의 모음집으로 구성됩니다. 모음집 한 부를 읽고 깨우치는 자에게 하나님께서 다음과 같은 기적이 있다고 하셨습니다.

· "첫째, 그가 죽어 하늘에 갔을 때 그의 죄를 묻지 아니하며, 구원을 받는 위대한 은혜가 있으며, 둘째, 그의 소원과 소망이 이루어지고, 셋째, 죽은 자(부모, 형제, 자식, 사랑하고 은혜 입은 분)의 이름으로 구입한 책을 읽고 누군가 한 사람이 깨우칠 때, 그 죽은 자가 지옥에서 천국으로 구원을 받게 되며, 넷째, 유산, 중절 수술 등으로 태어나지 못한 아이를 위하여 구입한 책을 보고 한 명이 깨우쳤을 때, 그 아이가 사람으로 다시 한 번 태어나는 은혜를 받는다."

· "새로운 성경"을 3회 이상 정성을 다해 정독하는 자, 성서의 비밀을 알게 되고, 세상의 이치를 알게 되며, 세상을 지배하고 통제할 수 있는 지혜를 다 얻게 된다고 하셨습니다. 이 책은 만백성이 정독하고 이웃에게 전하여, 평생 가슴에 묻은 슬픔과 고통의 짐을 벗고 미래를 위한 힘찬 삶을 살아가도록 하는 책입니다.

끝으로

· 하나님께서는 흰 눈이 세상을 덮듯이 새로운 성경을 온 세상에 전하라고 하셨습니다. 《새로운 성경》을 각국어로 번역해서 온 인류에게 구원의 길을 깨우쳐 주고, 그 수익으로 가난하고 어려운 백성을 구제하여, 만백성의 영과 육을 함께 구원하는 선지자의 임무를 수행하라고 저에게 명하셨습니다.

· 하늘에서 내려 주신 말씀의 보화를 만백성에게 나누어 주는 것이 선지자의 임무라고 하셨습니다. 새로운 성경을 통해서 얻는 재물을 사용할 곳도 하나님께서 일일이 명해 주십니다. 모든 재물은 저의 자의로 쓸 수 없고, 하나님께서 명하시는 대로만 쓰여집니다.

· 어떤 명분으로든 십일조나 각종 헌금을 거두어들이지 말라 하셨으며, 국내뿐 아니라 각국에 성전과 단독 서점을 운영하며, 한국의 많은 젊은이들을 전 세계에 지도자로 내보내라고 하셨습니다.

· 우리는 세계적으로 새로운 성경을 보급하며 어려운 이들을 돕는 역사를 해 나갈 것입니다. 지금까지 비록 몇 명 안 되는 제자들과 함께 이러한 일을 역사했지만, 앞으로도 계속 하나님께서 기뻐하시는 일들을 해 나갈 것입니다. 부족한 저희에게 여러분들의 지혜와 성원을 보내 주시기를 바랍니다. 많은 분들의 참여와 도움을 간절히 기다립니다. 감사합니다.

한국어로 내려온 《새로운 성경》 단행본을 출간하며
2016년 4월 10일

발행인 **김 용 철**

한국어로 내려온

새로운 **성 경** · 3부 · 제41권

지은이 하나님 말씀
대역자 김용철

초판인쇄 1쇄 2009년 11월 21일
재판인쇄 1쇄 2017년 4월 3일

펴낸 곳 도서출판 하얀마음
등록번호 제 10-2107호 (2001년 2월 14일)
주소 서울시 노원구 덕릉로86길5, 2층
전화번호 02) 313-1114
팩스 02) 393-5554
전자우편 book160@hanmail.net
편집위원 조나영 김미향 이석교
제작지원 김철종 조현숙 김영환 이계숙

도서상담 1600-7527
ISBN 978-89-5875-141-0 (04230)
978-89-5875-100-7 (세 트)

값 10,000원
잘못된 책은 구입하신 곳에서 바꾸어 드립니다.

※이 책은 10부로 제작되며, 각 부 16권씩 총160권으로 구성됩니다.※

1부	2부	**3부**	4부	5부	6부	7부	8부	9부	10부
1권	17권	33권	49권	65권	81권	97권	113권	129권	145권
2권	18권	34권	50권	66권	82권	98권	114권	130권	146권
3권	19권	35권	51권	67권	83권	99권	115권	131권	147권
4권	20권	36권	52권	68권	84권	100권	116권	132권	148권
5권	21권	37권	53권	69권	85권	101권	117권	133권	149권
6권	22권	38권	54권	70권	86권	102권	118권	134권	150권
7권	23권	39권	55권	71권	87권	103권	119권	135권	151권
8권	24권	40권	56권	72권	88권	104권	120권	136권	152권
9권	25권	41권	57권	73권	89권	105권	121권	137권	153권
10권	26권	42권	58권	74권	90권	106권	122권	138권	154권
11권	27권	43권	59권	75권	91권	107권	123권	139권	155권
12권	28권	44권	60권	76권	92권	108권	124권	140권	156권
13권	29권	45권	61권	77권	93권	109권	125권	141권	157권
14권	30권	46권	62권	78권	94권	110권	126권	142권	158권
15권	31권	47권	63권	79권	95권	111권	127권	143권	159권
16권	32권	48권	64권	80권	96권	112권	128권	144권	160권